Lea Rosh
»Die Juden, das sind doch
die anderen«

15/6/00

Lea Rosh

»Die Juden, das sind doch die anderen«
Der Streit um ein deutsches Denkmal

Mit Beiträgen von Eberhard Jäckel,
Tilman Fichter, Jakob Schulze-Rohr,
Wolfgang Ullmann
und einem Geleitwort
von Michel Friedmann

PHILO

©1999 Philo Verlagsgesellschaft mbH. Berlin / Wien
Alle Rechte vorbehalten.
Ohne ausdrückliche Genehmigung des Verlages ist es nicht gestattet, Teile des Werkes
auf fotomechanischem Wege (Fotokopie, Mikrokopie) zu vervielfältigen.
Umschlaggestaltung: Gunter Rambow, Frankfurt/Main
Satz: Sven Jahn, Karin Dienst, Frankfurt/Main
Druck und Bindung: SDV Saarbrücker Druckerei u. Verlag GmbH, Saarbücken
Printed in Germany
ISBN 3-8257-0127-1

Inhalt

Michel Friedmann
Geleitwort   7

Lea Rosh
Einleitung   11

Von der Idee zur Entscheidung
Ein langer Weg   15

Eberhard Jäckel
Die Einzigartigkeit des Mordes an den europäischen Juden   153

Tilman Fichter
Zur Vorgeschichte des Denkmals:
Fünf Generationen nach Auschwitz   171

Jakob Schulze-Rohr
Denkmal für die ermordeten Juden Europas
Dokumentation prämierter Entwürfe   203

Wolfgang Ullmann
Wahrzeichen und Mahnmal
Ein Denkmal für die ermordeten Juden Europas in Berlin   261

Die Autoren   273

Geleitwort
Michel Friedmann

Nun ist es also endlich soweit: Die Stunde der Wahrheit ist gekommen. Der Deutsche Bundestag hat im Juni über ein Mahnmal zur Erinnerung des ermordeten europäischen Judentums zu beschließen (müssen). Über ein Jahrzehnt wurde in Deutschland darüber diskutiert, debattiert, gestritten und gerungen. Die Diskussion war über lange Jahre hinweg konstruktiv, vielfältig, vielschichtig und interessant. In den letzten Monaten allerdings zerfiel sie in Peinlichkeiten, Wiederholungen, gequältes, selbstgequältes, abwehrendes und teilweise nicht mehr nachvollziehbares Geschwätz. Es war also allerhöchste Zeit, daß nach all dem Gesagten endlich eine Entscheidung und, wie ich hoffe, eine Realisierung des Mahnmals festgezurrt wird. Eigentlich ist es nicht nachvollziehbar, daß erst Ende dieses Jahrhunderts, mehr als 50 Jahre nach der Shoah, über ein solches Mahnmal Beschluß gefaßt wird. Hätte es nicht schon viel früher, viel selbstverständlicher, viel verantwortungsbewußter zu einem Mahnmal kommen müssen? War die Verdrängung der Tätergeneration so intensiv und erfolgreich, daß eine tägliche Ermahnung verhindert wurde? Spätestens nach der Vereinigung, spätestens mit der Bundeshauptstadt Berlin kann die Bundesrepublik Deutschland sich eine solche Verdrängungsrealität nicht mehr leisten.

Unabhängig von allen ästhetischen Interpretationen und Gesichtspunkten: Eine demokratische, freiheitliche, sich der Verantwortung bewußte Bundesrepublik Deutschland muß *mitten* in Berlin ein Mahnmal haben. Warum? Weil es kein warum gibt; weil es zur deutschen Geschichtsidentität gehört, weil die Kultur der Mahnmale für alle anderen Fragen ebenfalls akzeptiert, respektiert und realisiert wird; weil die »Narbe des Erinnerns« gleichzeitig eine Motivation und Aufforderung für menschenrechtliches demokratisches Engagement der zukünftigen Generationen bedeutet; weil junge Leute einen Anspruch darauf haben, daß ihre Geschichte nicht entsorgt, sondern im Gegenteil deutlich und bewußt gemacht wird. Weil selbst für diejenigen, die verdrängen wollen und ertragen können, es erst recht ein solches Mahnmal geben muß, aber nicht für diese allein und im Vordergrund, sondern für Millionen zukünftiger Bürger dieses Landes, die sich der Geschichte stellen wollen und die Fragen formulieren: »Wie konnte es geschehen, was ist geschehen, warum ist es geschehen«. Und das muß als unübersehbarer Punkt in der Hauptstadt Berlin sichtbar sein. In der Mitte Berlins deswegen, weil aus der Mitte der Bevölkerung, von vielen Millionen Anfangspunkten der Gewalt aus der Endpunkt Auschwitz entstanden ist. Die Konzentrationslager sind eben nicht aus dem Nichts, nicht durch wenige und nicht zufällig Realität geworden. Sie sind das Ergebnis von langen Jahren Entmenschlichung und Entrechtung mitten in Deutschland, mitten in Berlin, bis hin zum letzten katastrophalen, in der Geschichte noch nie vorhandenen Endpunkt, der sogenannten Endlösung.

Als Jude in Deutschland brauche ich in Deutschland dieses Mahnmal primär nicht. Als Bürger der Bundesrepublik Deutschland bestehe ich darauf. Als Kind von Überlebenden hoffe ich, daß Kinder und Kindeskinder, wenn sie mit diesem Mahnmal konfrontiert sind, erfahren, daß Menschen auch anders handeln können, andere Signale setzen können. Sich darüber Gedanken zu machen in einem nunmehr freien Deutschland, in einer liberalen Gesellschaft, sollte uns nicht entmutigen, sondern ermutigen. Sollte uns nicht Kraft nehmen, sondern Kraft geben. Daß wir dies mittlerweile auch wieder gemeinsam versuchen, ist ein weiterer Hinweis auf die Fähigkeit des Menschen, dem Humanismus zu folgen.

Ich gebe zu, die Debatte hat mich irritiert: Ich gestehe ein, meine Gefühle sind ambivalent. Ich habe kein Problem deutlich zu machen, daß ich auch von Teilen der Debatte verletzt wurde.

Vor allen Dingen die Angst oder die Unlust oder die Verdrängung oder die (verdeckte) Ablehnung von Teilen der deutschen Elite hat mich überrascht. Wer, wie ich, seit 30 Jahren in Deutschland lebt, ist, was Vergangenheitsdiskussionen angeht, nicht naiv, und doch hatte ich erwartet, daß in der Frage des Mahnmals eine durch »mehr wollen« beherrschte Debatte geführt würde. Wenn denn schon nicht ein »mehr«, dann wenigstens ein »wollen«. Es gab zwar viele, die in diesem Geist das Mahnmalprojekt begleitet haben, aber es waren dann doch nicht wenige, die hin- und hergerissen und ablehnend waren. Irritiert hat mich auch die Angst vor der Größe des Entwurfes. War es wirklich ein quantitatives Argument oder versteckten sich die, die nicht wagten nein zu sagen hinter »Abmessungen«?

Und schließlich: Ich bin mir nicht sicher, ob wir es geschafft haben dieses wichtige Thema und die Meinungsbildung in die breite Bevölkerung und Gesellschaft zu tragen. Es gab Momente, da schien es mir eine Debatte der wenigen zu sein.

Hoffentlich wird das Mahnmal, wenn es denn gebaut wird, ein Mahnmal für viele, aber auch eine Ermutigung, den Gegenentwurf zum Nationalsozialismus in der Gegenwart zu leben: Menschenrechte, Respekt vor dem Leben, Demokratie.

Die vielen, die sich in dieser Richtung engagiert haben, sind meine Begleiter für die Zukunft und wie ich hoffe, nicht nur für meine.

Frankfurt am Main, 9. August 1999

Einleitung

Als wir dieses Buch schrieben, war Ignatz Bubis krank. Wir rechneten aber weiterhin fest mit ihm. Sein Tod trifft uns hart: menschlich und sachlich. Er hat, bei allen Unterschieden in der Auffassung zu dem von uns initiierten »Denkmal für die ermordeten Juden Europas« mit uns gemeinsam um die Errichtung dieses Denkmals gekämpft. Wir danken ihm an dieser Stelle für seinen Einsatz und seine Hilfe. Er wird, auch für uns, nicht zu ersetzen sein. Und wenn das Denkmal eingeweiht werden wird, dann wissen wir, daß wir das auch ihm zu danken haben. Seine Entscheidung, sein Grab nicht in Deutschland, sondern in Israel haben zu wollen, obwohl er doch von sich gesagt hat, daß er ein Deutscher jüdischen Glaubens sei, bestätigt den von uns für unser Buch als Titel gewählten Sachverhalt. Die Juden in Deutschland sind noch immer eine Minderheit, die abseits steht. Sie gehören dazu und sind doch »die Anderen«. Genau darüber berichtet dieses Buch. Es legt Zeugnis ab von unserem mehr als 10-jährigen Einsatz für das Denkmal in Berlin, es legt Zeugnis ab von unseren sehr persönlichen Erfahrungen im Umgang mit diesem Thema, von den Ausflüchten, den Abgrenzungen, aber auch vielen Beleidigungen uns gegenüber. Dieser Bericht ist aber nicht nur ein persönlicher Bericht. Er ist zugleich ein Spiegelbild des moralischen und politischen Zustandes der Republik.

Das erste Kapitel erzählt die Geschichte unserer Bürgerinitiative bis zum auch für mich unverhofft guten Ende durch die Abstimmung im Deutschen Bundestag. Jakob Schulze-Rohr beschreibt die insgesamt 6 wichtigsten Arbeiten der beiden Wettbewerbe und ordnet sie städteräumlich ein. Tilman Fichter erklärt die Geschichte der »Flakhelfergeneration«, ohne deren Applaus die Rede Martin Walsers nicht eine so traumatische Zäsur in unserer bis dahin scheinbar so gut funktionierenden demokratischen Welt gewesen wäre. Ich bin fest davon überzeugt, daß diese Rede und der darauf folgende Eklat einen nicht zu verwindenden Bruch auch für Ignatz Bubis darstellte. Eberhard Jäckel begründet die Einzigartigkeit des Mordes an den Juden, aus der wir die Berechtigung für unser Vorhaben, das Denkmal ausschließlich den Juden zu widmen, herleiten. Wolfgang Ullmann schließlich entwirft ein weitgespanntes Bild unserer politischen Kultur und beantwortet auch die Frage, weshalb der Vorschlag von Richard Schröder ein Irrläufer gewesen ist.

Wir alle sind Mitglieder des Förderkreises zur Errichtung eines Denkmals für die ermordeten Juden Europas. Wir alle haben einen höchst subjektiven Zugang zu unserem Anliegen: Die Ehrung der ermordeten Europäischen Juden.

Wir danken unseren Mitgliedern für ihre jahrelange ungebrochene Unterstützung und Ermutigung. Wir danken allen, die unserem Anliegen zu einem guten Ende verholfen haben. Ich kann sie hier nicht einzeln benennen. Sie kommen aber alle namentlich in der Schilderung der vergangenen Jahre vor.

Berlin, im September 1999
Lea Rosh

Lea Rosh
Von der Idee zur Entscheidung
Ein langer Weg

Perspektive Denkmal

Alles begann 1988 in der Küche unserer Bürgerinitiative PERSPEKTIVE BERLIN e.V. Unser Büro lag am Landwehrkanal in einem etwas unscheinbaren Gewerbehaus mit fünf Stockwerken, die Fassade war grau, »Russenputz« nannten wir das in Berlin, die Fenster im Hochparterre waren vergittert. Dort mieteten wir die Hälfte einer Wohnung, ein Zimmer, eine Küche und den Blick auf die Spree. Den anderen Teil der Wohnung mit dem berühmten Berliner Zimmer, das zwar groß, aber immer dunkel war, hatte die Redaktion einer Kulturzeitschrift belegt. Wir hatten unsere Räume, die ziemlich verkommen aussahen, selbst gründlich renoviert, denn Bürgerinitiativen haben normalerweise wenig Geld, leben von den Beiträgen der Mitglieder. Das »Sekretariat«, gleichzeitig unser Versammlungszimmer, bot Platz für 50 bis 60 Klappstühle. Kleinere Zusammenkünfte fanden in der Küche statt, meistens saßen und standen an die 15 Leute um den Küchentisch herum. Unsere Themen drehten sich um Berlin, um die PERSPEKTIVEN für die damals noch geteilte Stadt.

Eines Tages kam ich von Dreharbeiten aus Israel zurück und brachte ein Thema mit, das uns die nächsten elf Jahre beschäftigen würde.

Ich drehte gemeinsam mit dem Historiker Eberhard Jäckel eine vierteilige Dokumentation für die ARD über den Mord an den Juden Europas unter dem Titel: »Der Tod ist ein Meister aus Deutschland«. Es ging um die Deportation und Ermordung der Juden aus den europäischen Ländern, aber auch um Kollaboration oder Verweigerung, je nachdem. Es gab sieben Länder in Europa, in denen sich die Bevölkerungen an der Jagd auf ihre Juden nicht beteiligten: Dänemark, Finnland, Belgien, Bulgarien, Norwegen, Italien und auch Frankreich, trotz Vichy, Pétain und Laval. Warum nicht? Dieser Frage wollten wir nachgehen. Und vor allem wollten wir verstehen: Wie hat es funktionieren können in den anderen Ländern, wie war es organisiert, die Juden aus ihren Wohnungen und Häusern zu holen und sie nach Polen, in die Tötungszentren, zu transportieren? Wie war der Weg von Amsterdam nach Chelmno, von Berlin nach Belzec, von Rhodos nach Auschwitz, von Riga nach Sobibor, von Rotterdam nach Treblinka, von Bukarest nach Majdanek? Und wer hat das getan? Warum haben sich die Bevölkerungen in den europäischen Ländern so unterschiedlich verhalten? Warum gab es in Italien trotz der katholischen Kirche so gut wie keinen Antisemitismus, warum haben die Rumänen ihre Juden so grausam verfolgt und ermordet, die Bulgaren hingegen alle ihre Juden gerettet? Die Zeile aus dem berühmten Gedicht von Celan: »Der Tod ist ein Meister aus Deutschland« war nicht zufällig der Titel unserer Arbeit, denn es waren die Deutschen, die die Vernichtung der europäischen Juden organisierten. Aber sie brauchten Helfershelfer in den besetzten Gebieten, um sechs Millionen Menschen zu verschleppen und zu töten. Und so hatten wir auch über die Mit-Täter in den europäischen Ländern zu berichten, über das unterschiedliche Ausmaß von Kollaboration, die allerdings häufig genug mit »vorgehaltener Maschinenpistole« erzwungen worden war, wie Robert Kempner, Mitankläger in den Nürnberger Prozessen, einmal gesagt hatte. Es gab aber auch Länder wie Rumänien zum Beispiel, wo der Antisemitismus ohnehin »immer sehr locker in der Tasche saß«.

Wir waren mit unserem Fernsehteam nach Israel gereist, um für unsere Dokumentation auch Interviews mit Überlebenden aufzunehmen zu der Frage, warum Kollaboration hier und Verweigerung dort. In der berühmten Gedenkstätte Yad Vashem in Jerusalem waren wir mit Jüdinnen und Juden aus Bulgarien verabredet, die ihr Land 1948 trotz ihrer Rettung vor den Gaskammern von Treblinka verlassen hatten. Warum? fragte ich sie, schließlich waren die Bevölkerung und die Kirche doch auf ihrer Seite gewesen, hatten sie vor Deportation und Tod bewahrt. Alle gaben mir die gleiche, einfache Antwort: »Aber es hing doch am seidenen Faden.« Nie wieder wollten sie sich und ihre Kinder einer solchen Gefahr aussetzen und deshalb seien sie dem Ruf nach Israel gefolgt.

Ich hatte über die Rettung der bulgarischen Juden einen Fernsehfilm gedreht und kannte ihre Geschichte gut. Es war die Wahrheit, alles hing damals an einem sehr dünnen Faden. Wenn sich die orthodoxe Kirche Bulgariens nicht so konsequent und unerschrocken auf die Seite der Juden gestellt und mit ihrer Autorität den mutigen Widerstand der Gruppe um den späteren Staatschef Shivkow und den von Anwälten, Richtern, Ärzten, Handwerkern und Studenten gestärkt hätte, dann wäre die vom Zaren bereits erschlossene und vorbereitete Deportation nicht zu verhindern gewesen. Die Viehwagen standen schon auf den Bahnhöfen bereit. Die Böden waren dürftig mit Stroh belegt, die Luken mit Stacheldraht verschlossen, Davidsterne und die Opferzahl mit Kreide auf die Schiebetüren gemalt. Am Bahnhofsvorplatz standen die mit einem leuchtend gelben Stern gekennzeichneten Frauen, Kinder und Männer und warteten auf das Zeichen zum Einsteigen. Es herrschte angstvolle Stille.

Da erschienen, in letzter Minute, die höchsten Würdenträger der orthodoxen Kirche. Sie kamen in vollem Ornat und sagten zu den Juden, sie würden sie nach Treblinka begleiten und bis in die Gaskammern hinein, wenn der Zar die Deportationen nicht sofort stoppte.

Dann gingen sie zum Zaren und stellten die gleiche Forderung.

Die Kirche war eine Macht. Auch in Bulgarien.

Und der Zar tat, was die Kirchenmänner von ihm verlangten. So wurden alle Juden Bulgariens, 48000 Menschen, gerettet. Warum sie das getan haben, fragte ich Vertreter der orthodoxen Kirche während der Dreharbeiten. »Weil wir unsere Minderheiten immer geschützt haben«, antworteten sie.

»Auch die Andersgläubigen«?

»Auch die Andersgläubigen, natürlich.«

Aber das war nur in Bulgarien so natürlich.

Obwohl wir die »Allee der Gerechten« in Yad Vashem von früheren Besuchen kannten, waren wir erneut beeindruckt. Alle, die irgendwo in Europa jüdisches Leben vor Deportation und Tod gerettet hatten, durften hier einen Baum pflanzen. Am Fuß jedes Stammes ist eine ziemlich unscheinbare Monoiltafel mit den Namen der Retter und ihres Herkunftslandes angebracht. Deutschland ist nicht oft unter den Bäumen zu entdecken. Österreich auch nicht. Holland dagegen oft. Italien ebenfalls. Frankreich. Belgien. Norwegen. Schweden. Polen.

»Die Juden, das sind doch die anderen«

Das Wetter war schön, die Sonne stand schräg und wärmte uns. Es war tröstlich, die vielen Namen der Retter zu lesen, hinter denen sich jeweils eine wunderbare Geschichte verbarg. Und mitten in dieses Wohlgefühl hinein sagte Eberhard Jäckel: »Ja, sieh mal, und nichts erinnert bei uns, im Land der Täter, an die Tat. Kein Denkmal erinnert an die ermordeten Juden Europas. In Deutschland gibt es nur Denkmäler für die deutschen, aber nicht für die ermordeten europäischen Juden. Und dabei machten die deutschen zwei Prozent aller Opfer aus, 98 Prozent kamen aus den anderen europäischen Ländern.«

Ich war überrascht, vor allem weil ich nach unseren vielen Reisen durch Europa, den unzähligen Interviews mit Überlebenden, nicht selbst auf den naheliegenden Gedanken gekommen war, den Eberhard Jäckel nun in der »Allee der Gerechten« aussprach: Daß es nämlich in Deutschland ein Denkmal geben müßte für die ermordeten Jüdinnen und Juden Europas, ein Denkmal, um an die Tat zu erinnern und die Opfer zu ehren.

Als ich wieder in Berlin war, machte ich das Denkmal zum Thema der nächsten Mitgliederversammlung unserer Bürgerinitiative. Es war, wie immer, ein Montag. Wir vom Vorstand saßen in der Küche, tranken Kaffee und bereiteten unsere Argumentation für die anschließende Denkmalsdebatte in der Mitgliederversammlung vor, denn alle hatten meinem Vorschlag zugestimmt, wenn auch nicht gerade euphorisch.

Die Reaktion der Mitglieder war fast durchgängig positiv, was das Projekt selbst und seinen Standort Berlin betraf. Erwartungsgemäß kontrovers war dagegen die Diskussion über die Frage, weshalb das Denkmal ausschließlich den Juden gewidmet werden sollte. Margherita von Brentano, vordem Vizepräsidentin der Freien Universität, formulierte das so: »Sie (die Nazis) machten die Juden zum exemplarischen Opfer schlechthin, zum Opfer der ›Endlösung‹. Der Antisemitismus war nicht nur *ein Element* des Nationalsozialismus, sondern sein *Zentrum*. In und an den Juden sah er das Ganze: das Ganze der Schäden, des Übels, der Entstellung menschlichen Wesens und menschlicher Gesellschaft, die sein Bild von der Welt bestimmten.«

Von der Idee zur Entscheidung

Wir versuchten klarzumachen, daß es natürlich keine Diskriminierung anderer Opfergruppen bedeutete, wenn wir sagten: Der Mord an den Juden war Angelpunkt und Probe aufs Exempel. Ließen sich die Juden trotz zweitausendjähriger Anwesenheit auf dem Kontinent, trotz Zugehörigkeit, Integration und Verwurzelung in den Völkern Mittel- und Osteuropas herauslösen aus ihrem jeweiligen Volk, dann würde es auch mit allen anderen Opfergruppen gelingen.

Und es gelang, wie wir wissen.

»Niemals zuvor«, sagte Eberhard Jäckel später, »hatte ein Staat beschlossen, eine von ihm bestimmte Menschengruppe, einschließlich der Alten, Kinder und Säuglinge, ohne jegliche Prüfung des einzelnen Falles möglichst restlos zu töten ... und hatte sie, zumeist über große Entfernungen, in eigens zum Zweck der Tötung geschaffene Einrichtungen verbracht... Wenn eine uralte Tradition so zu Ende gebracht wird, daß mehr als ein Drittel der gesamten jüdischen Weltbevölkerung ermordet wurde, und zwar von Deutschen, dann wird man dafür im Land der Täter ein besonderes Denkmal errichten dürfen.«[1]

Erste Erfolge – erste Schwierigkeiten

Dieser Meinung waren auch viele Bürgerinnen und Bürger, die unseren ersten Aufruf vom Januar 1989 unterschrieben, darunter Prominente wie Willy Brandt.

Ada Withake-Scholz, meine Stellvertreterin im Vorstand der PERSPEKTIVE, und ich machten uns eine Liste der wichtigsten Persönlichkeiten, die wir für unser Projekt gewinnen wollten.

Ich war auf Einladung der DDR-Friedensbewegung zusammen mit meinem Mann zu einem höchst geheimen Treffen in die Nicolaikirche nach Potsdam gekommen. Ein Dutzend Leute, in der Mitte Manfred Stolpe, saßen hinter einem dicken, roten Samtvorhang, damit wir nicht belauscht werden konnten. Stolpe fragte mich, ob ich ein Gespräch zwischen Ost und West moderieren würde. Teilnehmer: Manfred Stolpe, Christa Wolf und Hermann Kant auf der einen Seite, Walter Jens und Egon Bahr auf der anderen. Ich versprach, das zu arrangieren, holte im Ge-

»Die Juden, das sind doch die anderen«

Aufruf

der Bürgerinitiative „Perspektive Berlin" an den Berliner Senat, die Regierungen der Bundesländer, die Bundesregierung:

Ein halbes Jahrhundert ist seit der Machtübernahme der Nazis und dem Mord an den Juden Europas vergangen. Aber auf deutschem Boden, im Land der Täter, gibt es bis heute keine zentrale Gedenkstätte, die an diesen einmaligen Völkermord, und kein Mahnmal, das an die Opfer erinnert.

Das ist eine Schande.

Deshalb fordern wir, endlich für die Millionen ermordeter Juden ein unübersehbares Mahnmal in Berlin zu errichten. Und zwar auf dem ehemaligen GESTAPO-Gelände, dem Sitz des Reichssicherheitshauptamtes, der Mordzentrale in der Reichshauptstadt. Die Errichtung dieses Mahnmals ist eine Verpflichtung für alle Deutschen in Ost und West.

Willy Brandt
Klaus Bednarz
Volker Braun
Margherita von Brentano
Eberhard Fechner
Hanns Joachim Friedrichs
Günter Grass
Heinrich Hannover
Christof Hein
Dieter Hildebrandt
Hilmar Hoffmann
Alfred Hrdlicka
Eberhard Jäckel

Inge Jens, Walter Jens
Beate Klarsfeld
Udo Lindenberg
Egon Monk
Heiner Müller
Uta Ranke-Heinemann
Horst-Eberhard Richter
Otto Schily
Helmut Simon
Klaus Staeck
Franz Steinkühler
Klaus Wagenbach
Christa Wolf

Für die PERSPEKTIVE BERLIN e.V.:
Lea Rosh, Ada Withake-Scholz, Christian Fenner, Arnt Seifert, Ulrich Baehr, Tilman Fichter, Rolf Kreibich, Leonie Ossowski, Monika und Rainer Papenfuß, Jakob Schulze-Rohr.

Unterstützer dieser Aktion werden gebeten, ihre Unterschrift zu schicken an:
PERSPEKTIVE BERLIN e.V., Tempelhofer Ufer 22, D-1000 Berlin 61

Spenden bitte auf das Konto: Bank für Sozialwirtschaft Berlin, Konto-Nummer: 3 071 700,

genzug unseren Aufruf aus der Tasche und bat Manfred Stolpe um seine Unterschrift. Er las das sehr lange. Schließlich gab er mir den Aufruf zurück und sagte: »Wenn Sie mir die Unterschrift von Kreisky bringen, unterschreibe ich auch. Kreisky? Der jüdische österreichische Bundeskanzler mit seinen Vorbehalten gegen Israel? Er wußte natürlich genau, daß wir Kreisky nicht fragen

Von der Idee zur Entscheidung

2. Aufruf

der Bürgerinitiative „Perspektive Berlin" an den Berliner Senat, die Regierungen der Bundesländer, die Bundesregierung:

Ein halbes Jahrhundert ist seit der Machtübernahme der Nazis und dem Mord an den Juden Europas vergangen. Aber auf deutschem Boden, im Land der Täter, gibt es bis heute keine zentrale Gedenkstätte, die an diesen einmaligen Völkermord, und kein Mahnmal, das an die Opfer erinnert.

Das ist eine Schande.

Deshalb fordern wir, endlich für die Millionen ermordeter Juden ein unübersehbares Mahnmal in Berlin zu errichten. Und zwar auf dem ehemaligen GESTAPO-Gelände, dem Sitz des Reichssicherheitshauptamtes, der Mordzentrale in der Reichshauptstadt. Die Errichtung dieses Mahnmals ist eine Verpflichtung für alle Deutschen in Ost und West.

Willy Brandt · Rudolph Bahro · Gert Bastian · Klaus Bednarz · Gerd Börnsen · Volker Braun Margherita von Brentano · Herta Däubler-Gmelin · Klaus v. Dohnanyi · Vivi Eickelberg · Eberhard Fechner · Ossip K. Flechtheim · Hanns Joachim Friedrichs · Ralph Giordano · Peter Glotz Maurice Goldstein · Günter Grass · Gerald Häfner · Heinrich Hannover · Christoph Hein · Karlheinz Hiersemann · Dieter Hildebrandt · Hilmar Hoffmann · Klaus Hoffmann · Alfred Hrdlicka · Uschi Ippendorf · Eberhard Jäckel · Inge und Walter Jens · Petra Kelly · Krystyna Keulen · Peter Kirchner Dieter Läpple · Oskar Lafontaine · Udo Lindenberg · Anke Martiny · Ulla Meinecke · Marlies Menge · Egon Monk · Heiner Müller · Uta Ranke-Heinemann · Eva Rautenbach · Jan Philipp Reemtsma · Horst Eberhard Richter · Irene Runge · Günter Saathoff · Otto Schily · Mario Simmel · Helmut Simon · Heide und Udo Simonis · Friedrich Schorlemmer · Klaus Staeck · Franz Steinkühler Antje Vollmer · Klaus Wagenbach · Gerd Walter · Konstantin Wecker · Christa Wolf · Frieder Wolf Christoph Zöpel.
Bund der Euthanasie-Geschädigten und Zwangssterilisierten e. V.

Tausende Unterzeichner aus Berlin-West, BRD, Ost- und West-Europa. 40 weitere Unterzeichner aus der DDR. Personalrat des Bezirksamts Berlin-Kreuzberg. Jens Auger und 92 weitere Schüler und Schülerinnen des Humboldt-Gymnasiums Berlin.

Der 1. Aufruf vom 29./30. 1. 1989 für ein Erinnerungsmahnmal an die Vernichtung der europäischen Juden fand tausendfache Zustimmung, aber die aufgerufenen Regierungen haben mehrheitlich nicht reagiert. Die Berliner SPD hat jedoch vor und nach der Wahl ihre Unterstützung für ein Holocaust-Mahnmal erklärt.

Für die PERSPEKTIVE BERLIN e. V.:

Lea Rosh · Ada Withake-Scholz · Christian Fenner · Arndt Seifert · Ulrich Baehr · Tilman Fichter · Rolf Kreibich · Leonie Ossowski · Monika und Rainer Papenfuß · Jakob Schulze-Rohr.

Unterstützer dieser Aktion werden gebeten, ihre Unterschrift zu schicken an:

PERSPEKTIVE BERLIN e. V., Tempelhofer Ufer 22, D-1000 Berlin 61

Spenden bitte auf das Konto: Bank für Sozialwirtschaft Berlin, Konto-Nummer 3 071 700, BLZ 100 105 00, oder Postgiro 312076-107 Berlin West.

Bestätigungen über Zuwendungen gemäß § 10 b EStG werden zugesandt.

würden. Also mußte er sich nicht offen verweigern. Aus heutiger Sicht ein typischer Stolpe.

Der nächste, mit dem wir uns trafen, war Reinhard Rürup, Direktor der Austellung »Topographie des Terrors«. In seiner sanften, aber bestimmten Art warnte er uns vor dem von uns in Aussicht genommenen Grundstück, dem Prinz-Albrecht-Gelände. Hier war das eigentliche Regierungsviertel des SS-Staates gewesen, Sitz für SS-Führungsämter, die Geheime Staatspolizei und die Zentrale des Reichssicherheitshauptamtes. Von hier aus wurden die Einsätze der »Einsatzgruppen«, die beim Überfall auf die Sowjetunion die Massenerschießungen der Juden ausführten, geplant, hier gingen die Berichte über den Vollzug der Massenmorde ein, hier fanden die Vorbereitungen für die Wannsee-Konferenz statt, auf der die Deportierung und Ermordung der europäischen Juden koordiniert wurde. Das Prinz-Albrecht-Gelände, dieser historisch belastete Ort, schien uns für unser Vorhaben der einzig richtige in Westberlin zu sein. Die Mauer stand ja noch, Anfang 1989.

Wir versuchten, Reinhard Rürup davon zu überzeugen, vergeblich. Dieses Gelände, so seine Argumentation, ist besetzt: mit der Ausstellung »Topographie des Terrors«, einer geplanten Erweiterung und dem Anspruch des sogenannten »Aktiven Museums« auf eine Bebauung am Rand des Geländes. Zu diesem »Aktiven Museum« gehörten mehr als 20 Gruppierungen. Im übrigen war Reinhard Rürup zu dieser Zeit von einem Denkmal für die ermordeten Juden Europas keineswegs überzeugt, wie er in einem Fernsehstreitgespräch mit Eberhard Jäckel zugab. Wir haben ihn trotzdem in unseren Beirat berufen, denn er war immer fair in seiner Argumentation und Haltung uns gegenüber.

Unser nächster Gesprächspartner war Ulrich von Eckhardt, Leiter der Berliner Festspiele. Er war eher glatt und höflich, sagte weder »ja« noch »nein«. Als wir sein Büro verlassen hatten, fragte ich Ada, was er nun eigentlich gesagt habe. Sie lächelte: »ein entschiedenes »jein.« Danach konnten wir allerdings in Interviews nachlesen, was er von unserer Idee wirklich hielt. Von »Spielereien mit dem Gelände« sprach er und zitierte Bischof Kruse, der gesagt haben soll: »Plötzlich, 50 Jahre nach den Pogromen, kommt ein fast unglaubwürdig wirkender Wortschwall über uns und verdeckt wiederum viel von der nötigen Erinnerungsarbeit.«[2] Und gern und mehrfach unterstellte Eckhardt uns »Inszenierungskünste« und »Profilierungssucht«, Diskriminierungen, die ich noch oft nachlesen konnte, ebenso wie »streitlustig« und »umstritten«. Etikettie-

Von der Idee zur Entscheidung

rungen sind zählebig. Sie halten sich über Jahre, in unserem und besonders in meinem Fall länger als ein Jahrzehnt.

Hardt-Waltherr Hämer, Architekt und Stadtplaner in Westberlin, trafen wir im Gropius-Bau. Wir hätten uns die Mühe, ihn für unser Projekt gewinnen zu wollen, sparen können. Er verwies gleich zu Beginn unseres Gesprächs entschieden auf die Einbeziehung der anderen Opfergruppen, zum Beispiel auf die der »Fremdarbeiter«, an die er sich aus seiner Kindheit erinnerte. Wir hatten den Eindruck, daß er uns grundsätzlich abblocken wollte. Er las uns regelrecht die Leviten. Einige Monate später, als ich auf einem vom Senator für Bau- und Wohnungswesen geleiteten »Stadtforum« über unser Denkmal sprach, entpuppte sich Hämers ganze Voreingenommenheit. In seinem Diskussionsbeitrag bezeichnete er unsere Bürgerinitiative als »einen dahergelaufenen Privatverein«. Der frühere Senatsbaudirektor Müller verteidigte grundsätzlich die Idee der Bürgerinitiative und wies zugleich die persönliche Diffamierung zurück. Von »dahergelaufen«, so Müller, könne ja wohl keine Rede sein bei einem engagierten Verein, zu dessen Mitgliedern Professoren, Referats- und Abteilungsleiter beim Senat, Architekten, Politiker, Wissenschaftler, Journalisten, Schriftsteller und Unternehmer gehörten.

Wir ließen uns nicht entmutigen. Wir glaubten an die Überzeugungskraft unserer Argumente. Das war ein Irrtum, zumal Argumente nicht immer gefragt waren, wie im Fall von Leonie Baumann, der Vorsitzenden des »Aktiven Museums«. Wir luden sie zu einem Gespräch in unser Büro ein. Wir wußten ja, daß sie ihr Museums-Arrangement auf dem Prinz-Albrecht-Gelände ansiedeln wollte und hofften auf eine Annäherung unserer Interessen. Aber Leonie Baumann sagte ganz unverhohlen: »Wenn ihr euer Denkmal bekommt, dann bekommen wir nicht die benötigten Stellen für unser ›Aktives Museum‹.« Bis dahin hatten wir geglaubt, daß das Denkmal ein gemeinsames Anliegen aller Deutschen sein müßte. Und nun kam Futterneid sogar aus den eigenen Reihen?

Über unsere persönlichen Gespräche hinaus wollten wir uns auch an die breite Öffentlichkeit wenden. Darum hatten wir Aufrufe in Zeitungsanzeigen gestartet. Tausende Unterschriften und viele Geldspenden gingen bei uns ein. Aber auch Gegenstimmen blieben nicht aus. »Lobbyismus« und »Anzeigenkampagnen mit unfairen Mitteln« wurden uns vorgeworfen. »Berufsneid« nannte Ada solche Reaktionen, vor allem von Gruppen mit weniger Medienwirksamkeit.

Schwerer allerdings wog der Einwand, der von der »Initiative zum Umgang mit dem Gestapo-Gelände« (»Aktives Museum«) in einem an uns adressierten Brief vom 13.6.1989 erhoben wurde: »Ein Denkmal für die Opfer lenkt von den Tätern ab. Das Bestreben, den Ort endlich zu gestalten, spiegelt das Bemühen wider, den Vorgang zum Abschluß zu bringen. Eine publizistisch wirksame Mahnmal- und Gestaltungs-Diskussion führt von der geistigen Auseinandersetzung weg. In Konsequenz ist ein Holocaust-Mahnmal auf dem Gelände abzulehnen.« Statt dessen forderte die Initiative weiterhin eine finanziell abgesicherte Zusammenführung ihres Vereins mit der »Topographie des Terrors« auf dem Prinz-Albrecht-Gelände: »Das ›Aktive Museum‹ ist ein Zentrum der Information, ein Platz politischer Bildungsarbeit, eine Geschichtswerkstatt und Begegnungsstätte in einem. Es benötigt Arbeitsgruppen-, Ausstellungs- und Veranstaltungsräume sowie ein Archiv für Zeitdokumente und Akten. Eine finanzielle und materielle Ausstattung sowie professionelle personelle Anleitung sind zu leisten.«

Professor Dr. Barbara Riedmüller, bei Walter Momper im Senat Wissenschaftssenatorin, sagte zu mir im Herbst auf einer von uns zu diesem Thema einberufenen Tagung in der Berliner Akademie der Künste: »Es geht zuerst um Besitzstand, um Stellen, verstehen Sie das denn nicht?«

Das verstand ich. Nur allmählich, wie ich zugeben muß. Ich begriff: Wir störten. Wir mischten uns ein. Wir dachten über ein Thema nach, über das andere, zugegebenermaßen, auch schon früher nachgedacht hatten. Auf dem Gelände des Prinz-Albrecht-Palais hatte nämlich bereits ein künstlerischer Gestaltungswettbewerb stattgefunden, dessen Ergebnis jedoch nicht verwirklicht worden war. Aber mußte uns das hindern, über ein Denkmal für die ermordeten Juden nachzudenken? Es hinderte uns nicht, brachte uns aber Feindschaften. Dabei nützte es nichts, immer wieder zu betonen, daß wir die Vorhaben des »Aktiven Museums« und der »Topographie des Terrors« in keiner Weise behindern, sondern im Gegenteil fördern wollten. Wir wollten eben nur auch ein Denkmal für die Juden.

Von Anfang an hatten wir uns mit dem Vorwurf der »Hierarchisierung« und »Ausgrenzung anderer Opfergruppen« auseinanderzusetzen, ein Vorwurf, der vor allem von den Sinti und Roma und ihrem Vorsitzenden Romani Rose erhoben wurde. Ich mochte und schätzte Romani Rose und hatte seine Arbeit und seinen Verband immer unterstützt. Er war mehrfach Gast bei uns zu Hause, und wir bei ihm. Schon 1984 hatte ich in einer Fernsehdokumentation und zwei Hörfunkfeatures über die Benachteiligung der Sinti und Roma bei den Entschädigungszahlungen und die bis heute andauernde Diskriminierung dieser Minderheit berichtet. Auch dafür (»Beschäftigung und Einsatz für Minderheiten«) erhielt ich 1985 die Carl-von-Ossietzky-Medaille. Ich benötigte für dieses Thema keinen Nachhilfeunterricht.

Auf einer Pressekonferenz im Berliner Reichstag, zu der wir auch Romani Rose eingeladen hatten, erneuerte er seinen Vorwurf der Ausgrenzung. Ich versuchte ihm zu erklären, weshalb wir keinesfalls mit einem »Denkmal für alle Opfergruppen« einverstanden sein könnten. Der Mord an den Juden war singulär, sagte ich. Er war der Höhepunkt eines zweitausendjährigen Judenhasses, ohne den die Verfolgung und Ermordung der Juden unter dem Nationalsozialismus nicht denkbar ist. Romani Rose wollte nicht verstehen, daß unser »Denkmal für die ermordeten Juden Europas« ein eigenes Denkmal für die ermordeten Sinti und Roma doch nicht ausschließen müßte und wir uns dafür einsetzen würden. Alles vergeblich. Romani Rose beharrte auf einem »Denkmal für Sinti und Roma UND Juden«, und zwar in dieser Reihenfolge. Er wollte das gemeinsame Denkmal, weil er fürchtete, keine Lobby für ein Sinti-und-Roma-Denkmal zusammen zu bekommen. Und wenn es eines Tages wirklich ein eigenes Denkmal gäbe, so ließ er durchblicken, wäre es eins zweiter Klasse, bei offiziellen Gedenkanlässen beispielsweise. Er traute all den politischen Beteuerungen nicht. Die Kontroversen mit ihm waren für mich besonders schmerzlich, weil Zuneigung und Vertrauen, alles, was uns einmal verbunden hatte, nicht mehr zählten. Sein Mißtrauen war nicht zu überwinden.

Die »Judensau« von Wittenberg

Ich erinnere mich an einen unserer Besuche in Wittenberg unmittelbar nach dem Fall der Mauer. Ich war zu einer Lesung aus dem Buch »Der Tod ist ein Meister aus Deutschland« eingeladen, das ich zusammen mit Eberhard Jäckel im Anschluß an unsere gleichnamige Fernsehdokumentation geschrieben hatte. Die Stadt machte einen verschlissenen und ärmlichen Eindruck. Ich war aufgeregt. Friedrich Schorlemer, Pfarrer in Wittenberg, hatte versprochen, uns zu den beiden Luther-Kirchen zu begleiten. Wittenberg! Lutherstadt! Seine berühmten 95 Thesen hatte Luther, was ich noch vom Konfirmationsunterricht her wußte, am Portal des Doms zu Wittenberg angeschlagen. Aber mehr als dieser geschichtsträchtige Ort überraschte uns die Stadtkirche, an deren einer Außenmauer das Relief einer »Judensau« eingelassen war. Hier hatte Martin Luther Sonntag für Sonntag gepredigt, ohne sich vermutlich an dem Relief zu stören. Es stammte aus dem Jahr 1304 und stellte eine im Mittelalter durchaus übliche Diffamierung der Juden dar. Ähnliche Motive gab es, wie ich erfuhr, an vielen Kirchen, mal im Kirchenschiff, mal am Außengemäuer und auch mal direkt neben der Kanzel, wie im Magdeburger Dom.

Das Muster dieser Reliefs ist immer das gleiche. Ein Rabbi kniet hinter einer Sau, hebt den Schwanz und guckt ihr in den After. Judenkinder saugen an den Zitzen. Schlimmeres ist für Juden nicht vorstellbar, denn das Schwein ist für sie das unsauberste Tier. Aber noch infamer: Die Schriftzeichen über der Sau nennen den Namen des Gottes der Juden! Eine unerhörte Schmähung. Denn der Name Gottes darf weder genannt noch geschrieben werden. Direkt unter dieser »Judensau«, in das Straßenpflaster eingelassen, gibt es ein zweites Relief aus der DDR-Zeit. Die umlaufende Inschrift lautet:

Gottes eigentlicher Name/ der Geschmähte Schem-Ha-Mphoras/ den die Juden vor den Christen/ fast unsagbar heilig hielten/ starb in sechs (6) Millionen Juden/ unter einem Kreuzeszeichen.

Der Text stammt von Jürgen Rennert, das Relief von Wieland Schmiedel aus Crivitz bei Schwerin. Dies sei, sagte Schorlemer, auch seine Antwort auf die jahrhundertealte Judenschmähung hier in seiner Stadt, der Lutherstadt. »Hat Luther die ›Judensau‹ als Schmähung empfunden?« fragte ich. »Es gehörte im Mittelalter offensichtlich zum guten Ton«, sagte Schorlemer, »die Juden zu verspotten. Im übrigen leben Christen hier in Wittenberg, denen ist die ›Judensau‹ überhaupt erst vor fünf Jahren aufgefallen, und die sind siebzig Jahre alt.«

Der Streit um die Opfergruppen

Es gibt in der europäischen Geschichte weder im Umfang noch in der Intensität einen dem Judenhaß vergleichbaren Zigeunerhaß, schrieb Eberhard Jäckel in seiner »Argumentationshilfe: Warum ein Denkmal (nur) für die Juden?«:

Der Mord an den Zigeunern ging aus anderen Motiven und einer anderen Vorgeschichte hervor. Nach der NS-Rassenlehre galten die Zigeuner anfänglich als Indogermanen und somit als Arier. Ihre Bekämpfung wurde ursprünglich mit ihrer angeblichen Asozialität, gemeint sind Nichtseßhaftigkeit, Arbeitsscheu und Kriminalität, begründet. Erst später griffen die NS-Rassen-Theoretiker auch das rassistische Argument auf, nahmen aber einige Gruppen wie die Lalleri Sinti oder die Litautikker davon aus. Hinsichtlich der Juden gab es keine solche Spezifizierung und war die Begründung von vornherein eine andere. Unser Argument zielt selbstverständlich nicht auf eine Differenzierung der Leiden der Opfer, für die es vollständig unerheblich war, mit welchen Begründungen sie verfolgt und ermordet wurden, sondern allein auf den unterschiedlichen historischen **Ort** *des Mordes...*

Das Argument, daß allein Juden, Sinti und Roma wegen ihrer sogenannten Rasse deportiert und ermordet worden seien, ist zwar weithin verbreitet, aber nicht vollständig zutreffend. Auch die Slawen galten als minderwertige Rasse, und entsprechend sah der »Generalplan Ost« die »Verschrottung« von großen Gruppen von ihnen vor. Auch die Geisteskranken wurden mit rassischen Argumenten getötet. Der Rassenwahn zielte allgemein auf die Ausschaltung der an-

»Die Juden, das sind doch die anderen«

Presseerklärung des Vorsitzenden des Zentralrates der
Juden in Deutschland und der Jüdischen Gemeinde zu Berlin,
Heinz Galinski

25.3.1992

Unter Bezugnahme auf den Artikel "Siegt in Berlin die
Deutsche Hausfrau?" in der Zeitung FREITAG vom 20.3.1992
dementiert Heinz Galinski ganz entschieden die Bereitschaft,
sich für ein Holocaust-Denkmal für Juden und Zigeuner, wie
dies der Vorsitzende des Zentralrates der Sinti und Roma,
Romani Rose, fordert, eingesetzt zu haben. Heinz Galinski
hat sich immer nur für ein Mahnmal für die ermordeten Juden
ausgesprochen.

geblich niederen und die Bevorzugung der angeblich höheren Rassen. Wir bleiben daher bei unserer Forderung, ein Denkmal zur Erinnerung an den Mord an den europäischen Juden zu errichten.[3]

Viele Mitglieder unserer Bürgerinitiative verstanden das. Aber einige auch nicht. Joachim Braun, damals Vorsitzender unseres »Förderkreises«, nahm mich einmal zur Seite, lächelte mich lieb an und flüsterte mir ins Ohr: »Lea, wie war das noch mit dem Denkmal ausschließlich für die Juden? Warum nur für die Juden?« Da habe ich begriffen, wie schwierig es ist, diesen Sachverhalt zu vermitteln.

Natürlich hatten wir, bevor wir unsere Anzeigen starteten, Heinz Galinski, den Vorsitzenden der Jüdischen Gemeinde zu Berlin und des »Zentralrats der Juden in Deutschland« über unsere Pläne informiert. Galinski schwieg. Schließlich fragte er: »Was erwarten Sie von mir?« – »Gar nichts«, sagten wir, »das hier ist Sache der nichtjüdischen

Von der Idee zur Entscheidung

Deutschen. Aber Sie sollten, wenn Sie gefragt werden, dazu nicken können. Ablehnung wäre schlecht für uns.« Er überlegte nicht lange. »Wie könnte ich ein Denkmal für die ermordeten Juden Europas ablehnen«, sagte er. Mehr nicht. Uns reichte das, zunächst. Später, 1992, als sich die Position von Romani Rose mehr und mehr verschärfte, gab Galinski nebenstehende Presseerklärung heraus.

Nach dem Tod von Heinz Galinski sah sich Ignatz Bubis, der neue Vorsitzende des Zentralrats der Juden, ebenfalls zu einer Klarstellung in dieser Sache veranlaßt:

ZENTRALRAT DER JUDEN IN DEUTSCHLAND

Körperschaft des öffentlichen Rechts

Der Vorsitzende des Direktoriums

Herrn
Staatsminister Anton P f e i f e r
Bundeskanzleramt

53106 Bonn   Fax: 0228 - 56 23 57

5300 Bonn 2 - Bad Godesberg
Rüngsdorfer Straße 6
Telefon 02 28 / 35 70 23 - 24
Fax 02 28 / 36 11 48

60325 Frankfurt, 25.10.1993
Schumannstraße 65

Sehr geehrter Herr Staatsminister Pfeifer,

vielen Dank für Ihr FAX vom 22.10.1993 in Sachen "Jüdisches Mahnmal".

Herr R o s e hat mich sehr wohl richtig verstanden, daß weder ich bzw. der Zentralrat noch der Förderverein mit einer zusätzlichen Gedenkstätte auf dem gleichen Gelände der jüdischen Gedenkstätte einverstanden seien. Er will es nur nicht einsehen.

Es ist richtig, daß ich Herrn Rose in mehreren Gesprächen erläutert habe, warum dies so sei und daß ich keine Bedenken hätte, wenn ein geeignetes Gelände in räumlicher Nähe vorhanden wäre, daß dort eine Gedenkstätte für die ermordeten Sinti und Roma hinkommt, wobei eine Verbindung der beiden Gedenkstätten ausgeschlossen sei.
Allenfalls kann eine analoge gärtnerische Gestaltung vorgenommen werden.
Insoweit gibt das Memorandum des Herrn Rose den Sachverhalt meiner Gespräche mit ihm falsch wieder.

Ich gehe auch davon aus, daß das zur Zeit vorgesehene gesamte Gelände für den anstehenden Wettbewerb für die jüdische Gedenkstätte benötigt wird.
An dieser Einstellung hat sich nichts geändert.

Nachdem Herr Rose nunmehr zum wiederholten Male zwischen mir und ihm stattgefundene Gespräche entstellt wiedergibt, hat mich das Direktorium des Zentralrates der Juden in Deutschland einmütig gebeten, mit Herrn Rose keine weiteren Gespräche zu führen. Daran werde ich mich auch in Zukunft halten.

Mit freundlichen Grüßen
IGNATZ BUBIS

Eberhard Jäckel hatte im Frühjahr 1989 in der ZEIT unsere Denkmalsidee vorgestellt.[4] Gerhard Schoenberner, der eng mit einigen Gruppen des »Aktiven Museums« zusammenarbeitete, die ihn wiederum in seinen Anstrengungen unterstützten, Direktor der »Wannsee-Villa« zu werden, antwortete mit einem unfairen Leserbrief unter dem Titel »Falsche Fronten«[5]. Ich wiederum schickte einen Leserbrief hinterher: »Traurig und bezeichnend«[6]. Alle Zeitungen mischten munter mit. Nichts ist offenbar willkommener für die Presse als Streit.

Im September 1989 luden wir zu einem Gespräch in die Akademie der Künste ein. Etwa 40 Vertreter von politischen Parteien, Gewerkschaften, Verfolgtenorganisationen und interessierten Bürgerinitiativen nahmen teil, auch Historiker und Journalisten. Diese Tagung hatte für uns erfreuliche Ergebnisse:

- Die Vertreter der SPD, CDU, FDP und AL sprachen sich übereinstimmend für die baldige Errichtung des Denkmals in Berlin aus. Es sollte ein Mahnmal allein für die ermordeten Juden Europas sein.
- Das Prinz-Albrecht-Gelände sollte ein Ort des Lernens (»Topographie des Terrors«) und des Gedenkens (Denkmal) sein. Übereinstimmendes Plädoyer für dieses ehemalige Gestapo Gelände.
- Das Denkmal für die Juden stellt keine Hierarchisierung und keine Ausgrenzung anderer Opfergruppen dar. Vor allem die Sinti und Roma haben Anspruch auf ein eigenes Denkmal, das ihrer eigenen Verfolgungsgeschichte Rechnung trägt. Über den Standort muß gesondert befunden werden.
- Von dem Gestapo-Gelände ging auch die Verfolgung anderer Opfergruppen aus. Es soll hier dennoch kein unspezifisches Mahnmal für alle Opfer entstehen. Daß damit ein Konflikt vorliegt, wird eingeräumt. Er läßt sich aber durch eine politische Prioritätensetzung auflösen. Durch das Bekenntnis zu einem Denkmal für die ermordeten Juden Europas wurde sie von den Vertretern der Parteien bereits vorgenommen.

Von der Idee zur Entscheidung

Eberhard Jäckel
An alle und jeden erinnern – Aufruf einer Bürgerinitiative

Der Plan für ein Berliner Mahnmal zum Gedenken an den Judenmord darf nicht zerredet werden Mit dem Regierungswechsel in Berlin ist auch eine alte Diskussion in eine neue Phase eingetreten. Am 30. Januar, dem Jahrestag von Hitlers Machtantritt, zugleich am Tag nach den Berliner Wahlen,* hatten über zwanzig prominente Bürger der beiden deutschen Staaten, angeführt von Willy Brandt, in Zeitungsanzeigen, denen nun weitere mit mehr Unterschriften gefolgt sind, einen Aufruf der Bürgerinitiative »Perspektive Berlin« unterstützt, indem sie forderten, »endlich für die Millionen ermordeter Juden ein unübersehbares Mahnmal in Berlin zu errichten«, und zwar auf dem Gelände des Prinz-Albrecht-Palais, dem Sitz des ehemaligen Reichssicherheitshauptamtes, das den Mord an den europäischen Juden im Zweiten Weltkrieg verantwortlich leitete.

Die zugrundeliegende Überlegung war eine sehr einfache. Während es in Israel die großartige Gedenkstätte Yad Vashem in Jerusalem, in vielen betroffenen Ländern entsprechende Denkmäler gibt und in Washington ein »Holocaust Memorial« errichtet wird, gibt es im Land der Täter ein solches Denkmal nicht, weder in der Bundesrepublik noch in der DDR. Das ist, sagt der Aufruf, »eine Schande«. In der Tat sollte nun endlich in dem Lande, von dem der Mord ausgegangen ist, ein solches sichtbares Zeichen gesetzt werden, und auch der Ort kann eigentlich nicht zweifelhaft sein.

Während niemand dem Gedanken widerspricht, droht er doch, in der nun einsetzenden Diskussion zerredet zu werden. Einige fordern, neben dem Denkmal ein Museum, eine Ausstellung, ein Forschungsinstitut, eine Bildungsstätte oder was immer zu errichten. Das ist eine Frage der zukünftigen Gestaltung des Geländes. Darüber kann man reden, und dagegen ist auch nichts einzuwenden, solange das Denkmal selbst darüber nicht vergessen oder zurückgesetzt wird.

Dann meldete sich der Zentralrat deutscher Sinti und Roma zu Wort und forderte, das Denkmal solle auch an den Völkermord an den Zigeunern erinnern. Wer möchte einem solchen Anliegen widersprechen? Der Mord an den Zigeunern ging letztlich, obwohl seine Vorgeschichte anders verlief, aus dem gleichen Rassenwahn hervor wie derjenige an den Juden. Auch der traf Frauen und Kinder ebenso wie Männer, und auch er erstreckte sich auf alle europäischen Länder im Herrschaftsbereich der Nazis. Es ist zweifellos eine Ungerechtigkeit, daß er in unserer Erinnerung und übrigens auch in der Wiedergutmachung viel weniger Aufmerksamkeit findet als der Mord an den Juden.

Nun aber erheben sich weitere Forderungen. Man könne, so wird von vielen gesagt, doch auch die übrigen Ermordeten nicht übergehen, die politisch Verfolgten, die sowjetischen Kriegsgefangenen, die Zwangsarbeiter, die Homosexuellen, die Geisteskranken, die damals sogenannten Asozialen, die Zeugen Jehovas und welche immer man sonst noch nennen kann, und so kommt man zu dem Schluß, das Denkmal solle an alle von den Nazis Ermordeten erinnern, sei es, daß man die einzelnen Gruppen nennt oder, weil das wohl unmöglich ist, sie allesamt in einer Inschrift zusammenfaßt, die dann etwa lautet: Den Opfern.

Schon erblicken einige in dem Aufruf der »Perspektive Berlin« eine kränkende Zurücksetzung der anderen Opfer. Die Diskussion wird bitter, und ihr Ende ist abzusehen: Es wird wiederum überhaupt kein Denkmal geben. Natürlich ist es absurd, den Unterzeichnern, unter denen sich übrigens anfänglich mit Absicht kein Jude befand, zu unterstellen, sie wollten die anderen Opfer zurücksetzen. Wenn sie trotzdem hier und jetzt ein Denkmal für den Mord an den Juden fordern, so haben sie sich etwas dabei gedacht, und das läßt sich auch begründen.

Erstens muß jedes Denkmal, wenn es einen Anstoß zum erinnernden Denken geben soll, hinreichend spezifisch und differenziert sein. Niemand wird ein Goethe-Denkmal ablehnen, solange es nicht auch an Schiller oder gar an alle erinnert. Jedes Denkmal wird sinnlos, wenn es pauschal ist. Übrigens gibt es ein solches mit der Inschrift »Den Opfern des Nationalsozialismus« in Berlin am Steinplatz bereits seit 1953, und es fristet ein entsprechend kümmerliches Dasein. Warum sollte man nun ein weiteres dieser Art errichten? Das Beispiel sollte eher warnen. Zudem erinnert die gegenwärtige Berliner Diskussion, obwohl anders gelagert, fatal an jene über das Mahnmal in Bonn, das schließlich auch an alle und jeden erinnern sollte.

Zweitens schließt ein Denkmal selbstverständlich andere Denkmäler nicht aus. Wir haben bereits viele in unserem Lande, auch für Opfer der NS-Gewaltherrschaft, und es werden noch mehr werden und werden müssen. Vor allem die so oft vergessenen Zigeuner sollten bald eines bekommen. Mit anderen Worten, deren es eigentlich nicht bedürfen sollte: Wer ein Denkmal für die Juden fordert, will damit doch nicht andere Denkmäler verhindern. Was er fordert, ist nur, daß dieses eine nicht allgemein, sondern besonders und unterscheidbar für sie sein soll. Es soll nicht in pauschaler Unverbindlichkeit aufgehen.

Wenn diese einfachen Gedanken einmal akzeptiert sind, dann kann es drittens doch nicht fraglich sein, daß es auch ein nationales deutsches Denkmal für den Mord an den europäischen Juden geben kann und mit Vorrang geben soll. Dieser Mord ist nun einmal das herausragende Charakteristikum jener Epoche, und je mehr Abstand wir von ihr gewinnen, um so deutlicher wird, daß er die Geschichte des Zweiten Weltkrieges mehr bestimmen wird als alle militärischen Ereignisse und in der Menschheitsgeschichte einzigartig war.

Nicht nur waren die Juden die der Zahl nach bei weitem größte Gruppe der Ermordeten, ihre Ermordung war vor allem das zentrale Motiv jener Herrschaft. Hitlers Weg begann nun einmal mit jenem Brief vom 16. September 1919, dem ersten politischen Schriftstück seines Lebens, in dem er schrieb, das letzte Ziel des Antisemitismus müsse »unverrückbar die Entfernung der Juden überhaupt sein« und endete mit seinem Testament vom 29. April 1945, in dem er wiederum die Juden in den Mittelpunkt rückte, so wie er kurz zuvor im Rückblick auf sein Leben hervorgehoben hatte, man werde »dem Nationalsozialismus ewig dafür dankbar sein, daß ich die Juden aus Deutschland und Mitteleuropa ausgerottet habe«.

Kein Ziel war ihm so wichtig wie dieses, nicht einmal der Sieg im Kriege. Von den sechs Vernichtungslagern in Polen dienten vier (Chelmno, Belzec, Sobibor und Treblinka) ausschließlich der Tötung von Juden. Und noch 1944, als das Reich angeblich um seine Existenz kämpfte, wurden beträchtliche Transportkapazitäten dem Nachschub entzogen und dafür freigestellt, binnen drei Monate 437 000 Juden aus Ungarn in die Gaskammern von Auschwitz zu schaffen (etwa 20 000 überleb- ten). Und auch für den langen Weg von 41 jüdischen Kindern im Alter von 3 bis 13 Jahren aus einem Kinderheim bei Lyon bis nach Auschwitz wurde im April 1944 noch Personal, Fernschreibverkehr und rollendes Material aufgeboten.

Wer daran erinnert, der leugnet doch nicht, daß die Nazis zahlreiche andere Verbrechen verübten. Er sagt nur, daß dies die Hauptsache war und zugleich der Höhepunkt des jahrtausendealten Judenhasses. Dahin hatte es geführt, daß dieses Volk so lange verteufelt worden war. Wenn eine uralte Tradition so zu Ende gebracht wird, daß mehr als ein Drittel der gesamten jüdischen Weltbevölkerung ermordet wurde, und zwar von Deutschen, dann wird man dafür in ihrem Lande ein besonderes Denkmal errichten dürfen.

Niemand wird deswegen die Opfer sortieren wollen. Aber niemand sollte diesen einen Vorgang auch einebnen dürfen. Seine Einzigartigkeit bestand am Ende ja eben darin, daß hier nicht wirkliche oder vermeintliche Gegner getötet wurden, was leider in der Geschichte häufig geschah und geschieht. Die jüdischen Kinder von Rhodos, die auch 1944 deportiert wurden, waren vollkommen ungefährlich, von den nächsten Deutschen etwas weg, und wahrhaft ungefährlich war auch jenes im niederländischen Durchgangslager Westerbork als Frühgeburt zur Welt gekommene jüdische Baby, das mühsam aufgepäppelt und dann nach Auschwitz geschickt wurde.

Einer Einebnung dieser Einzigartigkeit leisten übrigens auch diejenigen Vorschub, die hier von Faschismus sprechen, und das sind viele von denen, die das Denkmal für alle Opfer fordern. Sie fördern die Vorstellung, man könne die Verantwortung allgemein dem europäischen Faschismus zuschreiben. Die italienischen Faschisten aber etwa, von denen der Begriff abgeleitet ist, lieferten nicht nur keine Juden an Deutschland aus, sondern beschützten sie sogar in ihren Besatzungszonen in Frankreich, Jugoslawien und Griechenland. In Frankreich zum Beispiel, wo die Vichy-Regierung 1942 aus ihrem unbesetzten Gebiet Juden auslieferte, war damals der für Juden sicherste Platz die italienische Besatzungszone.

Wer in diesem Zusammenhang gedankenlos von Faschismus redet oder die Einzigartigkeit durch die Nennung der andern Opfer verallgemeinert, der relativiert am Ende, und er es gewiß nicht will, ebenso wie jene Herren im Historikerstreit, die uns einreden wollten, wir sollten den Rassenmord der Nazis mit dem Klassenmord der Bolschewisten gleichsetzen. Wir werden mit dieser Vergangenheit nur achtbar leben können, wenn wir sie nicht in Allgemeinheiten dieser oder jener Art verstecken.

Die Zeit vom 07.04. 1989

Falsche Fronten
Eberhard Jäckel: »An alle erinnern?« ZEIT Nr. 15

Der Artikel muß bei den Lesern den Eindruck erwecken, als habe es erst des Aufrufes der »Perspektive Berlin« bedurft, um die öffentliche Aufmerksamkeit auf das Gelände der SS-Mordzentrale in Berlin zu lenken. (Und nicht wenige der Unterzeichner mögen das ebenfalls geglaubt haben.) Der Vorschlag eines Mahnmals für die jüdischen Opfer, schreibt Jäckel, drohe »in der nun einsetzenden Diskussion« durch »weitere Forderungen« zerredet zu werden«. Tatsächlich verhält es sich genau umgekehrt: Seit dem Scheitern des 1983 noch durch Richard von Weizsäcker ausgeschriebenen Wettbewerbs, der übrigens auch ein Mahnmal für alle NS-Opfer vorsah, haben die Akademie der Künste und zwei große Bürgerinitiativen, in denen zahlreiche Verbände der Stadt mitwirken, für dieses Gelände gestritten, die öffentliche Debatte in Gang gehalten und bis zu einem Punkt fortgeführt, wo Senat und Abgeordnetenhaus sich endlich zum Handeln bereit fanden.

In diesem Augenblick meldet sich die »Perspektive Berlin« mit einem Vorschlag zu Wort, der das gesetzte Thema nachträglich eingrenzt und den bisher erreichten Diskussionsstand ebenso ignoriert wie die spezifischen Schwierigkeiten, die sich – anders als in Israel – im Land und am Ort der Täter stellen.

Es gibt ehrbare Gründe, ein monumentales Mahnmal für die jüdischen Opfer des NS-Völkermords zu fordern, aber sicher nicht weniger ehrbare, den Standort für verfehlt, die Einschränkung auf nur eine Gruppe von Ermordeten gerade hier für unzulässig, ein Denkmal überhaupt für obsolet und die Verbindung mit einem Dokumentations- und Ausstellungszentrum jedenfalls für unerläßlich zu halten. Wem es um die Sache geht und nicht darum, recht zu behalten, der sollte bereit sein, sich auf die Fragen einzulassen, die sich bei jeder näheren Beschäftigung mit dem historischen Ort unvermeidlich stellen, und für die Überlegungen derer offen bleiben, die seit längerer Zeit über das Gelände nachgedacht, seine Geschichte erforscht und sein Terrain erkundet haben.

Eberhard Jäckel macht es sich zu einfach, wenn er jetzt ein Ende der Debatte fordert und alle, die zu anderen Schlüssen gekommen sind als er, mit Argumenten abtut, die jede Fairness und intellektuelle Redlichkeit vermissen lassen.

Sein Vergleich der Berliner Diskussion mit jener unsäglichen »über das Mahnmal in Bonn, das schließlich auch an alle und jeden erinnern sollte«; seine Einteilung der Opfer in »wirkliche oder vermeintliche Gegner« und solche, die »vollkommen ungefährlich« waren und »keinem Deutschen etwas weg(nahmen)«; schließlich der Versuch, jeden in die Nachbarschaft Noltes zu rücken, der an dem Ort, wo ihr Schicksal beschlossen wurde, aller Opfer und Kämpfer, aller Vergasten, Erschossenen, Gehenkten und zu Tode Gequälten gedenken will –: das sind nur drei Beispiele dafür, auf welches Niveau Eberhard Jäckel eine bis dahin mit Sachlichkeit und großem Ernst geführte Debatte gebracht hat.

Das Schlimmste ist, daß auf diese Weise ganz falsche Fronten errichtet und die wenigen im Land, die in solchen Fragen engagiert sind und Verbündete sein müßten, noch auseinanderdividiert werden.

Gerhard Schoenberner, Berlin

Traurig und bezeichnend

**Eberhard Jäckel: ›An alle und jeden erinnern?‹,
ZEIT Nr. 15 und Leserbrief dazu: "Falsche Fronten, ZEIT Nr. 19**

Eberhard Jäckel »intellektuelle Redlichkeit« und »Fairness« abzusprechen, wie Gerhard Schoenberner das getan hat, fällt auf ihn selbst zurück, zumal Schoenberner aus der Kenntnis von Jäckel und seinen Arbeiten so etwas wider besseres Wissen schreibt. Jäckels wissenschaftliche Arbeiten stehen für sich, seit mehr als 20 Jahren. Zum Streit zwischen dem AKTIVEN MUSEUM und der PERSPEKTIVE BERLIN e. V. sei um der Wahrheit willen festgehalten, daß nicht wir es waren, die falsche Fronten aufgebaut haben. Wir haben uns aber erlaubt, uns Gedanken zu machen. Wir konnten nicht wissen, da die Damen und Herren vom AKTIVEN MUSEUM das für sich allein reklamieren. Wir haben uns aber um so mehr dazu ermuntert gefühlt, als das Nachdenken über die Gestaltung des Gestapo-Geländes seit mehr als sechs Jahren zu keinem anderen Ergebnis geführt hat, als weiterhin nachzudenken. Warum also nicht auch wir? Zum Mahnmal überhaupt, zur Standortfrage, zur Verbindung mit einem Dokumentationszentrum fassen wir das Ergebnis unseres Nachdenkens zusammen:

Wir fordern ein Mahnmal für die jüdischen Opfer, weil der Mord an den Juden exemplarisch und einmalig war und ist und bleibt. Die Vernichtung der Juden war neben dem »Lebensraum im Osten« *das* zentrale Ziel Hitlers. Diese Vernichtung war die Vollstreckung eines Jahrhunderte alten Antisemitismus Insofern unterscheidet sich dieser Völkermord von allem, was sonst von den Nationalsozialisten (nicht Faschisten!):in Gang gesetzt wurde. Wer uns aber unterstellt, wir würden deshalb andere Opfergruppen »ausgrenzen«, liest nicht: richtig oder will nicht verstehen. Wir unterstützen andere Mahnmale ja auch. Aber wir lehnen das »Mahnmal für alle« ab. Denn jede Opfergruppe hatte eine eigene Geschichte und verdient eine eigene Würdigung. Wir besetzen, im Gegensatz zum AKTIVEN MUSEUM, nicht das gesamte Gelände Wir stellen uns auf dem Gelände durchaus die Dokumentation von Tat und Tätern vor. Aber eben nicht nur. Die Opfer auf die KZ-Gedenkstätten oder – wie geschehen – auf den Platz vor dem Reichstag (»Dem deutschen Volk«) zu verweisen, um nicht zu sagen: abzuschieben, wäre grundfalsch. Hat denn »das deutsche Volk« die Juden ermordet? Wohl kaum. Wir fordern deshalb ein Mahnmal für die ermordeten Juden im Planungszentrum der Judenmörder. Nicht mehr und nicht weniger.

Ich schäme mich vor den Opfern dafür, daß man noch 40 Jahre nach dem Mord an ihnen für ein Mahnmal so streiten muß. Traurig und bezeichnend genug, daß ein solches Mahnmal nicht längst existiert.

Lea Rosh,
PERSPEKTIVE BERLIN

Von der Idee zur Entscheidung

Vor allem zwei Befürworter sind mir mit ihrer Argumentation in Erinnerung geblieben, Uwe Lehmann-Brauns, der für die CDU und als Abgeordneter des Berliner Parlaments eingeladen war, und Hanns Werner Schwarze, der damalige PEN-Präsident.

Lehmann-Brauns sagte wörtlich: »Ich wollte nur noch einmal auf einen Einzelaspekt von Herrn Rürup zurückkommen, der sagte: Wenn man auf dem Gelände ein Mahnmal für die Juden errichtet, dann würde es als Ignoranz für die anderen Opfer empfunden... Objektiv kann das gar nicht sein, sonst könnte man ja kein Buch mehr über die Geschichte der Juden schreiben, ohne gleichzeitig eins über andere Gruppen zu schreiben... Für einen gutwilligen Zuhörer ist es einfach nicht verständlich zu sagen: An diesem Ort muß ein Denkmal für die Juden als Provokation für die Roma wirken... Ich finde es wichtig, daß man diese Furcht ›Da werde ich vielleicht ausgeschlossen‹ auf irgendeine andere Weise bewältigt als dadurch, daß man ein Denkmal zu verhindern sucht.«[7]

Auch Hanns Werner Schwarze, der das ZDF-Studio in Berlin leitete, äußerte sich unmißverständlich:

»Ich will es kurz machen... Erstens: Ich halte es für eine Schande, daß es so ein Denkmal hier nicht gibt. Zweitens: Diese Schande ist im langen Faden sozialdemokratischer Regierung entstanden, wo nichts geschehen ist. Drittens: Wenn wir das jetzt nicht durchsetzen, wird es überhaupt nicht mehr geschehen.«[8]

Unterstützungen

Das Echo auf unsere beiden Aufrufe war enorm. Auf Willy Brandt, der als erster unterschrieb, folgten viele andere Prominente, aber nicht nur Prominente, auch Organisationen wie Evangelische Kirchengemeinden, die »Kölner Bibliothek zur Geschichte des Deutschen Judentums«, die »Internationale der Kriegsdienstgegner Berlin«, der Betriebsrat der Firma Gebrüder Manns, die Freiburger »Gesellschaft für Christlich-Jüdische Zusammenarbeit«, die »Raoul Wallenberg Loge«, und, was uns sehr anrührte, aus Detmold der Bund der »Euthanasie-Geschädigten und Zwangssterilisierten e.V.«.

Wir standen jeden Samstag auf dem Wittenbergplatz, am U-Bahn-Ein- und Ausgang, um Unterschriften und Geld zu sammeln. Wir wurden in gute Gespräche verwickelt, wir wurden aber auch beschimpft. Beides war gleich interessant. Beschimpfungen kamen vor allem von alten Leuten, von, wie Tilman Fichter, Freund und Mitstreiter, einem alten Mann, der polemisch mit ihm rumschnauzte, an den Kopf warf: Flakhelfern der ersten und der letzten Stunde. Regen, Kälte, Schneegestöber, Frühjahrssonne, Sommerwind, wir standen und standen und standen. Die Würstchen- und Schrippenverkäufer in der U-Bahn-Station kannten uns schon und gaben ein bißchen Rabatt. Wir machten die Erfahrungen vieler solcher Initiativen: Es machte Spaß, denn wir wußten, wofür wir stritten, es hielt die PERSPEKTIVE zusammen. Aber wir waren nicht als Denkmalsverein angetreten, wir hatten viele andere die Stadt betreffende Themen zu behandeln, und so beschlossen wir eines Tages, diese Denkmalsinitiative von unserer Bürgerinitiative abzukoppeln.

Wir wollten für die Errichtung des Denkmals Geld sammeln, aber es war klar, daß wir dafür viel mehr brauchten, als wir jemals über Anzeigen und unsere Straßensammlungen zusammenbekommen konnten. Für diese Anzeigen, über die sich unsere weniger erfolgreichen Gegner so erregten (»unfaire Mittel«, »Medienpower«, »Ellbogenmentalität« usw.), bekamen wir übrigens von fast allen Zeitungen und Zeitschriften beachtliche Preisnachlässe eingeräumt. Und das lag wohl weniger daran, daß man mich vom Fernsehen her kannte, als an der Sache selbst, die überzeugte. Aber selbst wenn meine sogenannte Fernsehprominenz geholfen haben sollte, wie mir Annegret Ehmann, Mitarbeiterin der »Wannsee-Villa«, in einer Rundfunkdiskussion an den Kopf warf, weshalb hätte ich sie nicht für den »guten Zweck« nutzen sollen? Jedenfalls waren Zulauf und Zuspruch viel größer, als alle Skeptiker vorausgesagt hatten.

Dennoch, wir mußten etwas tun, um an »das große Geld« zu kommen. Eberhard Jäckel arrangierte eine Verabredung mit Edzard Reuter, damals Vorstandsvorsitzender von Daimler-Benz in Stuttgart. Wir wurden zu einem Abendessen in das Haus von Heinz Dürr, dem damaligen Vorstandsvorsitzenden der AEG, eingeladen. Als wir klingelten, tauchte gerade das Ehepaar Reuter aus einer

Waldlichtung auf. Ich dachte, ich traute meinen Augen nicht. Sie kamen zu Fuß, ohne Begleitschutz. Nicht in einer Limousine mit Panzerglas. Der Mord an Alfred Herrhausen war gerade erst wenige Tage her, er war noch nicht beerdigt. Auf meine Frage, weshalb er so ungeschützt im Wald spazierenginge, sagte Edzard Reuter, man könne nicht ständig unter Aufsicht und mit Begleitschutz leben, das sei dann kein Leben mehr. Heinz Dürr stand ebenfalls ohne jede Deckung in der offenen Haustür. Mir war jedenfalls mulmig bei dem Abendessen, die dicken Vorhänge im Erdgeschoß waren weit zurückgezogen, der Garten hinter den dunklen Glasschiebetüren kam mir wie ein riesiges schwarzes Loch vor. Viel Zeit zum Ausmalen aller möglichen Szenarien blieb zum Glück nicht. Denn Jäckel eröffnete Edzard Reuter und Marcus Bierich, dem Vorsitzenden der Robert-Bosch GmbH, der schon vor uns gekommen war, was wir von ihnen wollten: Sie sollten bei der Industrie Geld für das Denkmal sammeln.

»Ein Denkmal für wen genau«, wollte Reuter wissen. Jäckel erklärte, »für die ermordeten Juden Europas«. Reuter verstand sofort. Ich habe selten in meinem Leben einen Menschen getroffen, der so schnell begriffen und reagiert hat wie Edzard Reuter. Auch Bierich nickte zustimmend. Sie versprachen keine goldenen Berge, aber Mithilfe und Unterstützung bei all unseren Geldsammlungen. Beides haben sie eingehalten. Jahrelang.

Beim Essen besprachen wir, wie das zu machen sei. Ich schlug, einer Idee von Jürgen Kohlrabe (CDU) folgend, einen »Förderkreis« zur Errichtung des Denkmals vor. Dafür brauchten wir ein Kuratorium, in dem Edzard Reuter, Marcus Bierich und Eberhard Jäckel vertreten sein würden. Wir fragten auch Siegfried Lenz, Kurt Masur, Helmut Simon und Peter Kirchner von der Jüdischen Gemeinde Berlin-Ost. Alle sagten zu.

Den »Förderkreis« als beim Amtsgericht eingetragenen Verein gründeten wir im Herbst 1989, wenige Tage vor dem Fall der Mauer. Die Gründungsmitglieder waren: Ella Barowski, Hildegard Hamm-Brücher, Freimut Duwe, Bettina Horn, Beate Klarsfeld, Heinrich Hannover, Wolfgang Lüder, Peter Raue, Johannes Mario Simmel, Klaus Wagenbach, Hanns Werner Schwarze. Joachim

»Die Juden, das sind doch die anderen«

Braun, Freund und Mitglied unserer PERSPEKTIVE e.V., übernahm den Vorsitz. Als er für das ZDF als Korrespondent nach Südafrika ging, übernahm ich seine Funktion. Allerdings wußte ich zu dieser Zeit noch nicht, welche Auseinandersetzungen, Verletzungen und Diffamierungen auf mich zukommen würden. Ich bin später oft gefragt worden, ob ich das alles wieder machen würde. Ich fürchte, ja. Aber ganz sicher bin ich nicht.

November 1989: Mauerfall und neuer Standort

Wir fuhren noch nachts zum Brandenburger Tor und drängelten uns, besoffen vor Glück, mit Hunderten von Westberlinern an den Posten der Invalidenstraße vorbei in den Ostteil der Stadt. Wir hatten eine Freundin dabei, die vor wenigen Wochen in den Westen übergesiedelt war und ständig von ihren Papieren murmelte, gemeint waren Paß und Personalausweis, die sie nicht bei sich hatte. Wir auch nicht. War doch jetzt alles völlig egal. Die Grenzposten waren sowieso hilflos. Wir schoben uns die ganze Nacht von West nach Ost, von Ost nach West, hin und zurück, zurück und hin. Wahnsinn! Herrlich! Ohne Personalausweis in den Osten!

Von der Idee zur Entscheidung

In den nächsten Tagen wurde uns klar, daß wir uns nun von dem Prinz-Albrecht-Gelände als Standort für das Denkmal verabschieden und einen Platz mitten in Berlin suchen sollten, möglichst an der Nahtstelle zwischen Ost- und Westberlin. Im März 1990 schrieben wir an den DDR-Ministerpräsidenten Hans Modrow, informierten ihn über unser Denkmal-Projekt und baten um einen Gesprächstermin. Als Standort favorisierten wir das Gelände hinter der Reichskanzlei an der Ostberliner Otto-Grotewohl-Straße, in der sich auch SS- und Führerbunker befanden. Historisch gesehen ein Ort der Väter also, wie das Prinz-Albrecht-Gelände belastet, nur in der Mitte der jetzt ungeteilten Stadt. Wir hatten uns das Gelände bereits gründlich angesehen. Erhard Thiel, Leiter der Baustelle in der Otto-Grotewohl-Straße (früher und jetzt auch wieder Wilhelmstraße) und Voßstraße, führte uns auf das Gelände. Das war damals überhaupt nicht üblich. Aber Thiel war von unserem Vorhaben beeindruckt. Nun brauchten wir nur noch zu diesem Standortvorschlag die Zustimmung von Modrow.

Eberhard Jäckel schrieb zu diesem Standortvorschlag in der ersten vom »Förderkreis« herausgegebenen Broschüre:

...Nun bietet die Wiedervereinigung Berlins eine andere Möglichkeit [als das Prinz-Albrecht-Gelände, Anm. L.R.]. Wir schlagen jetzt das Gelände um die ehemalige Reichskanzlei vor. Der Ort hat einen noch höheren Symbolwert. Hier war der Amtssitz des verantwortlichen Führers des Mordes. Hier, in seinem Führerbunker, sagte er am 2. April 1945, man werde ›dem Nationalsozialismus ewig dafür dankbar sein, daß ich die Juden aus Deutschland und Mitteleuropa ausgerottet habe‹. Hier unterzeichnete er am Tage vor seinem Tod, am 29. April 1945, sein politisches Testament, in dem er sich zu seiner Tat bekannte. Hier soll das Denkmal stehen.
Der Artikel endete mit dem Satz:
Jetzt ist der Augenblick, und hier ist der Ort.
Keiner von uns ahnte, daß wir das noch zehn Jahre später sagen würden: »Jetzt ist der Augenblick, und hier ist der Ort.«[9]
In demselben Artikel hatte Jäckel übrigens schon damals vorgeschlagen, daß die Entscheidung für das Denkmal per Gesetz vom Parlament, also dem Deutschen Bundestag, getroffen werden sollte. So wie Yad Vashem, die große israelische Gedenkstätte, 1953 durch ein Gesetz der Knesset, des israelischen Parlaments, errichtet worden war.

Im April bekamen wir einen Termin bei Modrow. Lange Flure, roter, sich wellender Noppenteppich. Es roch wie üblich nach Desinfektionsmitteln im ganzen Haus. Modrow war freundlich, ein bißchen verkrampft. Er fand unseren Vorschlag bedenkenswert, unterstützenswert. Wir hatten den Eindruck, daß ihm die historische Bedeutung dieses Geländes gar nicht klar war. Für ihn war es möglicherweise lediglich Grenzgebiet. Mauer. Todesstreifen. Für uns war es mehr. Wir zeichneten in unsere Informationsbroschüre bereits das Gelände zwischen Otto-Grotewohl- und Voßstraße als Standort für das Denkmal ein. So kühn, so zuversichtlich waren wir im Frühjahr 1990.

Volker Hassemer, damals Kultursenator in Berlin, stellte sich unser Denkmal, wenn überhaupt, ganz woanders vor, auf dem Rasen hinter der Wannsee-Villa nämlich. Im Januar 1942 fand dort die berüchtigte Wannsee-Konferenz statt. Auf dieser Konferenz wurde nicht, wie immer wieder behauptet wird, die »Endlösung der

Von der Idee zur Entscheidung

Judenfrage« beschlossen. Die war bereits seit einem halben Jahr im Gang. Ziel der Konferenz war es vielmehr, die Aufgaben der zuständigen Ministerien zu koordinieren und die Abläufe zu verbessern. Das Morden mußte effizienter werden. Als die Deutsche Wehrmacht im Juni 1941 die Sowjetunion überfiel, wurde sie von vier Einsatzgruppen, insgesamt 3000 Mann, begleitet. Diese hatten den Auftrag, alle Juden in den überfallenen Gebieten ausnahmslos zu ermorden. Hunderttausende wurden an den Erschießungsgruben erschossen. Vor allem Juden. Aber auch Partisanen, Zigeuner, Geisteskranke. Doch Erschießungen von diesem Ausmaß kosteten Zeit und viel Munition. Die Tötung von 11 Millionen Juden aus allen europäischen Ländern war das auf dieser Konferenz verkündete Ziel. Wie konnte das geschafft werden? Robert Kempner berichtete, daß Eichmann und Heydrich mit französischem Cognac darauf angestoßen hatten, wie reibungslos die Konferenz vonstatten gegangen sei. Man hätte doch eigentlich annehmen müssen, so Kempner, daß preußische Beamte, die aus den einzelnen Ministerien zusammengetrommelt worden waren, sich einem solchen Mordprogramm widersetzen würden. Aber das war nicht der Fall. Im Gegenteil.

Man hatte gehört, daß sich Himmler als Zeuge einer solchen Mordorgie übergeben habe. An den Gruben hatten sich schreckliche Szenen abgespielt. Mütter hielten ihre Kinder, deren Schädel gespalten wurden, auf dem Arm, Gehirne spritzten aus den Gehirnschalen, Halbtote versuchten, aus den Gruben wieder herauszuklettern. Leichen lagen übereinandergeschichtet. Eine Zumutung für »den deutschen Soldaten«. Also überboten sich die Herren aus den Ministerien mit ihren effizienten Verbesserungsvorschlägen. Die Gaswagen, bei Chelmno bereits seit Dezember 1941 erprobt und in Betrieb, mußten nur noch in große Gaskammern umgewandelt werden. Dann würde man damit »größere Ladungen« schaffen. Und in der Tat wurden in jede der großen Gaskammern von Auschwitz an die 2000 Menschen hineingepreßt. Eichmann und Heydrich hatten recht. Die Wannsee-Konferenz war für sie ein »schöner Erfolg«. Sie hatten die deutschen Beamten richtig eingeschätzt.

Nein, im Umfeld der Wannsee-Villa sollte unser Denkmal nicht stehen, versuchten wir Volker Hassemer zu erklären. Wir wollten auch nicht vor die Tore der Stadt, sondern mitten ins Zentrum, auf das Gelände der ehemaligen Reichskanzlei südlich vom Brandenburger Tor, so wie wir es von Anfang an begründet und in unserer Broschüre eingezeichnet hatten.

Im März 1992 wurden Edzard Reuter und ich zum damaligen Bundesinnenminister Rudolf Seiters nach Bonn eingeladen. An der Besprechung nahm auch Staatssekretär Kroppenstedt teil. Seiters war freundlich und präzise. Überraschend für uns war seine Zusage, daß die Bundesregierung, genauer gesagt Helmut Kohl, das Denkmalprojekt unterstützen würde. Es sollte also gebaut werden. Wo? Wir erklärten unsere Vorstellungen vom Standort. Diese Frage müßte, so Seiters, noch mit dem Finanzministerium abgestimmt werden. Er sprach längere Zeit auch über die anderen Opfergruppen, die ihre Ansprüche angemeldet hätten. Wir stimmten zu, ließen aber keinen Zweifel daran, daß wir unser Denkmal ausschließlich den europäischen Juden widmen wollten. Auch darüber herrschte Einigkeit. Unser Ansprechpartner, hatte Seiters, als wir uns verabschiedeten, gesagt, sei in Zukunft Staatssekretär Kroppenstedt, der bei diesem Gespräch fast nur zugehört hatte. Dann waren wir wieder draußen. Reuter holte tief Luft: »Ich glaube, wir haben's«, sagte er. »Nur jetzt müssen wir richtig an die Arbeit gehen.« Mein Optimismus war gedämpfter. Klar, der Durchbruch war geschafft. Aber ich kannte die quälenden Diskussionen in Berlin. Reuter nicht. Er war in Stuttgart und viel in der schönen, weiten Welt unterwegs. Ich war in Berlin und in Hannover und damit an der Basis.

Dennoch, wir hätten eigentlich allen Grund zum Feiern gehabt. Aber wir feierten nicht. Ich glaube, wir haben nie gefeiert. Die Sache, um die es ging, war zu ernst.

Berliner U-Boote

In Berlin hatten wir künftig mit Ulrich Roloff-Momin, dem neuen Kultursenator, zu tun. Ein unzuverlässiger Verhandlungspartner. In einem Gespräch am 24. April 1992, an dem von unserer Seite Joachim Braun und ich und aus Bonn Staatssekretär Kroppenstedt teilnahmen, stimmte Roloff-Momin dem Denkmalprojekt zu. Wir machten uns keine Notizen, ein Fehler, wie sich herausstellte, als wir das Protokoll zugeschickt bekamen. Darin stand, »...daß eine Differenzierung nach Opfergruppen der nationalsozialistischen Schreckensherrschaft grundsätzlich problematisch« sei. Er, Roloff-Momin, befürworte ein unspezifisches Denkmal für alle Naziopfer, außerdem ein Junktim, wonach das Denkmal zur Erinnerung an die ermordeten Juden nur beschlossen werden dürfe, wenn »zu gleicher Zeit an gleich wichtigem Ort in Berlin ein gleichbedeutendes Denkmal für die ermordeten Sinti und Roma gebaut würde«[10]. Das war zwar die Meinung von Roloff-Momin, das war auch diskutiert worden. Nur die Beschlußlage der Besprechung war eine andere gewesen. Ich rief Kroppenstedt an. Ob er das Protokoll bekommen habe? »Ja.« Ob das, was da geschrieben steht, das Ergebnis unserer Besprechung gewesen sei oder ob ich vielleicht auf einer anderen Besprechung war? Nein, sagte Kroppenstedt, das Protokoll entspräche nicht dem, was beschlossen worden sei. Ob er das freundlicherweise dem Senator auch so sagen würde? »Ja.« Ich rief Roloff-Momin an, sagte ihm, daß wir dieses Gesprächsprotokoll so nicht akzeptieren würden. Er redete sich damit heraus, daß er das Protokoll gar nicht gesehen habe. Es trug auch nicht seine Unterschrift. Als ich Kroppenstedt sozusagen als Kronzeugen zitierte, sicherte er ein »überarbeitetes« Protokoll zu. Das trug das Datum vom 28. April und gab nun unsere Beschlüsse korrekt wider:

1. Die ... Gedenkstätte wird den ermordeten Juden Europas gewidmet ...
2. Besondere Gedenkstätten für andere Opfergruppen ... sollen an anderer Stelle errichtet werden ... Anfang Mai wird BMI Seiters Gespräche mit den Sinti und Roma führen. Ein Konzept des BMI soll nach diesem Gespräch mit uns erörtert werden.
3. Als Ort der Gedenkstätte wird ein Platz auf dem Gelände der ehem. Reichskanzlei vorgesehen...[11]

Am 26. Mai 1992 fand das verabredete Treffen statt, das Protokoll trug diesmal die Unterschrift von Roloff-Momin und hielt alle besprochenen wesentlichen Vereinbarungen fest:

- Denkmal ausschließlich für die Juden.
- Ein eigenes Denkmal für die Sinti und Roma, unser Denkmal auf dem Gelände der ehemaligen Reichskanzlei. Auslobung eines Wettbewerbs, Bestellung einer Findungskommission für die einzuladenden Künstler.
- Trägerschaft, Kostenverteilung und Verantwortung des BMI für die Errichtung des Denkmals.[12]

Im November bekamen wir den formellen schriftlichen Bescheid des Senators, daß laut Senatssitzung vom 13. Oktober 1992 ein Denkmal für die ermordeten Juden Europas errichtet werden wird, und zwar an dem vom Förderkreis vorgeschlagenen Standort nördlich des Potsdamer Platzes. Auslober, also Bauherr, sind der Bund, das Land Berlin und der Förderkreis. An anderer Stelle in Berlin solle der ermordeten Roma und Sinti mit einem eigenständigen Mahnmal gedacht werden.[13]

Am 24. Juli war in der ZEIT ein Artikel mit dem Titel »In trennendem Gedenken«[14] erschienen, unter Pseudonym, wie sich schnell herausstellte, und das aus gutem Grund. Ein gewisser Rudolf Kraft stimmt darin die alte Geschichte der Denkmalsgegner an. Er nimmt sich alle vor: Lea Rosh, die sich erfolgreich ihre »Hilfstruppen bei der Großindustrie« anwirbt, gemeint sind Edzard Reuter von Daimler-Benz und Marcus Bierich von Bosch; die Sinti und Roma, die »nur mit den Juden«, nicht aber mit den Homosexuellen und Kommunisten auf das Denkmal wollen; Heinz Galinski, der »begreiflicherweise eigene Interessen« vertritt und dem man nicht hätte nachgeben dürfen usw. Eine »Mahnmal- und Gedenkstätteninflation« wäre die Folge, eine einzige »große Gedenkverdrossenheit, ein Bundesgedenkpark«. Nur Roloff-Momin kam bei diesem Rundumschlag natürlich gut weg, weil er ursprünglich ein gemeinsames Mahnmal für alle Opfergruppen vertreten hatte. Woher wußte der Anonymus das? Jedenfalls saß er in der konstituierenden Sitzung der Jury für den ersten Wettbewerb als Sachverständiger des Senats für Kulturelles/Gedenkstättenreferat mit am großen Tisch. Hanna-Renate Laurien, die Präsidentin des Abgeordnetenhauses, von uns für die Jury benannt, und von mir informiert, protestierte dagegen, daß jemand als Sachverständiger mit am Tisch sitze, der unter Pseudonym in der ZEIT gegen den hier zu jurierenden Wettbewerb hergezogen sei. Sie nannte seinen Namen: Ekkehard Klausa, Mitarbeiter des zuständigen Senators für Kultur Roloff-Momin. Es herrschte peinliche Stille. Klausa sagte kein Wort zu seiner Verteidigung, nichts. Schließlich gelang Roloff-Momin die Kurve. Man könne doch niemandem verwehren, dazuzulernen. Nagel nickte. Die U-Boote saßen immer mit am Tisch. Vom Anfang bis zum Ende.

Edzard Reuter und Marcus Bierich mußten immer wieder für die Großindustrie und deren Rolle im Dritten Reich herhalten. Das war unsinnig. Reuter war als Kind mit seinem Vater, dem berühmten Regierenden Bürgermeister von Berlin, Ernst Reuter, vor den Nazis in die Türkei geflohen. Naziverflechtungen konnte man ihm nun also wirklich nicht anhängen. Als Leonie Baumann vom »Aktiven Museum« in einer Diskussion Edzard Reuter denunzierte, indem sie dem Rüstungskonzern Daimler-Benz vorwarf, er habe keinen Pfennig Entschädigung an die ehemaligen Zwangsarbeiter gezahlt, war sie voreingenommen oder einfach schlecht informiert.

Zwar hatte sich Daimler-Benz in der Tat in den 70er Jahren einer solchen Zahlung und damit dem Schuldeingeständnis verweigert. Aber das war vor Edzard Reuters Zeit. Kurz nachdem er Vorstandsvorsitzender geworden war, revidierte er diese skandalöse Entscheidung. Ohne es an die große Glocke zu hängen, sorgte er dafür, daß Daimler-Benz an die Jewish Claims Conference 20 Millionen DM für die Zwangsarbeiter überwies. Und was Marcus Bierich betrifft, so vertritt er eine Firma, deren Vorsitzender die Ehre hatte, einen Baum in Yad Vashem in der »Allee der Gerechten« pflanzen zu dürfen. Er und seine Firma hatten jüdisches Leben gerettet. Bei Bosch wurden Jüdinnen und Juden damals nicht mit »Du«, sondern mit »Sie« angeredet, sie bekamen Essen und Zigaretten und wurden ins rettende Ausland geschleust. Und das paßte nicht in das linke Argumentationskonzept gegen Industrielle hinein.

Der Wettbewerb

Wir bereiteten den künstlerischen Wettbewerb vor. Das Sprichwort von den vielen Köchen und dem verdorbenen Brei traf auch hier zu. Es waren jedesmal Riesenrunden, wenn sich die Auslober trafen. Vor allem die Senatoren waren flankiert von Referenten, Staatssekretären, Sachbearbeitern und Sekretärinnen. Wir kamen nur zu dritt und wurden fast immer überstimmt. Der Ausschreibungstext wurde wieder und wieder verändert. Jede Partei packte rein, so viel sie konnte, wehrte sich gegen Zusätze, Absätze, Weglassungen, Festschreibungen der anderen. Schließlich benannte jede Seite je ein Mitglied für die »Findungskommission« und je 5 Preisrichter/innen für die Jury nebst Stellvertretern, der Senat verpflichtete Vorprüfer/innen und Sachverständige, die die eingehenden Arbeiten zu überprüfen und einzuordnen hatten.

Wir hatten ursprünglich die Idee, nur fünf bis sechs Künstlergruppen einzuladen. Der Senat dagegen wollte einen nationalen, lieber noch europaweiten Wettbewerb. Wenigstens das konnten wir verhindern. Wir hatten kein Interesse an einem jahrelangen Ausschreibungsverfahren. Wir einigten uns schließlich auf den nationalen Wettbewerb. Eine Ausnahme bildeten zwölf international

Von der Idee zur Entscheidung

bekannte Künstlerinnen und Künstler, die von der Findungskommission ausgewählt wurden. Sie bekamen zwar je ein Honorar von 50000,– DM, mußten aber ihre Arbeiten anonym einreichen, wie alle anderen Bewerber auch.

Es hätte nun eigentlich alles nach Plan verlaufen können. Aber die Auseinandersetzung um das Denkmal ausschließlich für die europäischen Juden war noch nicht ausgestanden. Die Sinti und Roma gaben sich mit dem in Aussicht gestellten Platz im Tiergarten in der Nähe des Reichstags für ein eigenes Denkmal nicht zufrieden. Romani Rose wollte wenigstens eine räumliche Verbindung zu unserem Standort südlich vom Brandenburger Tor. Von dieser Idee versuchte er vor allem Ignatz Bubis zu überzeugen und ihn auf seine Seite zu ziehen.

Grundstücksbesichtigung

Ich regte einen Ortstermin an, eine »Begehung«, um allen Beteiligten klarzumachen, daß eine solche Verbindung schon aus geographischen Gründen unmöglich war. Denn zwischen beiden Standorten liegt nun mal der Pariser Platz mit dem Brandenburger Tor und einigen anderen Gebäuden.

Das Treffen fand am 16. Oktober 1993 mit zehn Teilnehmern statt. Vom Berliner Senat kamen die Herren Kähne, Branoner, Stimmann, Senator Hassemer und Frau Nottmeyer. Vom BMI die Herren Busse, Bergsdorf und Staatsminister Pfeifer, vom Zentralrat kam Herr Bubis, vom Förderkreis ich.

Die »Grundstücksbesichtigung« begann am Pariser Platz. Dann ein kurzer Marsch zum Gelände der ehemaligen Ministergärten. Anschließend fuhr ich mit Bubis zum Staatsratsgebäude, wo wir tagten. Unterwegs verständigten wir uns darauf, was wir auf keinen Fall mitmachen würden, nämlich ein Denkmal für alle Opfergruppen. Ich konnte es mir an einer Hand abzählen, daß dieses »Denkmal für alle« wieder zur Sprache kommen würde. Und richtig, vor allem Hassemer argumentierte mit der Größe des Geländes. Da sei doch nun wirklich noch Platz für die Sinti und Roma. Als ob das ein Argument war! Ich fragte also: Und dann die anderen Opfergruppen auch? Die Diskussion begann sich im Kreis zu drehen. Bubis und ich blieben hart. Ich sprach nicht nur für den Förderkreis, sondern auch für das Kuratorium, für Jäckel, Reuter und Bierich. Staatsminister Pfeifer beendete schließlich die Diskussion. Im Ergebnisprotokoll hieß es dann:

- Das besichtigte Grundstück ist mit Sicherheit das richtige Grundstück für das Denkmal für die ermordeten Juden Europas. Es gibt kein Besseres.
- Frau Rosh erklärt für den Förderkreis und die Sponsoren, daß eine gemeinsame Gedenkstätte für Juden, Sinti und Roma unannehmbar sei.
- Herr Bubis sieht ebenfalls keine räumliche Nähe der Gedenkstätte für die Juden mit einem Denkmal für Sinti und Roma. Darüber wird der Kanzler unterrichtet.
- Es bestehen keine Bedenken, das Grundstück (ehemalige Ministergärten, südlich vom Brandenburger Tor) dem Wettbewerb zugrundzulegen.
- Zur Zeit wird der Ausschreibungstext erarbeitet. Basis: bundesoffen, 1-stufig, mit zugeladenen Künstlern. Alle Arbeiten sind anonym einzureichen.
- Bearbeitungsphase des Wettbewerbs: April bis Oktober 1994.
- Abgabetermin für die Wettbewerbsarbeiten: der 28. Oktober 1994.[15]

Wolfgang Nagel, der sich in den zurückliegenden Jahren zwar wohlwollend, aber eher zurückhaltend gezeigt hatte, gab nun, im Mai 1994, auf einer gemeinsamen Pressekonferenz der drei Auslober eine Erklärung zum »längst überfälligen Denkmal« heraus. Seiner Ansicht nach sei dieser künstlerische Wettbewerb der »wichtigste Wettbewerb in Deutschland seit 1945«. Mir war nie klar, ob Nagel das damals schon so gesehen hatte oder ob er, ganz Politiker, das Thema so hochhangte, weil er nun der federführende Senator war. Wie auch immer. Er machte die Sache zu seiner eigenen. Von Diepgen sah und hörte man zu dieser Zeit so gut wie nichts. Desinteresse? Oder die Hoffnung, daß daraus sowieso nichts werden würde? Ich denke, eher Desinteresse, zu dieser Zeit.

Von der Idee zur Entscheidung

Die bundesweiten Ausschreibungsinserate hatten eine beachtliche Resonanz. Etwa 800 Interessenten forderten den Ausschreibungstext an. Am 11. Mai fand ein Einführungskolloquium statt für diejenigen Künstlerinnen und Künstler, die sich ausführlich über das Projekt und die Rahmenbedingungen informieren wollten. Es waren ein paar hundert Menschen gekommen, unter ihnen auch Dani Karavan, auf dessen Entwurf ich besonders große Hoffnungen setzte. Sein Denkmal für den jüdischen Dichter und Philosophen Walter Benjamin, in Port Bou in die Felswand gegraben, hatte mich sehr beeindruckt. Ich kannte Karavan nicht persönlich, nur von Fotos, und war überrascht, als er in einer Pause plötzlich vor mir stand. Er war klein und hatte ein lustiges Gesicht. So hatte ich ihn mir nicht vorgestellt, eher ernst und ein bißchen zergrübelt. Ich hätte mich gern über die Begrüßung hinaus mit ihm unterhalten. Aber als Jurymitglied mußte ich mich um Neutralität bemühen und persönliche Gespräche mit den Teilnehmern des Wettbewerbs vermeiden.

Ich hatte mir von dem Colloquium mehr erhofft, vor allem mehr Interesse für das Thema, um das es ja ging. Zur Erläuterung des Ausmaßes der Judenvernichtung in Europa hatte ich auf einer Landkarte in der Ausschreibungsbroschüre bestanden, in der die Verlustziffern in den einzelnen Ländern und die Vernichtungsstationen in Polen eingetragen waren. Aber die schrecklichen Tatsachen waren den Teilnehmern kaum Fragen wert. Es ging vor allem ums Geld. Die veranschlagte Bausumme in Höhe von 15 Millionen sei doch lächerlich, hieß es aus dem Publikum. Naja, dachte ich, erst mal ein paar Millionen zusammenbekommen! Unseren Anteil mußten wir nämlich im Unterschied zum Berliner Senat und dem Bund »beim deutschen Volk« zusammensammeln. Höhere Geldversprechungen waren zu diesem Zeitpunkt also nicht drin. »Das müssen Sie in ihre Entwürfe einkalkulieren«, sagte ich abschließend.

Die Jury

Die konstituierende Jury-Sitzung im Dezember 1994 war eher unangenehm. Eberhard Jäckel und ich hatten Walter Jens zum Jury-Vorsitzenden vorgeschlagen. Alle waren einverstanden. Aber ansonsten lief diese erste Sitzung nicht ohne einige Scharmützel ab, zu viele Aggressionen hatten sich jahrelang gegen dieses Projekt aufgestaut. Vom Auslober Berlin wurde neben anderen ausgerechnet Stefanie Endlich für die Jury benannt, die immer wieder gegen unsere Denkmalsinitiative polemisiert hatte. Was wollte sie in der Jury? Das fragte ich sie vor versammelter Mannschaft. Sie wolle, sagte sie, das Schlimmste verhindern, was immer das sein mochte. Im Laufe der Jury-Sitzungen bekam ich eine Ahnung davon.

Ziemlich nervig und zeitraubend waren die Anmerkungen und Nachfragen von Salomon Korn, Gedenkstättenbeauftragter im »Zentralrat der Juden in Deutschland«. In dieser Funktion gehörte er eigentlich nicht in unsere Jury, weil der Zentralrat ja nicht zu den Bauherren gehörte. Die Idee, daß dieses Denkmal Sache der nicht-jüdischen Deutschen, der Nachkommen der Täter sei, um ein Schuldbekenntnis abzulegen und die Ermordeten zu ehren, hatte offenbar noch nicht alle erreicht. Dennoch sollte die Entscheidung des Wettbewerbs nicht an den Juden, also am Zentralrat vorbei getroffen werden. Aufgrund dieser Überlegung wurde Salomon Korn für die Jury nominiert, ein Zugeständnis des Bundes. Peter Raue, der im Auftrag der Findungskommission die Auswahl der dazu geladenen internationalen Künstlerinnen und Künstler erläuterte, flüsterte mir nach der fünften oder sechsten Einwendung von Korn zu: »An dem werden wir noch unsere Freude haben.« Wie recht er hatte. Korn hatte zunächst das Vertrauen von Bubis. Später, als er dem Denkmalsprojekt gegenüber eine immer ablehnendere Haltung einnahm, und zwar auch öffentlich, und damit in Widerspruch zu Bubis geriet, entzog ihm der Zentralrat seine Funktion als Gedenkstättenbeauftragter. Seitdem hat er seine Artikel, er schrieb besonders gern in der FAZ, nur noch mit seinem Namen ohne Funktion gezeichnet.

Von der Idee zur Entscheidung

Die erste Jury-Sitzung war am 18. Januar 1995. Drei Tage waren angesetzt, von morgens um neun bis zum Abend, am Freitag, wegen Shabbat, nur bis nachmittags. Eberhard Jäckel und ich waren am ersten Abend um 21 Uhr zu einer Diskussionsrunde im SFB eingeladen. Anschließend wollte das ZDF für ASPEKTE ein Streitgespräch zwischen Rafael Seligmann und mir aufzeichnen. Seligmann hatte zuvor einen SPIEGEL-Artikel gegen »ein deutsches Holocaust-Memorial« verfaßt und darin einige Mitunterzeichner unseres ersten Aufrufs zitiert, namentlich Willy Brandt und Günter Grass, und »eine Reihe notorischer Wichtigtuer wie Walter Jens, Udo Lindenberg und Alfred Hrdlicka«. Ich ärgerte mich nicht so sehr über die Ungenauigkeiten in diesem Artikel, daß er zum Beispiel Friedrich Schorlemer und Hans Modrow zu Neu-Mitgliedern unseres Vereins beförderte. Mich ärgerte vor allem die Abqualifizierung von Walter Jens. Ich hatte daher wenig Lust zu diesem Acht-Minuten-Streitgespräch, in dem unsere Meinungsverschiedenheiten natürlich nicht zu klären waren. Ich kannte das Procedere. Die begrenzte Zeit würde in der Aufnahme überzogen und dann für die Sendung nach Belieben zusammengeschnippelt. Ich hätte mich nicht überreden lassen sollen. Jäckel hatte abgewinkt. »Mit Seligmann? Nein Danke.«

Erster Jury-Tag. Morgens um neun. Geschäftiger Trubel. Wir wurden in mehrere Gruppen eingeteilt, die insgesamt 540 eingereichte Entwürfe zu begutachen hatten. Die Vorprüfer führten uns herum und halfen mit ihren Interpretationen. Es war alles dabei: Schund und Qualität, Lächerlichkeiten und subtile, ausgezeichnete Arbeiten. Ein unglaubliches Gefälle, wie es in jedem größeren Wettbewerb vorkommt. Kein Grund also für einen Journalisten wie Henrik M. Broder, unqualifiziert darüber herzuziehen, ebenfalls übrigens im SPIEGEL, der sich allmählich als ein Anti-Denkmals-Kampfblatt entpuppt hatte.

Um 10 Uhr eine Art Schlußrunde. Walter Jens hielt den Zeitplan ein. Ich fragte ihn, ob damit auch die Sitzung für heute zu Ende sei, wenn nicht, würden Jäckel und ich die Fernsehsendungen am Abend absagen. Da bei diesen Schlußrunden alle die Arbeiten zunächst aus dem Verfahren rausflogen, die eine bestimmte Anzahl von Stimmen nicht erhalten hatten, war es wichtig, dabei zu sein. Jens antwortete etwas ungehalten, wenn er sage, es sei Schluß, dann sei auch Schluß. Also zogen Jäckel und ich los.

Als ich nach der SFB-Diskussion im ZDF-Studio ankam, erhielt ich einen Anruf mit der Nachricht, daß die Jury munter weitertagte. Wir hatten kaum das Gebäude verlassen, da wurde der Antrag gestellt, die Diskussion fortzusetzen und auch abzustimmen, das Pensum sei sonst bis Freitag nachmittag nicht zu schaffen. Walter Jens hatte dem Antrag stattgegeben, einfach so. Ich hätte am liebsten kehrtgemacht, denn ich wußte, es waren Arbeiten in diesem Rundgang, an denen mir lag. Ich hätte gern die Argumente für und wider gehört und, falls erforderlich, für ihre Durchsetzung gekämpft. Ich war sauer auf mich, ich hätte wissen können, wie so etwas läuft, ich war sauer auf Jens, der sich ohne Gegenwehr hatte umstimmen lassen, und ich war sauer aufs Fernsehen. Hätte mich nicht überreden lassen dürfen, dachte ich. Ich war angespannt. Die Stimmung im ZDF-Studio, so schien es mir außerdem, war gegen den Wettbewerb und gegen mich. Seligmann und die Moderatorin hatten sich, als ich noch im SFB war, offensichtlich ihr Konzept gemacht. Ich durfte nur noch abnicken. Sie würde nicht moderieren, sagte die Moderatorin, vielmehr sollten wir beide allein miteinander »streiten«, möglichst heftig natürlich, nach Fernsehmanier. Wir dürften aber auf keinen Fall acht Minuten überziehen, mehr Sendezeit gäbe es nicht.

Seligmann fing an. Er redete und redete. So viele Punkte konnte ich gar nicht, bis ich endlich rankam, im Kopf behalten. Ich verteidigte erst einmal Jens, leider, sage ich heute, und versuchte dann, auf Seligmanns Einwände zu reagieren. Wir verhedderten uns, was bei der fehlenden Moderation auch nicht anders zu erwarten war. Ich sah auf die Studiouhr. Acht Minuten waren längst rum. Die Moderatorin saß, machte ein hilfloses Gesicht und nicht einmal den Versuch einer Gesprächsführung, als klar wurde, daß die Sache nicht funktionierte. Sie war offenbar überfordert. Manchmal klappt's ja auch nach dem Prinzip: Man nehme zwei möglichst völlig unterschiedliche Positionen und setze das Gezänk in Gang. Ich hörte auf. Sagte, daß acht Minuten längst vorbei seien. Die Moderatorin schlug eine Wiederho-

Von der Idee zur Entscheidung

lung der Aufnahme vor. Wir sollten das Ganze noch einmal von vorn aufführen, wie gehabt. Ich war müde und entnervt und wollte zurück zu unserer Jury-Sitzung. Kurz, ich war nicht lässig und souverän genug für dieses Fernsehtheater und ging. Die Kollegin vom ZDF sendete alles, was sie auf dem Band hatte, auch meinen Hinweis auf die acht Minuten, ohne allerdings zu erklären, wie die Bemerkung zustande gekommen war. Rache ist bekanntlich süß, und so ließ sie Rafael Seligmann in der Sendung über die angesetzten acht Minuten hinaus weiterreden, zum Beispiel über die Notwendigkeit, das Denkmal gleichzeitig auch den Sinti und Roma zu widmen, was ihm einen Verriß in der »Allgemeinen Jüdischen Wochenzeitung« einbrachte. Ich bekam für meinen Abgang üble Kritiken von all denjenigen, die es mir schon lange einmal heimzahlen wollten, allerdings von der mißglückten Moderatorenrolle der Kollegin nichts wußten.

Elke Heidenreich hat einmal gesagt, als sie noch klein und dumm war, habe sie Interviews gegeben. Ich schwor mir jetzt: Nie wieder gehst du los, um andere zu verteidigen, nie wieder gehst du los, wenn es dir nicht paßt, nie wieder läßt du dich zu solchen Fernsehquasseleien überreden, wenn du vorher weißt, wie unsinnig sie sind. Ich habe mich daran gehalten, eine Weile wenigstens.

Rafael Seligmann hat, wie übrigens viele Gegner, seine ablehnende Haltung später revidiert. Seine Position in diesem verunglückten ZDF-Streit habe ich in etwa so in Erinnerung: Die Juden wollten hier in Ruhe so leben, wie alle anderen Menschen auch. Und wenn schon ein Denkmal, dann für alle Opfergruppen, aber die Juden nicht herausheben. Diese Sehnsucht nach Normalität ist nachzuvollziehen, aber nicht erfüllbar. Die Juden sind eben nicht wie alle anderen. Ihre Geschichte ist nicht so wie die der anderen Minderheiten oder Mehrheiten. Ich hätte ihm darauf sagen sollen, wenn ein vernünftiges Gespräch zustande gekommen wäre: Der Wind geht nicht über einen hinweg, wenn man, Schutz erhoffend, den Kopf in den Sand steckt. Und das Denkmal soll und wird nicht die Juden schlechthin zu Opfern reduzieren. Es wird nur von denen erzählen, die Opfer geworden sind. Von 6 Millionen Opfern.

Lebensgeschichten werden ja nun auch im Berliner Jüdischen Museum erzählt. Da wird nicht vom Sterben, sondern vom Leben berichtet. Vielleicht hat auch das dazu beigetragen, die Meinung von Seligmann zu verändern. Jedenfalls schrieb er im April 1999: »...Unser Vaterland ist wiedervereinigt. Berlin wird wieder Regierungshauptstadt. Die Spreemetropole macht sich fein. In ihrem verschönten Antlitz sollte aber auch an das Menschheitsverbrechen erinnert werden, das von hier ausging. Nur so wird die Topographie der wiedervereinigten Hauptstadt auch ihrer Vergangenheit gerecht.« Und: »...Der Völkermord an den Juden liegt länger als ein halbes Jahrhundert zurück. Da ist es an der Zeit, ihm ein Mal in der Hauptstadt Deutschlands zu setzen...«[16]

Wir hätten eben damals doch miteinander reden sollen.

Am nächsten Morgen lief mir Walter Jens als erster über den Weg. Als ich ihm sagte, daß ich den Verlauf des gestrigen Abends zumindest erstaunlich fände, um den Sachverhalt nett zu umschreiben, reagierte er beleidigt und fuhr mich an. Natürlich hatte er ein schlechtes Gewissen.

Durchgänge und Diskussionen bis abends 20 Uhr. Oder auch länger. Die Entscheidungen waren schwierig bei einer so heterogen zusammengesetzten Jury. Jeder Entwurf konnte wieder in die Schlußabstimmung, wenn begründet, hereingenommen werden. So konnte es nicht ausbleiben, daß Arbeiten, in einer der Abstimmungen ausgezählt und niedergestimmt, später erneut auftauchten. Bei über 500 eingereichten Arbeiten relativ aufwendig, aber richtig. Dennoch trennte sich bald die Spreu vom Weizen. Die Vorprüfer hatten auch gut vorgearbeitet, erklärten die Zeichnungen und Modelle und interpretierten die Absichten der Künstler so gut sie konnten.

Ich saß neben Jens. Links von mir saßen Roloff-Momin, Ansgar Nierhoff (Künstler) und Stefanie Endlich (Publizistin). Die drei stimmten fast immer gemeinsam. Vor allem bei einer Arbeit, »Bus-Bahnhof« genannt. Auf dem Gelände, so sahen es die Entwerfer vor, sollten Busse bereitstehen, um in die Umgebung von Berlin, aber auch nach Polen zu fahren: Ravensbrück, Sachsenhausen, Treblinka, Sobibor. Diese Arbeit mit den Bus-Fahrplänen stammte

Von der Idee zur Entscheidung

von Freunden von Frau Endlich, was ich aber erst später erfuhr. Jäckel, Hans Jochen Vogel und ich votierten dagegen. Unser Argument: Niemand wird nach Polen fahren, schon gar nicht mit dem Bus. Diejenigen, die überhaupt einsteigen, werden in die Umgebung Berlins fahren, als Sonntagsausflug sozusagen. Aber die authentischen Orte für den Mord an den europäischen Juden liegen in Polen, nicht in Brandenburg.

Die Vernichtungsstation Sobibor zum Beispiel liegt mitten im Wald. Wir waren dort vor einiger Zeit mit einem Fernsehteam zu Dreharbeiten für unsere Dokumentation »Der Tod ist ein Meister aus Deutschland«. Ich erinnere mich genau an den grauen Novembertag.

Am Bahnhof eine etwa zwei Meter hohe Steinmauer. Inschrift: 250000 Opfer. Wir gingen einen breiten Waldweg entlang, rechts und links Gestrüpp. Auf einem Denkmal: Mutter mit Kind. Daneben ein Steinklotz. Da ungefähr muß die Gaskammer gewesen sein. Wir gingen den Weg weiter bis zu der Stelle, wo das Krematorium gestanden haben muß. Ein großer Sandhaufen erhebt sich dort. Sand? Asche! Asche von 250000 Menschen, aus ganz Europa. Am Fuß des Berges ein Fenster. Dahinter ein Knochen, ein Obergebiß, kleinere Knochen.

Wer würde da hinfahren, in diese unwirtliche Waldgegend?

Ich malte mir auch die Buden an so einer »Bus-Haltestelle« aus, mit Würstchen, Kaugummi und heißem Kaffee. Ich sah die prallen Plastiktüten mit Äpfeln, Käsebroten und Coca-Cola-Dosen in den Bussen verschwinden. Der Vorschlag war absurd, wurde aber vor allem von Frau Endlich und ihren beiden Mitstreitern Roloff-Momin und Nierhoff befürwortet. Keine Arbeit, für die ich eintrat oder für die Jäckel oder Hans Jochen Vogel plädierten, fand deren Gegenliebe. Und umgekehrt. Ich konnte nicht herausfinden, ob das vorsätzliche Obstruktion war oder wirkliche Überzeugung. Frau Endlich hatte ja gesagt, als Jurymitglied wolle sie »das Schlimmste« verhindern. Das Bessere aber offenbar auch. Es lagen Welten zwischen uns. Unüberbrückbar.

Nach drei Sitzungstagen waren die meisten Arbeiten juriert. Wie sich später herausstellte, als die Anonymität des Wettbewerbsverfahrens aufgehoben war, blieb von den elf für so viel Geld angekauften Arbeiten der internationalen Berühmtheiten eine einzige übrig, die sich unter den ersten preisgekrönten behauptet hatte. Kein Bonus für die Weltnamen. Die Arbeiten blieben bis zum Schluß tatsächlich anonym. Eine echte Chance für unbekannte Künstlerinnen und Künstler.

Wir verabredeten einen abschließenden Jurygang für den März, bei dem noch über 13 Arbeiten abzustimmen war. Ein für alle passender Termin war schwer zu finden. An die hundert Leute zückten ihre Terminkalender. Nachdem wir uns geeinigt hatten, ließ Ignatz Bubis wissen, der als Beobachter eingeladen war, daß er an dem betreffenden Tag nicht kommen könnte. Also neuer Termin für alle, neue Abstimmung, Stornierung von Flügen und Reservierungen. Der Vorsitzende des Zentralrats der Juden sollte dabei sein. Wolfgang Nagel bestand darauf. Schließlich legten wir die Jurysitzung mit ausdrücklicher Zustimmung von Ignatz Bubis auf den 15. und 16. März, die Pressekonferenz mit Bekanntgabe und Vorstellung der preisgekrönten Arbeiten sollte am folgenden Tag stattfinden. Daß Bubis dann wieder verhindert war, stellte sich erst am ersten Sitzungstag heraus.

Bis dahin hatten die Jurymitglieder ein paar Wochen Zeit, sich alle Arbeiten noch einmal in Begleitung der hilfreichen Vorprüfer in Ruhe anzusehen und ihre Beurteilungen eventuell zu korrigieren. Ich verbrachte noch einmal zwei Wochenenden mit den Arbeiten, die ich interessant fand, aber erneut überprüfen wollte. Schließlich ging es um eine schwerwiegende Urteilsfindung. Diese fiel am zweiten Tag unserer abschließenden Juryrunde, am 16. März.

Urteilsfindung

Wir begannen morgens um neun. Gegen Mitternacht waren wir fertig. In jeder Beziehung. Den ganzen Tag Kampf. Es ging vor allem um die Plazierungen der Arbeiten, und wir brauchten einen ersten Preis. Der »Bus-Bahnhof« wurde wieder und wieder beharrlich zur Diskussion gestellt, er landete schließlich auf Platz 11.

Unter den Entwürfen gab es einige, die auf unterschiedliche Weise die Namen der ermordeten europäischen Juden nannten. Mir leuchtete die Idee der Arbeiten ein, die sich mit den Namen beschäftigten. Auf einem Entwurf waren Namenskolonnen auf Riesentafeln zu lesen. Schied aus, nicht genügend Stimmen. Ein anderer sah ein elektronisch gesteuertes Laufband mit Millionen Namen vor. Schied aus, nicht genügend Stimmen. Ein dritter Entwurf landete später auf Platz 5. Die Namen von Opfern waren in ein Stahldach gestanzt, das 2,80 Meter hoch war. »Sie repräsentieren die Toten«, so interpretierte die Künstlerin ihre Idee, »und das Licht der Sonne scheint durch die Öffnungen der Platte und projeziert die Namen der Opfer auf den Fußboden und die Hände und Arme der Besucher. So erfährt dieser den Holocaust am eigenen Leib, er erfährt einen Grad der Realität, in der Abwesenheit auch Präsenz ist.« Schöne Idee. Aber was ist, wenn die Sonne nicht scheint, was ja hierzulande meist der Fall ist, was ist, wenn es regnet oder dem Besucher Schneeflocken durch die Namensritzen ins Gesicht sprühen? Dennoch, dieser Entwurf hatte seine Befürworter, die Namensidee überzeugte viele von uns.

Den Toten, denen man ihre Namen genommen und dafür Nummern eintätowiert hatte, diesen Toten auf einem Denkmal ihre Namen zurückzugeben, das faszinierte mich. Ich kam immer wieder auf einen Entwurf zurück, eine große Namensplatte, die sich an einer Seite schräg in die Erde senkte, 30 Zentimeter tief, und am anderen Ende auf 12 Meter Höhe anstieg. Sie sollte Platz haben für 6 Millionen Namen. 6 Millionen! Das schien mir ganz unmöglich. Wir ließen diese Angabe von unseren anwesenden Fachleuten überprüfen. Die rechneten und rechneten. Es stimmte tatsächlich. Ich beriet mich mit Jäckel. Nun wußten wir, daß nicht alle Namen der 6 Millionen Opfer bekannt sind. Die Erschießungen an den Gruben in der ehemaligen Sowjetunion waren sogenannte »wilde Erschießungen«. Da wurden, wenn die Opfer aus den Häusern und an die Gruben getrieben wurden, vor dem Genickschuß keine Namenslisten geführt. Aber es gab immerhin Listen, wie aus Yad Vashem und Washington zu erfahren war, mit Millionen Namen, etwa 4 Millionen. Es gibt Länder wie Norwegen oder Italien zum Beispiel, deren jüdische Gemeindemitglieder alle genau registriert worden waren. Ich stimmte für diesen Entwurf. Jäckel schloß sich an, Wolfgang Nagel auch. Hans Jochen Vogel meldete sich zu Wort mit einem leidenschaftlichen Plädoyer für diese Namensplatte. Er redete mit Herz und Verstand. Ich hätte meinen Favoriten nicht überzeugender vertreten können. Bei einer Probeabstimmung kam noch der Historiker Horst Möller auf unsere Seite. Dann Hermann Rudolph, allerdings nur mit der Hälfte seiner Stimmen, die andere Hälfte gab er einem Entwurf, der plötzlich wieder aus der Versenkung hervorgeholt wurde. Ein Quadrat, 85 mal 85 Meter, in der Mitte terrassierte Treppen, darüber, auf Stützen stehend, eine 6 Meter hohe Stahlblende, einperforiert die Namen der Tötungszentren und Konzentrationslager. Ich konnte mit diesem Entwurf wenig anfangen. Mir war er zu kalt, zu anonym. Aber ich zählte die Stimmen. Je länger die Diskussion anhielt, desto klarer wurde mir, daß beiden Arbeiten die jeweils erforderliche Mehrheit fehlen würde. Und so kam es auch. Noch einmal wurde durchgezählt, unentschieden. Ich erinnerte mich an den Ratschlag von Edzard Reuter. Bei einem Patt, hatte er mir einmal gesagt, nehmt halt beide. Also zwei erste Preise. Das passiert öfter. Dann entscheiden die Bauherren, welcher Preis gebaut wird.

Es wurde spät, wir waren müde. Ein letzter Rundgang zu den zehn Arbeiten, die in der engeren Wahl waren, noch einmal das Für und Wider. Das Stahlquadrat und die Namensplatte blieben die Favoriten. Jens schlug die Schlußabstimmung vor. Es kam wie erwartet:

Beide Entwürfe bekamen gleich viele Stimmen Ratlosigkeit. Ich schlug also Reuters Version vor. Zwei erste Preise. Alle stimmten zu. Die Rangfolge der weiteren ausgewählten acht Arbeiten ergab sich durch Auszählen der jeweiligen Stimmen.

Spannendster Moment: Die Verfasser-Umschläge wurden geöffnet. Jens fing beim letzten Preis an. Unbekannt. Dann der nächste: unbekannt. Und so ging es weiter, bis zur Nummer drei. Hier große Überraschung: endlich ein prominenter Name. Dieser dritte Preis ging an Fritz König und Christof Hackelsberger, König war einer der zwölf eingeladenen Künstler. Die anderen elf Weltberühmtheiten waren nicht dabei. Ich saß neben Jens, sah zu und las mit, als er die Couverts öffnete. Die große Namensplatte, mein Favorit, hatte vier Verfasser: Christine Jackob-Marks, Hella Rolfes, Hans Scheib, Reinhard Stangl. Ich stieß einen kleinen Überraschungsschrei aus. Stefanie Endlich, zwei Plätze neben mir, fragte kurz und scharf: »Kennen Sie die?« Ich sagte wahrheitsgemäß: »Nein, aber man kennt Christine Jackob-Marks in Berlin als Malerin.«

Später hat Frau Endlich die Behauptung lanciert, Christine Jackob-Marks sei »eine alte Freundin« von mir, ich hätte die Arbeit gekannt und deshalb dafür votiert. Daran stimmte nun gar nichts. Weder war Frau Jackob-Marks alt, noch war sie meine Freundin, noch kannte ich die Arbeit. Außerdem hatte die Hälfte der Jury für den Entwurf plädiert. War Wolfgang Nagel ein alter Freund von Frau Jackob-Marks oder Hans Jochen Vogel? Eines Tages tauchte sogar das Gerücht auf, ich sei die eigentliche Verfasserin der Namensplatte und hätte die bekannten Berliner Künstler nur vorgeschoben. Allerdings hörte man auch, daß Frau Endlich seit Jahren eng mit den Verfassern des »Bus-Bahnhofs« befreundet sei. Soviel zu der Gerüchteküche, die bizarre Blüten trieb.

Jens öffnete den zweiten Umschlag für den ersten Preis. Las den Namen: Ungers. Vorname Matthias? Nein, Simon. Wer ist das? Der Sohn des Frankfurter Architekten Matthias Ungers. Darauf hätte man kommen können, denn Quadrate machte ja auch der Vater. Als ich Edzard Reuter nach der Jurysitzung anrief und über das Ergebnis informierte, fragte er sofort: »Welcher Ungers?« – »Der Sohn von Matthias.« Reuter holte hörbar Luft: »Frankfurt, nicht wahr?« – »Ja.« Reuter: »Na, da müssen wir uns aber warm anziehen.«

Ich wußte damals nicht, wie recht er behalten würde.

Am Tag darauf, also am 17. März, fand die Pressekonferenz statt. In den ersten Reihen ein Wald von Kameras und Blitzlichtern. Wir saßen im Halbkreis, in der Mitte vor uns waren die Modelle der beiden ersten Preisträger aufgebaut. Jens sollte als Vorsitzender die Begründungen der Jury verlesen, die wir noch nachts gemeinsam verfaßt hatten. Er las sie aber nicht vor, sondern verfiel mit gewohntem Pathos in seine übliche freie Rede. Bei der Interpretation der Namensplatte von Jackob-Marks, Rolfes, Scheib und Stangl verunglückte seine freie Rede. Die Idee dieser Künstlergruppe war für die Jury nachvollziehbar gewesen: Daß nämlich Besucher der Gedenkstätte für einzelne Platten, die später einen Namen bekommen sollten, anonym Geld spenden und sich somit an der Errichtung des Denkmals beteiligen könnten. Das kam unserer Vorstellung sehr entgegen. Wir wollten für unseren finanziellen Anteil an dem Denkmal nicht nur, aber auch bei der Bevölkerung sammeln. Jens vergaloppierte sich im Eifer des Gefechts und sprach von 1000 Mark pro Namen. Abgesehen davon, daß es den Künstlern nie um die Forderung einer bestimmten Summe ging, versäumte es Jens, das Prinzip der Anonymität zu betonen. Das konnte, wer wollte, auch mißinterpretieren. Und das tat Ignatz Bubis.

Er war zu dem Zeitpunkt in Israel, hatte also, trotz Zusage, an dieser letzten entscheidenden Jurysitzung und der anschließenden Pressekonferenz nicht teilgenommen. Was ihn nicht hinderte, ein paar Tage später im fernen Israel ein Zeitungsinterview zu geben, in dem er einen der beiden Entwürfe, gemeint war die Namensplatte, »als nicht akzeptabel« attackierte, weil die Finanzierung eine Art »Ablaßhandel« sei. Ich fand das erstaunlich. Was war daran Ablaßhandel? Dann dürfte ja nichts mehr über Spenden finanziert werden.

Kurz zuvor waren Israelis in Deutschland gewesen, um für eine Erweiterung der israelischen Gedenkstätte Yad Vashem, ein »Tal der Gemeinden«, Geld einzusammeln. Es sollte eine riesige Anlage aus hohen Steinbrocken entstehen mit den Namen der europäischen jüdischen Gemeinden, auch der ehemaligen jüdischen Gemeinden auf deutschem Boden. Also wurde auch hier in Deutschland in Städten und Gemeinden Geld gesammelt, und sie zahlten, mal mehr, mal weniger. Aber sie zahlten. War das vielleicht auch Ablaßhandel? Dagegen jedenfalls hatte Ignatz Bubis nicht polemisiert.

»Machbarkeitsstudien«

Wochenlang wurde nun über sogenannte »Machbarkeitsstudien« nachgedacht. Konnte die Namensplatte 12 Meter in die Höhe ragen? Oder mußte sie abgesenkt werden? Stimmten die Kosten? Wie war die Statik? Ähnliche Berechnungen galten dem Entwurf von Ungers. Beide Preisträger wurden gebeten, ihre Entwürfe in diesem Sinne zu überprüfen und gegebenenfalls zu überarbeiten. Vor allem die Kosten durften 15 Millionen nicht übersteigen. Beide, die Gruppe um Frau Jackob-Marks und Simon Ungers, wurden dann zu einer Sitzung nach Berlin eingeladen, um uns ihre Arbeiten in den überarbeiteten Fassungen zu erläutern. Große Runde. Die Vertreter des Bundes waren dabei, die Berliner Senatoren mit ihrem jeweiligen Stab, wir vom Förderkreis und Andreas Nachama, Fachmann für die jüdische Seite. Er referierte ausführlich darüber, wie wichtig die Namensnennung für die Juden sei. Viel sprach also für den Entwurf der Namensplatte.

Ungers war sympathisch, sachlich. Niemand außer mir nahm ihm übel, daß er »Sachsenberg« statt »Sachsenhausen« in sein Stahlband eingefräst hatte. Unwissen? Flüchtigkeit? Christine Jackob-Marks und Hella Rolfes hatten ihre Platte aus Kostengründen auf 7 Meter Höhe abgesenkt, dafür unter dem oberen Teil der Betonkonstruktion einen Raum für Monitore vorgesehen, über die man, nach dem Vorbild des Holocaust-Museums in Washington, an die 4 Millionen Lebensläufe der Ermordeten auf jeweils ein bis drei Seiten nachlesen konnte. Washington hatte Unterstützung zugesagt.

Bei den drei Auslobern bestand anschließend Übereinstimmung, für die Namensplatte zu votieren. Nur die Vertreter des Bundes machten eine Einschränkung: Mit Ignatz Bubis sollte das Mißverständnis »Ablaßhandel« ausgeräumt werden. Es wurde aber allmählich klar, daß dieser Vorwurf nur ein Vorwand war und Bubis den Entwurf von Ungers wollte und nicht den von Jackob-Marks. In allen möglichen Interviews war denn auch von »Ablaßhandel« nicht mehr die Rede. Der Entwurf der Namensplatte sei zu anonym, war jetzt sein Gegenargument. Der Name Kohn zum Beispiel sei 500 mal zu lesen, das sage nichts aus. Das fand ich nicht, auch die Hälfte der Jurymitglieder hatte das nicht so gesehen. Dann gab es eben 500 Menschen mit dem Namen Kohn. War das etwa anonymer als das Stahlband von Ungers, das nicht die Namen von Menschen nannte, sondern lediglich die von Lagern, noch dazu solchen, die nicht zur Auslöschung der europäischen Juden bestimmt waren?

Ich wollte die Mißverständnisse mit Bubis unbedingt ausräumen und verabredete einen Gesprächstermin mit ihm. Ich fragte, ob ich Christine Jackob-Marks und Hella Rolfes mitbringen könne, sie würden ihm ihre Arbeit gern selbst erläutern. Bubis sagte: »Bringen Sie mit wen und so viel Leute Sie wollen.« Ich nahm das ernst. Und so kamen wir zu fünft. Das hätten wir nicht tun sollen, denn später hörten wir, Bubis habe sich darüber mokiert, daß wir ihn »zu fünft überreden wollten«. Stimmt. Aber ich wäre auch allein zu ihm gegangen.

Das Treffen verlief unangenehm. Bubis hörte unseren Argumenten mit demonstrativ halb geschlossenen Augen zu. Es war offensichtlich, daß er an einer Annäherung der Standpunkte nicht interessiert war. Dafür erzählte er von seinem Vater und von Treblinka. Dann kam er zur Sache. Er sprach über seine Abneigung gegen die Millionen Namen auf dem Entwurf von Jackob-Marks und ihrem Team. Bubis hatte sich vorbereitet. Er zeigte uns ein Stück Metall, es sah aus wie Blei, auf dem in erhabenen Buchstaben die Vor- und Nachnamen von Opfern zu lesen waren. Solche Namensblöcke, erklärte er uns, sollten demnächst in Frankfurt an eine Mauer montiert werden als Denkmal für die etwa 10000 aus der Stadt deportierten Juden. Diese Mauer sei nicht so anonym wie die Platte mit den Millionen Namen ermordeter europäischer Juden. Das war natürlich ein schiefer Vergleich. Der Architekt des Frankfurter Denkmals hieß übrigens Salomon Korn. Aber das habe ich erst später erfahren und dann manche seiner Attacken besser einordnen können.

Ich konnte mir das Frankfurter Modell gut vorstellen. Schließlich hatte ich Jahre zuvor in Hannover ein Denkmal für die aus der Stadt deportierten Juden initiiert und zwischen 1991 und 1994 gemeinsam mit Freunden und dem Oberbürgermeister verwirklicht, das folgende

Von der Idee zur Entscheidung

Daten nannte: Vor- und Nachnamen, Todesalter, Tag und Zielort der Deportation. Dieses Denkmal diente ganz offenbar als Vorbild für Frankfurt. Es war das erste große Denkmal dieser Art in Deutschland. Es gab kleinere, in Dörfern zum Beispiel. Aber keines in einer Großstadt. Also war die Idee der Namensnennung doch nicht so abwegig, wie das Denkmal in Hannover und die für Frankfurt übernommene Konzeption zeigten. Aber Bubis beharrte auf seiner ablehnenden Haltung und der Begründung, daß unter den Millionen europäischen Opfern viele nicht bekannt seien und 500 »Kohns« beispielsweise zu anonymen Personen würden. Es hatte keine Verständigung gegeben, als wir uns verabschiedeten. Die Stimmung war frostig. Im Fahrstuhl sagte Christine Jackob-Marks: »Es wird uns nicht gelingen, ihn zu überzeugen.« Es war nicht gelungen.

Wolfgang Nagel rief die Auslober zu einer Abstimmungsrunde zusammen. Außer den Berliner Senatoren samt Mitarbeitern, den Vertretern des Bundes und unseres Förderkreises war Edzard Reuter eingeladen, weil es ja auch um Geld ging, und Ignatz Bubis war dabei, weil nicht am Zentralrat der Juden vorbei entschieden werden sollte. Schauplatz des sonntäglichen Treffens war das Gästehaus des Senats. Reuter und Bubis hatten sich morgens in der Stadt getroffen. Reuter flüsterte mir, als er mit Bubis hereinkam, zu, daß Bubis immer noch gegen die Namensplatte sei. Ich sollte mich darauf einstellen.

Nagel leitete die Sitzung. Roloff-Momin sagte kein Wort. Bubis begründete seine Ablehnung der Namensplatte wie üblich: Sie sei zu anonym. 500 mal »Kohn«. Er zog ein Papier aus der Tasche, eine ganze DIN-A4-Seite nur mit dem Namen Kohn. Nagel, Reuter und ich argumentierten noch einmal. Bubis schwieg. Nagel machte noch einen Versuch. »Herr Bubis«, sagte er, »ich möchte Sie überzeugen, Sie zu uns herüberziehen.« Bubis schwieg.

Der Vertreter des Bundes fragte plötzlich, was mit all den Überlebenden sei, die bleibende gesundheitliche Schäden davongetragen hätten. Auf welche Namensplatte kämen denn die? Reuter wechselte die Gesichtsfarbe. Später sagte er mir, selten habe er in seinem Leben so viel Adrenalinausschüttungen gehabt wie bei diesem Abwehrversuch. Ich mußte mich auch um Fassung bemühen. Ich erklärte, daß es doch um die Ermordeten ginge, nicht um das Elend der ganzen Welt. Schließlich rückte derselbe Bundesbeamte vor der Abstimmung mit der Sprache heraus, daß er für den Bund gar nicht abstimmen könne, er sei nicht entscheidungsbefugt. Warum er dann hier sei? Um den Herrn Minister Kanther in Frankfurt, wo gerade Oberbürgermeisterwahl war, anzurufen und zu informieren. Wo ist ein Telefon? Ein Telefon war natürlich da, aber der Herr Minister war nicht da. Vielleicht in einer halben Stunde? Pause. Dann noch einmal. Der Herr Minister war immer noch nicht da. Nach mehreren vergeblichen Versuchen wurde uns klar, daß der Herr Minister überhaupt nicht zu erreichen sein würde. Auch nicht für den Herrn Senator. Der würde es nun morgen, am Montag, erneut versuchen müssen.

Wir einigten uns auf striktes Stillschweigen über die Sitzung und das erzielte »Einverständnis« und verabredeten für die kommende Woche eine Pressekonferenz, auf der unser erster Preis, die Namensplatte, vorgestellt werden sollte. Kein Einspruch, weder von Bubis noch vom Vertreter des Innenministeriums, sondern Signale der Zustimmung.

Am nächsten Morgen stand ziemlich viel über diese Sitzung in der Zeitung. Anruf von Nagel morgens um acht: »Wie kommst du dazu, die Presse zu informieren?« Ich verbat mir die Unterstellung. Ich hatte wirklich kein Interesse an einer Vorveröffentlichung. Später soll Bubis Nagel gegenüber eingeräumt haben, daß er von einem Journalisten nach der Sitzung befragt worden sei. »Was sollte ich da machen?« – »Sehr einfach«, war die lakonische Antwort, »nichts sagen, wie die anderen auch.«

Wie zu erwarten war, reagierte Kanther auf Nagels Anrufe nicht. Keine Zeit, keine Zeit. Über die Agenturen ließ er einen Tag vor der Pressekonferenz verlauten, der Bund stünde zu seinen Verpflichtungen, Grundstück und Bausumme von 5 Millionen für das Denkmal zur Verfügung zu stellen, wenn der Zentralrat dem Entwurf zustimmen würde. Eigentlich hätten wir wissen müssen, was das bedeutete. Eigentlich.

Presseschlachten

Die Pressekonferenz begann um zehn Uhr. Es war Mittwoch, der 28. Juni. Wolfgang Nagel rief mich vorher in sein Büro und zeigte mir seine Presseerklärung, an der er »die halbe Nacht, bis morgens um drei« formuliert habe. Sie war auch sehr gut:

»Die Auslober halten an ihrer Absicht fest«, las er vor, »das Denkmal ... zügig am vorgesehenen Standort zu realisieren. Diese Haltung wurde seitens der Bundesregierung durch Bundeskanzler Kohl gegenüber dem Vorsitzenden des Zentralrats sowie durch den Regierenden Bürgermeister Eberhard Diepgen in der gestrigen Sitzung des Senats bekräftigt. Für die Auslober ist damit die Diskussion über das ›ob‹ entschieden. Bei den jüngsten Beratungen ging es nur noch um das ›wie‹.

Die Vertreter des Förderkreises und des Landes Berlin sprechen sich für die Realisierung des Entwurfs der Gruppe Jackob-Marks u.a. aus. Dabei spielte die Beurteilung der Jury eine herausragende Rolle: Der Entwurf habe einen besonders starken Bezug zum Thema. Die Opfer würden aus der Anonymität geholt, das Problem der Auswahl stelle sich nicht. Die Arbeit vermittle auf faszinierende Weise Beklommenheit und rühre am meisten Emotionen an.

Der Vertreter des Bundes ließ zwar eine Präferenz für den ... Entwurf des Künstlers Simon Ungers erkennen. Bereits in der ersten Beratungsrunde der Auslober am 12. Juni 1995 hatte jedoch der zuständige Staatssekretär im Bundesinnenministerium erklärt, der Bund könne beide Entwürfe akzeptieren, sofern von seiten des Zentralrats der Juden in Deutschland keine gravierenden Bedenken erhoben würden...«

Dann sprach für den Förderkreis unser Vorstandsmitglied Peter Raue über die »große künstlerische Kraft« der Namensplatte, und ich erläuterte die Gründe, weshalb sich der Förderkreis für diesen Entwurf entschieden habe. Schließlich interpretierten Christine Jackob-Marks und Hella Rolfes ihre Arbeit.

Fragen? Es kamen einige. Auch kritische, natürlich. Aber alles in allem nahm die versammelte Presse die Sache hin. »Groß« sei die Namensplatte. »Sehr groß.« – »Ja, stimmt. Aber das Verbrechen war eben groß.« Gigantisch sei die Platte. »Gigantisch? Der Völkermord war gigantisch.« Die Zeitungsartikel, die nach der Pressekonferenz erschienen, waren weder überaus zustimmend noch überaus ablehnend.

Ich hatte ein kurzes Geplänkel mit dem Journalisten Michael Sontheimer. In einem SPIEGEL-Artikel über eine unserer Jurysitzungen hatte er Eberhard Jäckel zitiert. Inhalt: Jäckel habe sich gegen ein Denkmal für die Sinti und Roma ausgesprochen, denn, wörtlich: »Man könnte dann auch gleich ein Mahnmal gegen das Killen der Wale fordern.« Das war völlig frei erfunden. Hintergrund: Am Ende der letzten Jurysitzung wurden die Teilnehmer aufgefordert, einem »Denkmal für die ermordeten Zigeuner« (im NS-Sprachgebrauch) zuzustimmen. Diese Erklärung war einstimmig angenommen worden. Jäckel konnte also nicht dagegen gewesen sein. Außerdem war seine Haltung in dieser Frage allgemein bekannt. Er hatte sich immer, auch öffentlich, für ein solches Denkmal eingesetzt. Als Sontheimer, der die ganze Zeit Nervosität demonstrierte, indem er unaufhörlich mit den Fingern auf der Stuhllehne herumklopfte, eine Frage an mich richtete, verband ich meine Antwort mit der Gegenfrage, woher er das angebliche Jäckel-Zitat habe. Er berief sich auf Jurymitglieder, die er »natürlich nicht nennen«, deren »eidesstattliche Erklärungen« er aber jederzeit beibringen könne. Auf diese beim SPIEGEL schriftlich angeforderten Erklärungen wartet Jäckel noch heute.

Als ich später einen Artikel, von Augstein namentlich gezeichnet, über die »Dampfwalze Lea« las, habe ich verstanden, daß es nicht sehr klug gewesen war, einen SPIEGEL-Journalisten öffentlich als Lügner vorzuführen. Rache ist süß. In diesem Artikel werde ich, in echtem NS-Jargon, zu einer »Vierteljüdin« gemacht, zu der ich mich, natürlich wegen des Denkmals, nur hochstilisieren würde. Denn einen jüdischen Großvater hätte ich nicht tatsächlich, sondern nur »angeblich« gehabt. Und deshalb müßte ich wohl meinen Namen »hebräisieren« lassen, denn mein Geburtsname sei in Wahrheit »Rohs«. (Das Wort »Rosh«, mein richtiger Name, ist ein hebräisches Wort und heißt »Kopf«.) Da dieser Quatsch immer wieder in irgendwelchen SPIEGEL-Artikeln und in anderen Zeitungen, die abschreiben, auftauchte, habe ich schließlich 1998 unter Vorlage meiner Geburtsurkunde per Gerichtsbeschluß eine Gegendarstellung erwirkt. Mit Erstaunen wurde allerdings im SPIEGEL festgehalten, daß ich früher dieser Darstellung nicht widersprochen hätte. Die Erklärung ist sehr einfach: Wenn man alle falschen Zitate dieser Zeitschrift korrigieren würde, müßte man ein eigenes Büro damit beschäftigen. Lohnt nicht. Und kostet zu viel Zeit. Aber auch für die »Vierteljüdin« mußte sich Augstein später in der »Süddeutschen Zeitung« quasi entschuldigen. Denn die Proteste auf den mit seinem Namen gezeichneten Artikel waren zu heftig. Veröffentlicht wurden sie im SPIEGEL natürlich nicht. Auch nicht die von Hans Jochen Vogel, Lothar Bisky, Fritz Beer (vom Internationalen PEN), auch nicht der *Offene Brief* von Otto Romberg und Heiner Lichtenstein in der »Tribüne« vom 6. August 1995. Daraus ein Auszug:

»Sehr geehrter Herr Augstein,
am 10. Juli ds. Js. haben Sie sich in einem »Dampfwalze Lea« genannten Kommentar mit dem in Berlin geplanten Holocaust-Denkmal beschäftigt. Über das Mahnmal wird jetzt zumindest bundesweit diskutiert. Das ist gut, und selbstverständlich nimmt auch der SPIEGEL an der Diskussion teil.
Dem Herausgeber dieses Nachrichtenmagazins blieb es aber vorbehalten, mit Naziformulierungen gegen jene Frau zu pöbeln, ohne die es ein solches Mahnmal überhaupt nicht geben würde: Lea Rosh, Direktorin des NDR-Funkhauses Hannover. Sie nennen Frau Rosh »Wunschjüdin«, mit der kein »echter Jude«, keine »echte Jüdin« je zurechtgekommen wäre. Abgesehen davon, daß diese Behauptung schlichter Unsinn ist, wie die Gedenkstunde im NDR-Funkhaus am Abend vor dem Kaddisch in der Gedenkstätte Bergen-Belsen im April bewies, bedient sich Spiegel-Herausgeber Augstein nun eindeutig rassistischer Vokabeln. Der »echte Jude« stammt zwar nicht aus dem Wörterbuch des Unmenschen, wohl aber die »Viertel-Jüdin« sechs Absätze weiter. Weil R. Augstein jedes Wort sorgsam abwägt, sollte er nun seinen Leserinnen und Lesern erklären, welches Viertel von Frau Rosh jüdisch ist. Bei den Nazis gab es, bis es sie eben wunschgemäß nicht mehr gab, Juden, »Halbjuden«,

»Vierteljuden« usw. Überlebt hat nur eine winzige Minderheit. Das wissen wir auch…«

Und ein paar Sätze aus dem Brief von Fritz Beer:

Liebe Lea Rosh,

das Echo deutscher Querelen erreicht mich in London nur unzulänglich …, aber jemand schickte mir den empörenden Augstein-Artikel, und ich beeile mich, Ihnen meine Solidarität auszudrücken. Es ist bedrückend, daß jemand … wie Augstein … eine so hämische, emotionale und im Wesentlichen auch rassistische Haltung kundgibt. Wenn man sie kratzt, erweisen sie sich immer als Antisemiten, meinte mein Großvater, ein Sägemüller in der dunkelsten mährischen Provinz …

Herzliche Grüße …«

Wir konnten damals nicht wissen, wie antisemitisch sich Augstein drei Jahre später, in der Auseinandersetzung um die Rede von Martin Walser noch gebärden würde.

Schirmherrschaften

Ich hatte mich sehr lange bemüht, Roman Herzog als »Schirmherrn« für unser Denkmalsprojekt zu gewinnen. Am 4. November 1994 bekam ich folgenden Brief:

»Sehr geehrte Frau Rosh,

für Ihren Brief … danke ich Ihnen vielmals. Ich begrüße es, daß es gelungen ist, gemeinsam mit dem Bund und dem Senat von Berlin die Errichtung des Denkmals für die ermordeten Juden Europas auf den Weg zu bringen. Ihr Förderkreis hat hieran nachhaltiges Verdienst.

Gerne übernehme ich die Schirmherrschaft über das Projekt und wünsche dem weiteren Fortgang gutes Gelingen.

Mit besten Grüßen

Roman Herzog«

Nachdem der Wettbewerb nun abgeschlossen und das Ergebnis der Presse vorgestellt worden war, meldete ich mich zusammen mit Eberhard Jäckel zu einem Besuch bei unserem Schirmherrn an. Wir wollten mit Roman Herzog das große fund-rising-dinner besprechen, auf dem er Vertreter der Industrie zu Tisch und zur Kasse bitten sollte. Dieses Treffen fand zwei Tage nach der Pressekonferenz statt, also am 30. Juni. Wir bekamen einen einstündigen Nachmittagstermin, den wir mit Informationsmaterial vorbereitet hatten. Herzog wußte also Bescheid. Er war freundlich, locker, zugänglich. Wir nippten am Kaffee, und Roman Herzog redete darüber, wie er sich das Dinner vorstellte. Auf einer Staffelei sollte gut sichtbar die Modellzeichnung stehen und den geladenen Industriellen von Christine Jackob-Marks im einzelnen erklärt werden. Hella Rolfes würde das Modell erläutern, und wir vom Förderkreis sollten noch einmal über das gesamte Vorhaben referieren. Danach war für den Bundespräsidenten der Augenblick gekommen, die Vertreter der Industrie zu bitten, möglichst tief in die Firmenkassen zu greifen. Schön. Sehr schön. Da bekam ich einen Zettel hereingereicht. Anruf meines Mannes. Dringend! Ich entschuldigte mich und ging raus ans Telefon.

Mein Mann teilte mir mit, daß der Herr Bundeskanzler laut Agenturmeldung soeben die Namensplatte verworfen und das ganze Verfahren angehalten habe.

»Wie bitte?« Ich versuchte, mich zu konzentrieren. Um mich herum standen mehrere Beamte.

»Begründung«?

»Gigantomanisch.« Mehr wisse er auch nicht.

Was sollte ich dem Bundespräsidenten nun sagen? Ich mußte gar nichts sagen, denn Jäckel war gerade dabei, sich zu verabschieden. Also verabschiedete ich mich auch. Wiedersehen.

Wiedersehen? Wir mußten zum Flughafen und wurden im Präsidentenwagen gefahren. Der hatte zwei Autotelefone. Jäckel telefonierte auf dem einen, ich auf dem anderen. Ich rief Nagel an.

Der war genau so überrascht. »Stimmt die Meldung?« Er wußte es nicht. »Was steckt dahinter? Und wer steckt dahinter? Bubis?« Er wußte es nicht. »Kohl kennt den Entwurf doch gar nicht.« Er wußte es nicht. Jäckel flog nach Stuttgart, ich nach Frankfurt. Ich mußte zu einer Tagung des PEN. Ich hätte mich am liebsten entschuldigt, irgendwo verkrochen, in ein Loch fallen lassen, schließlich war für uns eine halbe Welt zusammengebrochen. Aber ich war Vizepräsidentin des P.E.N. und zu preußisch, um abzusagen.

Noch mehr Presseschlachten

Für die folgenden Tage verzeichnet mein Kalender keine anderen Eintragungen und Termine als die, die ich sowieso beruflich in Hannover und Hamburg zu erledigen hatte. Alltag. Keine besonderen Vorkommnisse. Als wäre nichts geschehen. Dabei war doch wirklich viel geschehen.

Vor allem begann nun eine Pressekampagne, die ich so nicht für möglich gehalten hätte. Die Journalisten schossen sich auf die Namensplatte ein, als hätten sie den Entwurf vorher nicht gesehen und relativ zustimmend beurteilt. Fast alle, gestärkt durch des Kanzlers Veto, waren nun mutig dagegen. An dieser Hatz beteiligten sich auch seriöse Zeitungen, sogar liberale linke Blätter, die den Kanzler sonst so gern mit Häme überschüttet hatten. Plötzlich stimmten sie dem vorher als höchstem »Kunstrichter der Nation« Verspotteten zu. Und sie schrieben voneinander ab. Vor allem Falsches. Und das über Jahre. So wurden die Maße der Namensplatte zum Beispiel auf 100 mal 100 Meter degradiert, obwohl ihre Länge 164 Meter betrug, sie also noch »gigantomanischer« war als angenommen. Die Feuilletons nahmen auch ausnahmslos nicht zur Kenntnis, daß die Platte längst von 12 auf 7 Meter an der höchsten Stelle abgesenkt worden war. Alles, was einer vorgefaßten Ablehnung diente, wurde zitiert und munter weitergereicht. Dabei wären natürlich alle Informationen richtig und frei Haus zu haben gewesen.

Den Vogel schoß aber der NEW YORKER ab.

Der Artikel erschien im August 1995 als »Letter from Germany«. Untertitel: »The new trend in Germany's struggle to 'manage' its past is to see itself as Nazism's victim.« Die ZEIT, die den Artikel abdruckte, übersetzte frei und richtig: »Deutschland – Das Opfer.«

Zur Vorgeschichte:

Die amerikanische Journalistin Jane Kramer, Berichterstatterin des NEW YORKER und Verfasserin des Artikels, meldete sich bei mir im NDR-Funkhaus in Hannover zu einem Interview an. Thema: Das Denkmal in Berlin. Ich hatte eigentlich an dem von ihr gewünschten Tag keine Zeit. Mein Terminkalender war voll. Obendrein mußte ich an diesem Nachmittag einen von mir für den NDR zusammengestellten Film über Bergen-Belsen abnehmen. Die Befreiung lag 50 Jahre zurück. Wir hatten Filmmaterial aus dem alten, berühmten Film von Alain Resnais »Nacht und Nebel« angekauft. Ich hatte geschnitten, den Text geschrieben und auch synchronisiert und mußte nun die Endfassung kontrollieren. Also fragte ich Frau Kramer, ob sie bei der Filmabnahme dabei sein wolle. Sie wollte.

Nun sprach Frau Kramer kein Wort deutsch. Das war für das Verständnis des Films auch nicht so wichtig. Die Bilder sprachen für sich. Aber für einen so großen und ausführlichen Bericht über Deutschland sollte man die Landessprache schon einigermaßen beherrschen. Statt dessen brachte sie eine Dolmetscherin mit, die des Deutschen offenbar auch nicht mächtig war. Jedenfalls war ihr Artikel ein Sammelsurium von falschen Behauptungen, Entstellungen, Verdrehungen, puren Erfindungen. So warf sie mir zum Beispiel vor, ich hätte in meinem Film über Bergen-Belsen als Quelle das »British Imperial War Museum« und Alfred Hitchcock zitieren müssen, weil angeblich daraus Material und Sequenzen zusammengeschnitten worden waren. Reiner Unsinn. In der Tat lief etwa zur gleichen Zeit in einem kommerziellen Sender ein von Hitchcock zusammengestellter Film über die Befreiung von Bergen-Belsen. Nur hatte das mit unserem Filmmaterial lediglich insofern zu tun, als es sich um das gleiche Thema handelte, nämlich die Befreiung von Bergen-Belsen 1945. Den weltberühmten Namen Resnais hatte sie offenbar noch nie gehört. Dementsprechend auch nichts von seinem Film »Nacht und Nebel«. Daß es bei diesem Thema ganz unausweichlich ist, daß sich alle Autoren des historischen Materials bedienen, das vorliegt, hatte sie ebenfalls nicht verstanden. Auch Herr Hitchcock hatte die Befreiung des Lagers als Kameramann nicht selbst gefilmt. Selbstverständlich hatten wir Resnais und die Materialquellen genannt.

Jane Kramer war mit Vorurteilen gut ausgerüstet worden, bevor sie zu mir kam. Sie hatte sich in Berlin umgehört und sich dort im

Schnellkursus briefen lassen, anstatt selbst zu recherchieren. Eine Todsünde im Journalismus, die normalerweise mit Rausschmiß geahndet wird. Sie zog in ihrem Artikel nicht nur über mich her, sondern auch über Christoph Stölzl und sein »Deutsches Historisches Museum«. Deutschland, deutsche Vergangenheit und deutsche Zukunft, alles wurde mit Gift überzogen. Aber ihre Abneigung gegen das in Berlin geplante »Denkmal für die ermordeten Juden Europas«, von Deutschen und in Deutschland errichtet, war der Höhepunkt an Schmähung. Nun kann ich nachvollziehen, daß Nichtdeutsche und auch Jüdinnen und Juden dieses Projekt ablehnen. Die Deutschen sollen den in ihrem Namen Ermordeten kein Denkmal bauen dürfen. Sie sollen die Schuld ein für allemal tragen, ohne Buße. Ist sowieso alles verlogen, wie Henryk M. Broder meint. Nur wenn man schon so polemisiert, dann muß man auch gute Argumente haben.

Ich bat Peter Raue, Vorstandsmitglied bei uns im »Förderkreis«, mich anwaltlich zu vertreten. Denn die ZEIT hatte bereits die 1. Folge des Artikels von Frau Kramer abgedruckt, mit allen Fehlern, ohne jede Gegenrecherche. Vor Erscheinen der 2. Folge forderte Raue, daraus sämtliche Falschdarstellungen des NEW YORKER herauszunehmen. Hektischer Briefwechsel. Die ZEIT sträubte sich. Da sie natürlich auf den Abdruck von Teil 2 nicht verzichten wollte, mußten wir alle 38 Falschdarstellungen aus dem NEW YORKER einzeln belegen. Hier eine kleine Zitatauswahl aus dem Schreiben von Peter Raue an die ZEIT:

1. Jane Kramer (hinfort JK) schreibt:
Zwei Jahre vor dem Fall der Mauer gab eine Fernsehmoderatorin namens Lea Rosh bekannt, Berlin werde ein Mahnmal für die sechs Millionen Juden erhalten.
Das ist natürlich unrichtig. Richtig ist, daß Lea Rosh sich mit Freunden und Gleichgesinnten dafür eingesetzt hat, daß ein solches Mahnmal in Berlin entstehe, der Förderverein wurde gegründet, dessen Vorsitzender Herr Dr. Joachim Braun und nicht Lea Rosh gewesen ist.

2. JK schreibt:
Innerhalb weniger Jahre standen für ihr Mahnmal 16 Millionen Mark zur Verfügung.
Das ist doppelt unrichtig. Weder ist das geplante Mahnmal von Lea Rosh, noch standen oder stehen 16 Millionen DM zur Verfügung. Richtig ist, daß Bund und Land sich bereiterklärt haben, je 5 Mio DM zur Verfügung zu stellen, der dann noch fehlende Restbetrag muß vom Förderverein ... aufgebracht werden.
3. JK schreibt:
Kohl hat ihr (sc. Lea Rosh) zur Errichtung des Mahnmals Gelände im Wert von 280 Mio DM zugesagt.
Das ist unrichtig. Herr Kohl hat mit Frau Lea Rosh über das Projekt nie gesprochen, Herr Kohl hat Frau Lea Rosh kein Grundstück zugesagt, vielmehr gibt es eine Vereinbarung zwischen dem Land Berlin und dem Bund, dieses Grundstück für die Errichtung eines Mahnmals zur Verfügung zu stellen.
4. JK behauptet:
Bis zum Jahr der Befreiung konkurrierten 528 Künstler und Architekten um die Chance, das Mahnmal zu errichten.
Unrichtig. Richtig ist, daß der Bund, das Land und der Förderkreis im Jahre 1994 – und nicht »zwei Jahre vor der Befreiung!« (da ist wohl der Fall der Mauer gemeint) – einen Wettbewerb ausgeschrieben haben, der im Jahr 1995 von einer unabhängigen Jury entschieden wurde.
5. JK behauptet, Lea Rosh habe eine
Vorliebe für tief ausgeschnittene schwarze Oberteile und himbeerfarbene Hosenanzüge.
Diese Behauptung ist frei erfunden, Lea Rosh trägt keine »*tief ausgeschnittenen schwarzen Oberteile*« und besitzt gar keinen »*himbeerfarbenen Hosenanzug*«.
6. JK behauptet,
Lea Rosh empfange in ihrem Büro in Hannover im NDR weißweintrinkend die Besucher, um über den Holocaust zu diskutieren, während sie Post beantwortet und ihre Fotos signiert.
Diese Behauptungen sind durchweg falsch. Lea Rosh hat noch nie im Sender während ihrer Dienstzeit Alkohol getrunken, sie

untersagt das auch ihren Mitarbeitern. Daß sie JK, ihrem Gast, ein Glas Weißwein anbot und JK dieses Angebot annahm, steht auf einem anderen Blatt.

7. JK phantasiert.

Lea Rosh ging zum Berliner Amtsgericht, verzichtete auf Edith und wurde ganz offiziell Lea.

Das ist frei erfunden. Lea Rosh hat ihren Vornamen Edith niemals in ihren Papieren abgelegt...

8. JK behauptet:

Inge Borck – eine Berliner Jüdin – die Rosh für ihre Fernsehauftritte einkleidete und jetzt Geld für ihr Mahnmal sammelt...

Auch diese Behauptung ist unrichtig. Inge Borck hat seit zwanzig Jahren mit der Konfektion nichts mehr zu tun... Darauf, wie Lea Rosh sich für ihre Fernsehauftritte anzieht, hat Inge Borck keinen Einfluß. Und Geld für das Mahnmal hat sie nie gesammelt. Und »blaue Augen«, wie später beschrieben, hat sie auch nicht. Die Augenfarbe ist nachweislich dunkelbraun. Aber farbenblind (siehe himbeerfarbener Hosenanzug) ist J.K. scheinbar sowieso.

Noch zwei weitere Beispiele für die denunziatorischen Unrichtigkeiten der amerikanischen Journalistin.

1986, also neun Jahre (!) bevor Frau Kramer in Deutschland auftauchte, hatte ich in der Sendung »3 nach 9« bei Radio Bremen ein Gespräch mit Cordelia Edvardson, einer Überlebenden des Holocaust. Bei JK liest sich das so:

Beim Thema des jüdischen Leids wird sie entnervend enthusiastisch ...Viele erinnern sich eines Interviews in ihrer talk-show mit ... Cordelia Edvardson, als sie mit forscher Fernsehstimme fragte: »Und wie kamen Sie nach Auschwitz, Frau Edvardson?« Cordelia Edvardson sah sie kühl an: »Mit dem Zug, Frau Rosh«.

Diesen Dialog gibt es gar nicht. Da ich Frau Edvardson nicht gefragt habe, wie sie nach Auschwitz gekommen sei, konnte sie mich auch nicht kühl ansehen. Sie hat sich im Gegenteil nach der Sendung bei mir bedankt, wie sensibel das Gespräch von mir geführt worden sei. Die Live-Aufzeichnung wäre leicht bei Radio Bremen einzusehen gewesen. Aber die Wahrheit hätte ihre Geschichte natürlich kaputt gemacht.

Das letzte Beispiel:

Als Frau Kramer in meinem Direktionsbüro saß, wurde sie Ohrenzeugin eines Anrufs von Rita Süssmuth, der damaligen Bundestagspräsidentin.

Der Sachverhalt: Ich hatte in Hannover mit Freunden den Verein »Memoriam e.V.« gegründet und ein Denkmal für die aus Hannover deportierten und ermordeten jüdischen Kinder, Frauen und Männer initiiert. Einweihung und Übergabe an die Stadt war am 9. Oktober 1994. Für dieses Denkmal hatte uns die BILD-Zeitung ihren »Kulturpreis« zuerkannt. Als Erste Vorsitzende des Vereins »Memoriam« und als Initiatorin sollte ich den Preis für den Verein entgegennehmen. Frau Süssmuth, als erste Rednerin vorgesehen, rief mich an, um die Abfolge der Reden mit mir abzustimmen. Erst würde sie reden, dann jemand aus der Verlagsleitung, dann käme die Laudatio von Andrzej Szcypiorski und danach ich mit meiner Dankesrede. Das Telefonat mit Frau Süssmuth war kurz, nett und sachlich. In dem Artikel von Frau Kramer las sich das so: Ich hätte »gebrüllt« und versucht, Frau Süssmuth von der Bühne zu verdrängen. Warum? Ich wollte eben »*on stage and on camera*« sein. Da ich den Preis entgegennahm und eine Dankesrede zu halten hatte, war ich sowieso »*on stage*«. Wo sonst. Und auch »*on camera*«. Was sonst. Frau Kramer schreibt immer noch im NEW YORKER.

Das Verfahren

Monate gingen ins Land. Der Berliner Wahlkampf 1995 war ein willkommener Anlaß, das Thema »Denkmal« zu vertagen. Obwohl wir nach wie vor überzeugt waren, daß die Namensplatte von Jackob-Marks, Rolfes, Stangl und Scheib den ersten Wettbewerbspreis verdient hätte, sah es nicht mehr danach aus, daß wir diesen Entwurf mehrheitsfähig machen konnten. Nach dem Veto von Kohl war er von der Presse heruntergeschrieben worden.

Bei einem Empfang im Schloß Bellevue für den israelischen Staatspräsidenten Weizman traf ich mit Ignatz Bubis zusammen. Wir konnten uns einfach nicht aus dem Weg gehen. Kurzer Gesprächsabtausch: Was wollen, was können wir tun, damit das Denkmal nicht ganz in der Versenkung verschwindet? Bubis hatte schon vorher in der Presse durchblicken lassen, daß er sich eine Kombination aus beiden preisgekrönten Vorschlägen, also Namensplatte mit Stahlviereck, vorstellen könne. Wir waren skeptisch. Beide Künstlergruppen loteten das aus. Es ging nicht. Also begruben wir diese Idee.

Die Wahlen in Berlin am 22. Oktober 1995 endeten mit einem desaströsen Ergebnis für die SPD. 23,6 Prozent. Niedrigster Stand seit Kriegsende. Die Spitzenkandidatin der Partei, Ingrid Stahmer, die Walter Momper vor der Wahl triumphal aus dem Feld geschlagen hatte und Regierende Bürgermeisterin der Stadt werden wollte, versank im Stimmungstief. Und mit ihr viele Hoffnungen und ihre Träger. Aus der Traum. Es gab eine große Koalition aus CDU und SPD, der Regierende Bürgermeister hieß wieder Eberhard Diepgen. Er hatte sich in den zurückliegenden Jahren nicht als Gegner des Denkmals zu erkennen gegeben, aber auch nicht unbedingt als Befürworter. Also leiteten wir aus diesem Wahlergebnis keine Absage an das Projekt ab. Zunächst sah es so aus, als würde Wolfgang Nagel, der starke Befürworter unseres Denkmals, wieder einen Senatsposten bekommen. Wir hofften auf das Bauressort, wie bisher. Das hätte Kontinuität bedeutet. Aber als der Kuchen verteilt wurde, ging Nagel im allgemeinen Postengerangel und abgestraft für unbotmäßige Kritik an der Partei leer aus. Er wechselte, wie der als Bürgermeister-Kandidat unterlegene Walter Momper, in die Wirtschaft. Dafür erkämpfte sich Ingrid Stahmer mit Ellbogen und Tränen, wie berichtet wurde, ein Senatorinnenamt. Sie wurde Schulsenatorin. Wenigstens das.

Senator für Kulturelles wurde Peter Radunski und damit federführender Beauftragter für das Denkmalsprojekt, also unser künftiger Ansprechpartner. Zum Bausenator wurde Jürgen Klemann ernannt, der uns bisher nicht aufgefallen war.

Auf der Mitgliederversammlung des »Fördervereins« im Februar 1996 wurde der Vorstand ohne Gegenstimme bestätigt. Das war gut so, denn wir brauchten die Rückendeckung unserer Mitglieder für die anstehenden nächsten Runden. Im Anschluß an diese Ver-

Von der Idee zur Entscheidung

sammlung hatten wir einige Pressevertreter nicht zu einer Konferenz, sondern zu einem Gespräch eingeladen. Handverlesen, sozusagen. Wir wollten, nach den Turbulenzen und beiderseitigen Aggressionen des vorangegangenen Jahres versuchen, ein vernünftiges Verhältnis zu denjenigen herzustellen, von denen eine faire und sachliche Berichterstattung zu erwarten war. Und da gab es durchaus einige.

Die erste der fünf offiziellen Auslober-Sitzungen, die Senator Radunski vorgesehen hatte, fand am 24. April statt. Jede Partei sollte mit nur zwei Vertretern teilnehmen. Für den Förderkreis begleitete mich Eberhard Jäckel, für den Bund nahmen der Ministerialdirektor Bergsdorf und für die Jüdische Gemeinde Berlin Jerczy Kanal teil. Nur die Berliner Senatoren Radunski und Klemann kamen mit ihrem Gefolge, so daß wir viele bekannte Gesichter aus den Senatsdienststellen wiedersahen, auch Herrn Kraft oder Klausa, Klausa oder Kraft, je nachdem. Man kennt das: Die Minister wechseln, aber die Beamten bleiben. Die Minister, in diesem Fall die Senatoren, können ihre Beamten eben nicht beliebig austauschen. Und die streuten häufig genug wieder Sand ins Getriebe, so viel sie konnten.

Zunächst wurde das bisherige und zukünftige Verfahren debattiert. Jäckel beklagte für das *Kuratorium* den bisher immer noch nicht offiziell begründeten Abbruch des 1. Wettbewerbsverfahrens und warnte vor möglichen Konsequenzen. Wörtlich:

»...Der Bund hat einer Entscheidung für den Jackob-Marks-Entwurf nicht rechtzeitig widersprochen. Das verspätete Veto des Bundeskanzlers hat die Spendensammlung bei einem Stand von 300000 DM zusammenbrechen lassen; eine Million DM, die bereitstand, wurde zurückgerufen.«

Ein neuer Spendenaufruf, so machte Jäckel deutlich, könne erst dann erfolgen, wenn sich die Auslober, also Bund, Land Berlin und Förderkreis, auf einen bestimmten Entwurf geeinigt hätten. Das leuchtete ein. Denn Geldgeber und Spender möchten natürlich gern wissen, wofür sie ihr Geld ausgeben.

Zusammenfassend hatte die Besprechung folgende Ergebnisse:
- Das Denkmal ist politisch gewollt
- Es bleibt beim Ort (Gelände südlich vom Brandenburger Tor)

- Baubeginn: 27. Januar 1999 (Tag der Befreiung von Auschwitz)
- Kein neuer Wettbewerb
- Es bleibt bei den finanziellen Zusagen
- Ein mehrstufiges Colloqium wird der Entscheidung vorgeschaltet
- Grundlage sind dabei die Entwürfe der Preisträger eins bis sieben

Der letzte Punkt war besonders heftig diskutiert worden. Die Entwerfer vom »Bus-Bahnhof«, der mit Macht nur auf Platz 11 gelandet war, hatten auch in dieser Beratungsrunde wieder ihre Berliner Freunde mobilisiert. Die wollten eine Einladung für alle Preise und Ränge. Radunski entschied, es bei den ersten sieben Preisträgern zu belassen.

Das war vernünftig, wenn man sich an Qualitätsmaßstäben orientieren wollte. Die Jury hatte zwischen Preisen und Rängen unterschieden, und das nicht beiläufig, sondern nach stundenlangen Diskussionen und in mehreren Abstimmungsrunden.

Gremienmühsal

Mit Wolfgang Nagel hatten wir gut zusammengearbeitet. Peter Radunski kannten wir nicht und hatten keine Vorstellung, was da auf uns zukommen würde. Aber nun wußten wir, woran wir waren, denn schon in dieser ersten Sitzung erwies er sich als guter und stringenter Diskussionsleiter. Mehr noch: Er war fair, hielt sich an gegebene Versprechungen. Das war, nach unseren Erfahrungen und seinem Vorgänger, beruhigend und wohltuend.

Aber nun kamen all die Sitzungen mit den notwendigen und, wie uns schien, auch weniger notwendigen »Entscheidungsträgern« und Gremien. Wir tagten im Juni, wir tagten im August, wir tagten im September, wir tagten im November, wir tagten noch kurz vor Weihnachten. Meistens mit Radunski, ab und zu mit Bubis, auf jeden Fall immer mit Radunskis festem Mitarbeiterstab. Natürlich versuchten manche in dieser Runde, querzuschießen.

Beispiel: Wir hatten verabredet, die ursprünglich neun, dann später sieben Preisträger aus dem 1. Wettbewerbsverfahren zu einer Überarbeitung einzuladen. Damit waren sie automatisch in der 2.

Wettbewerbsstufe. Aus einer Presseerklärung erfuhren wir, daß sich deren Zahl auf drei Preisträger reduzieren sollte. Unsere Telefone liefen heiß. Proteste von Preisträgern und unseren Mitgliedern. Tenor: »Ihr habt aber etwas anderes versprochen.« – »Alles abgekartetes Spiel.« Was blieb anderes als ein Protestbrief.

Beispiel: In dem Entwurf einer Presseerklärung war von einer möglichen Verkleinerung des Grundstücks die Rede. Wir sind dazu nicht befragt worden, hätten dem auch nicht zugestimmt, weil damit zwangsläufig eine neue Ausschreibung verbunden gewesen wäre. Jetzt konnten wir nur noch schnell abmildern, denn »in zehn Minuten muß der Text raus«, sagte sein Referent. Was blieb anderes als ein Protestbrief.

Natürlich kann ein Senator nicht alle Briefe und Entwürfe für Presseerklärungen lesen. Das wissen auch seine Mitarbeiter. Also probieren sie, wie weit sie gehen können. Gelingt's, gelingt's. Gelingt's nicht, gelingt's eben nicht. Für uns war dieses Spiel sehr aufwendig. Aber uns blieb keine Wahl. Wir mußten mitspielen und spielten mit.

Am Ende des Sitzungsjahres 1996 hatten wir uns darauf verständigt, daß es 1997 drei Colloquien geben sollte, auf denen wir mit einer »breiten Öffentlichkeit« das Denkmalsprojekt diskutieren würden. Nur: Was ist das, eine »breite Öffentlichkeit«? Alle verstanden etwas anderes darunter. Zum Schluß lief es darauf hinaus, daß jeder seine eigenen Truppen ins Feld schickte. Wir hatten uns verständigt, daß es keinen neuen, also keinen zweiten Wettbewerb, wohl aber eine zweite Wettbewerbsstufe geben sollte. Weshalb »zweite Stufe«? Es gab die nicht unberechtigte Befürchtung, daß zumindest die beiden ersten Gewinner des bisherigen Wettbewerbsverfahrens auf Erfüllung klagen könnten. Also hieß das Kind nicht zweiter Wettbewerb, sondern »zweite Stufe« des alten Wettbewerbs, der damit nicht abgeschlossen, sondern einfach verlängert worden war. Wir machten uns dafür stark, daß alle sieben Preisträger aus dem ersten Verfahren eingeladen werden müßten. Wegen der Gerechtigkeit. Dieser Vorschlag war am Ende unstrittig.

Wer sollte überhaupt an den Colloquien teilnehmen?

Alle. Nämlich Künstler, Städtebauer, Architekten, Kunstkritiker, Politiker, die Vertreter der Fraktionen des Bundestages, auch des Berliner Abgeordnetenhauses, Kommentatoren, Judaisten, Historiker, Schriftsteller, Soziologen, Journalisten, Vertreter aus den vom Holocaust betroffenen Ländern. Dazu die 15 Jurymitglieder aus dem Ersten Wettbewerbsverfahren. Für die drei Colloquien wurden vom Berliner Senat als Moderatoren Oscar Schneider, der frühere Wohnungsbauminister, auch Mitglied der ersten Wettbewerbsjury, und Klaus Schütz, ehemaliger Berliner Bürgermeister, vorgeschlagen. Ob wir damit einverstanden wären? Dann würde man anrufen. Beide waren »zufällig« sofort telefonisch erreichbar und nahmen natürlich sofort prompt an.

Worüber sollte diskutiert werden?

Nach langem Hin und Her einigten wir uns auf folgende Fragen:

Warum braucht die Berliner Republik ein Denkmal?

Wo soll es stehen?

Wie soll es aussehen?

Wir hatten nervige Debatten und ein endloses Hin- und Hergezerre über die Zusammensetzung der Podien und Bänke der Colloquien. Natürlich zog jeder seine Lieblingsfachleute aus der Tasche. Klar, daß die Referate das Gesamtergebnis mitbestimmen würden. So dachten wir damals jedenfalls. Wir dachten nicht, daß vieles Makulatur bleiben würde, Altpapier. Alle Vorschläge wurden mit Gegenvorschlägen pariert, mit Mißtrauen gemessen. Jede und jeder meinte, es müßte die eigene Meinungsposition besetzt werden. Das war auch so. Wirklich meinungslose Fachleute gab es in diesem Verfahren gar nicht mehr. Und die wollten wir auch nicht. Nur: Welche Meinung überwog? Welche gab den Ausschlag? Welche war an der Sache orientiert? Welche war durch Wichtigtuerei oder Ablehnung, welche durch Sachkenntnis oder Obstruktion, welche durch persönliche Abneigung oder Sympathie gekennzeichnet?

Schließlich standen wenigstens die Termine und die Themen der Colloquien fest, die durch Referenten und Co-Referenten behandelt werden sollten

Von der Idee zur Entscheidung

10. Januar 1997: *Warum braucht die Berliner Republik das Denkmal?* (Referat und Co-Referat)

14. Februar 1997: *Der Ort und seine historische und stadträumliche Einbindung.* (Referat und Co-Referat)

11. April 1997: *Wie kann das Denkmal realisiert werden?* (Referat und Co-Referat)

Über die eingeladenen und einzuladenden Personen gab es immer wieder Diskussionen. Nicht alle konnten oder wollten teilnehmen. Manche wollten teilnehmen, gehörten aber nicht in eine der erstellten Listen. Wer lud welche Zuhörerinnen und Zuhörer ein? Auch da gab es, natürlich, Manipulationen. Es gab schließlich »Applaus-Bänke« und »Mißfallensbänke«. Für alles und für jeden.

Die Colloquien: »Applaus-Bänke« und »Mißfallens-Bänke«

Erstes Colloqium. Die Stimmung war nervös, gereizt. Einige der eingeladenen Fachleute hatten schon zuvor wissen lassen, daß sie das ganze Verfahren ablehnten und die Prämissen der Auslober, auf die wir uns festgelegt hatten, nicht nur in Frage stellen, sondern aushebeln wollten. Klaus Schütz und Oscar Schneider machten in der vor Beginn angesetzten Ausloberbesprechung klar, daß sie alle diese Versuche mit Entschiedenheit verhindern würden. Wie? Sie würden die Diskussion darüber nicht zulassen. Basta.

Wir, die Auslober und Referenten und Co-Referenten saßen in einem großen Hufeisen angeordnet. Erste Reihe, zweite Reihe. Lange Seitentische. Im Saal die Zuhörerreihen, voll besetzt. Ich saß zwischen Peter Radunski und Eberhard Jäckel. Hinter mir, als Rückenstärkung sozusagen, saßen mein Mann und Lothar C. Poll vom Förderkreis. Inge Borck und Tilman Fichter kamen zu einem späteren Colloquium dazu.

Christian Meier, ein als Fachmann eingeladener Althistoriker, meldete sich als erster nach Radunskis Begrüßung zu Wort. Er beantragte im Namen von 12 anderen Teilnehmern eine Abstimmung über die von Radunski benannten Prämissen, insbesondere was den Standort und das weitere künstlerische Verfahren betraf. Die Antragsteller wollten einen anderen Standort und einen neuen

Wettbewerb durchsetzen. Stille im Raum. Der Eklat war da. Allen war klar, daß von der Entscheidung über diesen Antrag Erfolg oder Scheitern aller drei Colloquien abhängen würde. Klaus Schütz, der das Colloqium leitete, erklärte mit freundlicher Schärfe, daß er nicht beabsichtige, Abstimmungen dieser Art zuzulassen. Es gäbe bei diesem und den beiden anderen Colloquien überhaupt keine Abstimmungen. Sinn und Zweck der Colloquien sei die Beratung durch Fachleute. Nicht mehr, nicht weniger.

Dann rief er den nächsten Tagesordnungspunkt auf. Es meldeten sich andere aus der Gruppe um Meier zu Wort, legten nach, forderten noch einmal und immer wieder Abstimmung. Schütz blieb eisern. Und so entluden sich Frust und Säuernis in allen folgenden Reden. Die glichen eher Rechthabereien als Sachbeiträgen. Wir hofften trotz allem auf konstruktive Diskussionen, die anderen hofften offenbar, die Colloquien umdrehen oder notfalls sprengen zu können. Rachel Salamander zum Beispiel, die sich einst dafür eingesetzt hatte, daß Eberhard Jäckel und ich für unser Buch »Der Tod ist ein Meister aus Deutschland« den Geschwister-Scholl-Preis der Münchner Universität zuerkannt bekamen und die damals die Laudatio gehalten hatte, grüßte mich nicht einmal mehr. Ich wußte, daß sie gegen die Errichtung des Denkmals war. Aber ich dachte, daß es doch möglich sein müßte, sich vernünftig auseinanderzusetzen. Irrtum. Als Eberhard Jäckel über das Thema dieses 1. Colloquiums referierte, weshalb nämlich Deutschland das »Denkmal für die ermordeten Juden Europas« brauche, lachte sie während seines Vortrages. Zum Lachen war das nun wirklich nicht.

Unsere Hoffnung auf eine sachliche Diskussion und neue Erkenntnisse erfüllte sich auch im 2. Colloquium nicht. Gleich zu Beginn überreichten die 12 Protestierer einen »Offenen Brief«, in dem sie ihre Forderungen vom 1. Colloqium wiederholten, nämlich den Standort für das Denkmal neu zu bestimmen, den Wettbewerb neu zu definieren, die Verfasser der ersten 17 Entwürfe einzuladen, die alte Jury zu belassen und die Frage zu beantworten, wie der anderen Opfergruppen gedacht werden solle. Es lief also wieder auf das Denkmal für alle Opfergruppen hinaus.

Von der Idee zur Entscheidung

Den Brief hatten auch einige Jurymitglieder aus der 1. Wettbewerbsstufe unterschrieben, Frau Endlich zum Beispiel, Herr Korn, Herr Nierhoff, Herr Schoenholz. Deren Interesse war offensichtlich: Sie wollten weiter Jury spielen. Wie konnte man aber weiterkommen, wenn man die alten Diskussionen noch einmal aufwärmte und die alten Zuständigkeiten beibehielt? Wir nahmen den Brief zur Kenntnis, Schütz und auch Oscar Schneider ließen keine Diskussion darüber zu. Die Unterzeichner drohten mit Auszug. Herbert Wehner hatte einmal gesagt: »Wer rausgeht, muß sehen, wie er wieder reinkommt.« Das traf hier auch zu. Die beiden Moderatoren drückten ihr Bedauern über einen eventuellen Auszug aus und forderten zum Bleiben auf, machten aber klar, daß sie keine Konzessionen machen würden. Einige der Unterzeichner gingen. Und blieben draußen, zum Beispiel Rachel Salamander. Andere ließen es bei der Androhung und blieben sitzen. Das war nun eine ganz schwache Haltung. Das Colloquium ging darüber hinweg.

Das Ergebnis des 1. Colloqiums war immerhin eine breite Zustimmung zu der grundsätzlich gestellten Frage: Warum braucht die Berliner Republik das Denkmal. Im 2. Colloquium wurden andere Standorte benannt. Übrigens auch von denen, die wochenlang in der Jury gesessen hatten und darüber keine Zweifel am ursprünglichen Standort hatten aufkommen lassen: Frau Endlich, Salomon Korn, Ansgar Nierhoff, Michael Schoenholz. Plötzliche Erkenntnisse oder einfach nur Verhinderungsstrategie? Aber keiner der alternativen Standorte kam ernsthaft in Frage. Zwar wurden alle später überprüft, doch die Gutachten der beiden zuständigen Senatsämter für Bau- und Wohnungswesen und Stadtentwicklung bestätigten den Platz südlich vom Brandenburger Tor als richtigsten Standort.

Das Resümée der ersten beiden Foren läßt sich etwa so beschreiben:

Unsere Initiative wurde von vielen gelobt und als dankenswert und notwendig anerkannt. Aber gleichzeitig wurde der Versuch unternommen, die Realisierung des Denkmals zu verhindern. Natürlich sagte niemand offen, man wolle das Denkmal nicht. Im Gegenteil. Ja, man wolle es, das sei unstritten. Aber man müsse einen neuen Standort dafür haben, einen neuen Wettbewerb ausschreiben, eine neue bzw. die erweiterte alte Jury wieder einsetzen. Denn der Wettbewerb sei ganz klar gescheitert.

Warum ein neues, ein anderes Grundstück? Es wurde mit der Größe, den 20000 Quadratmetern, gegen das vorgesehene Gelände argumentiert. Diese Ausmaße hätten die Künstlerinnen und Künstler zu »gigantomanischen Entwürfen« verleitet, hieß es. Aber unter den 540 eingereichten Arbeiten gab es durchaus viele Entwürfe, die die Größe des Grundstücks bei weitem nicht voll ausschritten. Nur hatte sich die Jury für diese Entwürfe nicht erwärmen können. Die von den Preisrichtern ausgezeichneten Arbeiten hatten in der Tat eine gewisse Größe. Na und? Wie groß darf denn ein Denkmal für sechs Millionen Ermordete sein, wie klein muß es sein? Wo steht geschrieben, wie groß oder wie klein so ein Denkmal sein darf oder sein muß? Die mit dem ersten Preis prämierte Arbeit, die Namensplatte mit Platz für sechs Millionen Vor- und Nachnamen, ist in der Tat kein Winzling, schreitet den Platz aus, auch ein Grund für die erste Wahl. Bis heute bekommen wir Briefe von Befürwortern. Die Menschen bitten uns darin, die Namen ihrer Angehörigen bloß nicht zu vergessen.

Als ein weiteres Argument gegen den vorgesehenen Standort mußte der Autoverkehr herhalten. Wir sagen, es wäre doch gut, wenn möglichst viele Autofahrer auf das Denkmal aufmerksam würden. Im übrigen dürften am Reichstag, einer der Alternativvorschläge, mindestens so viele Autos vorbeifahren. Aber gegen diesen Standort spricht schon der unmittelbare Bezug zum Reichstag.

Im Deutschen Reichstag wurde bis 1933 für Demokratie gekämpft. 97 Abgeordnete, Frauen und Männer, sind dafür von den Nazis verschleppt und die meisten in Konzentrationslagern ermordet worden. Unsere Bürgerinitiative, die PERSPEKTIVE e.V., aus der der »Förderkreis« hervorging, hat übrigens für alle Abgeordneten, die von den Nazis umgebracht wurden, ein namentliches Denkmal vor dem Reichstag errichtet. Jeder hat seine eigene Namenstafel mit Geburts- und Todesdatum, Todesort und Parteizugehörigkeit. Fast alle Ermordeten gehörten zum linken Spektrum: SPD und KPD. Die meisten waren Gewerkschaftsmitglieder.

Von der Idee zur Entscheidung

Das Reichstagsparlament steht nicht für den Terror der Nazis. Und das »Deutsche Volk«, die Inschrift über dem Westportal lautet: »Dem Deutschen Volke«, steht auch nicht für die Ermordung des europäischen Judentums.

Es ist richtig, das »deutsche Volk« hat so gut wie nichts zum Schutz der Juden getan. Die Deutschen in ihrer überwältigenden Mehrheit haben zugeschaut. Und geschwiegen. Das ist schlimm genug. Aber die Auslöschung des Judentums geht nicht auf ihr Konto. Wer so argumentiert und das »den Deutschen« anlastet, hat die Zuständigkeiten bei den Nazis und den Vollzug des Antisemitismus nicht begriffen.

Der Wettbewerb sei gescheitert, wurde immer wieder in den Colloquien argumentiert. Übrigens auch von denen, die wochenlang ohne Einwände an dem Juryergebnis mitgearbeitet hatten. Kein Wort damals, obwohl von Dezember 1994 bis März 1995 genügend Zeit gewesen wäre, das Scheitern zu vermelden. Der Wettbewerb ist gar nicht gescheitert. Er ist durch das Veto des Bundeskanzlers zu Fall gebracht worden und von denen, die das Ergebnis nicht mitgetragen hatten. Er hat gute und beachtliche Arbeiten hervorgebracht. Mehr als 2000 Künstlerinnen und Künstler waren beteiligt, denn an jeder der 540 eingereichten Arbeiten haben jeweils mehrere Personen mitgewirkt. Der Wettbewerb ist das Ergebnis dessen, was die Künstler und Künstlerinnen unserer Zeit anzubieten haben. Alle unfähig? Alle gescheitert? Wozu dann ein neuer Wettbewerb in ähnlicher Besetzung?

Während der Diskussionen wurde mir klar, daß viele, die gegen das Denkmal argumentierten, nicht das wollten, was wir wollten: an die TAT erinnern. Und die Erinnerung an vier Millionen Einzelschicksale, verkörpert durch vier Millionen Namen, so viele sind in Washington gespeichert und wären uns zur Verfügung gestellt worden, ist eben sehr schmerzhaft. Wenn überhaupt, dann wohl lieber ein anonymes Denkmal für alle Opfergruppen, das besagt weniger als spezifische Denkmäler. »Man könnt' ja was merken«, hieß es in einem Leserbrief. Und ein Passant schrie mir einmal bei einer unserer Straßenaktionen für das Denkmal haßerfüllt ins Gesicht: »Wieder eine Extrawurst für die Juden?« Berlin soll keine Stadt der Reue werden, hat dann später der Regierende Bürgermeister Diepgen im Zusammenhang mit der Denkmalsdebatte zu sagen gewagt. Eben doch. Eben doch.

80 sogenannte Fachleute waren zu den Colloqien gekommen, dazu viele interessierte Zuhörerinnen und Zuhörer. Eine »Bedenkenträger-Diskussion« hatte sie jemand genannt, eine »Verhinderer-Diskussion« ein anderer.

Wir vom Förderkreis gingen nun wieder auf die Straße. Wir wollten es noch einmal wissen. Wir wollten sie noch einmal fragen, die Frau auf der Straße, den Mann auf der Straße. Wir stellten vor der U-Bahn am Wittenbergplatz wieder unsere Tische mit den Unterschriftenlisten auf, spannten unser Transparent mit der Forderung nach dem Denkmal auf. Wir repräsentierten eine Bürgerinitiative. Also fragten wir die Bürgerinnen und Bürger. Was sagten die Leute auf der Straße zu dem Denkmal?

Das Ergebnis war verblüffend.

Die älteren Leute, die damals, 1989/90, auch aggressiv reagiert hatten, stimmten zu oder blieben ablehnend stumm. Viel weniger Diskussion heute. Aber die jungen Leute, die lilahaarigen Mädchen mit dem Lederrucksack auf der Schulter und der glimmenden Zigarette im Mundwinkel, die kamen strikt und schweigend zu unserem Tisch und unterschrieben. Einfach so. Ihr einziger Kommentar: »Mensch, nun macht mal endlich, hört auf mit den endlosen Diskussionen.« Leichter gesagt, als getan.

Während der Diskussionen in den Colloquien dachte ich oft: Die Leute auf der Straße und die vielen, die uns schrieben und baten, ihre ermordeten Angehörigen auf der Namenstafel nicht zu vergessen, sind einfach weiter als diese Bedenkenträger.

Als ich zu Beginn des 3. Colloquiums darüber und von den anderen Erfahrungen sprach, die wir im Laufe der vergangenen Jahre gemacht hatten, erntete ich Protest. Klar. Denn ich hatte einige unangenehme Wahrheiten ausgesprochen wie die »Blockierung durch das vornehmlich intellektuelle Kulturestablishment«. Genau das vollzog sich hier. Nur wollten sie das nicht öffentlich bescheinigt bekommen. Es funktionierte wieder nach dem alten Muster: Nicht der Verursacher, sondern der Überbringer der schlechten Nachricht wird schuldig gesprochen. Natürlich hatte ich meine Rede vorher mit den übrigen Vorstandsmitgliedern abgestimmt. Als Christian Meier sich dazu verstieg, uns, den Mitgliedern vom Förderkreis, den »gleichen unerbittlichen Geist, den die SS hatte«, zu unterstellen, riß Hans Jochen Vogel die Geduld. Er kann poltern, wie man weiß. Und das tat er. Mit schneidender Schärfe klagte er Sachlichkeit ein. Ich brauchte danach nicht mehr viel zu sagen. Aber als ich auf das Schicksal meiner Stellvertreterin im Vorstand, der Jüdin Inge Borck hinwies, deren Eltern in Auschwitz ermordet worden waren, entschuldigte sich Meier für seine Entgleisung. Das hatte auch Tilman Fichter von ihm gefordert. Aber gesagt war gesagt. Das war nicht zu entschuldigen. Eberhard Jäckel, bis dahin jahrelang mit Christian Meier befreundet, ging auf ihn zu: »Na, Herr Kollege, ich bin ja nun ein SS-Mann für Sie und dann werden Sie auch nicht mehr mit mir reden wollen.« Meier war verdutzt: »So war das doch nicht gemeint.« Jäckel ließ ihn einfach stehen. Auch diese Freundschaft war hin. So aufgeheizt war die Stimmung.

In den Sommermonaten folgten weitere Besprechungen, Sitzungen, Abstimmungsgespräche. Welche Ergebnisse hatten die Colloquien? Es blieb bei den sogenannten »essentials«:
- Das Denkmal ist politisch gewollt.
- Baubeginn Januar 1999.
- Kein neuer Wettbewerb.

Kein neuer Wettbewerb, das war für alle Beteiligten klar. Und die Einbeziehung der Preisträger aus der 1. Wettbewerbsstufe in das weitere Verfahren, also die 2. Wettbewerbsstufe, das war auch klar. Aber wie sollte diese 2. Wettbewerbsstufe aussehen? Wie immer bei solchen Gelegenheiten wurde der Beschluß gefaßt, eine Kommission zusammenzurufen. Und zwar wieder einmal eine »Findungskommission«. Diese Kommission war keine Jury. Die Jury waren wir, die Auslober. Also was sollte die Findungskommission tun? Sie sollte finden. Wen oder was? Künstlerinnen und Künstler, die sich an diesem Verfahren beteiligen würden. Wir einigten uns auf eine

Findungskommission aus fünf Personen. Alles Männer und »Fachleute« natürlich, die mit Kunst und Architektur zu tun hatten. Das waren also:

Werner Hofmann, ehemaliger Direktor der Hamburger Kunsthalle, Dieter Ronte, Direktor des Bonner Kunst-Museums, Christoph Stölzl, Direktor des Deutschen Historischen Museums in Berlin, Josef Paul Kleihus, Berliner Architekt, und James Young, Kenner aller einschlägigen Denkmäler und als solcher auch bei den Gegnern unseres Denkmalprojekts anerkannt. Wir schienen auf der sicheren Seite. Erleichterung.

Es sollten, wieder einmal, die weltbesten Künstlerinnen und Künstler eingeladen werden. Die Findungskommission sollte uns eine Liste der Einzuladenden zusammenstellen, wir würden nicken oder zusätzlich eigene Vorschläge einbringen. Bearbeitungshonorar: für jeden 10000 Mark. Auch für die sieben Künstlerinnen und Künstler, die schon am 1. Verfahren beteiligt gewesen waren und ein Preisgeld bekommen hatten. 10000 Mark waren wenig Geld, deckten eigentlich nur die Materialkosten. Aber wir waren uns einig, daß die Aufgabe ehrenhaft und die Einladung zur Teilnahme eine Auszeichnung sei. Das schienen die meisten der Eingeladenen auch so zu sehen. Fritz König allerdings, der im 1. Wettbewerbsverfahren den 3. Preis zuerkannt bekommen hatte, lehnte eine Überarbeitung und weitere Teilnahme ab. Er habe seiner Arbeit nichts hinzuzufügen, ihm fiele nichts Besseres dazu ein. Aus. Schließlich sagten 25 Künstlerinnen und Künstler zu, nur ganz wenige, die zu den Weltbesten zählten, sagten ab. Eingereicht wurden dann 19 Arbeiten, die in das »engere Auswahlverfahren« einbezogen wurden.

Wir hatten gute, alte Bekannte dabei. Nicht nur die sieben Preisträger aus dem 1. Verfahren, sondern auch Dani Karavan zum Beispiel oder Gesine Weinmiller, die beide im 1. Verfahren leer ausgegangen waren, oder Rebecca Horn, deren Arbeit ebenfalls nicht einmal eine Anerkennung erhalten hatte. Einigermaßen gespannt war ich auf Peter Eisenman aus New York. Er hatte sich an dem Wiener Wettbewerb, dem Denkmalswettbewerb für die aus Österreich deportierten und ermordeten Juden, beteiligt. Ich hatte mir in Wien die Ausstellung mit allen Arbeiten angesehen und eine Aussage von Eisenman notiert. Wörtlich: »Die Frage ist nicht, ...ob ein bedeutendes Holocaust-Denkmal entworfen werden kann, sondern vielmehr, ob die Gesellschaft bereit ist, alle Konsequenzen eines derartigen Entwurfs zu tragen.« Auch andere berühmte Künstler wie Jochen Gerz, der mit Denkmälern in Saarbrücken und Hamburg aufgefallen war, Zvi Hecker, Architekt einer in Berlin vielfach beachteten Schule für jüdische Kinder, und Daniel Libeskind, Hans Hollein und Markus Lüpertz waren dabei. Wir warteten. Der Abgabetermin war für Mitte Oktober angesetzt.

Die Beurteilungskommission

Am 31. Oktober tagte die »Beurteilungs-Kommission«, wie wir jetzt hießen. Es sollte nicht juriert, sondern eben »beurteilt« werden, Vorstufe der Jury. Das war ein Riesengremium: die Mitglieder der Findungs-Kommission, die Auslober, also Bund, Land Berlin und wir, der Förderkreis, der Zentralrat der Juden, also Ignatz Bubis, und Mitglieder eines sogenannten informellen Gremiums, das waren Mitglieder des Deutschen Bundestages, Vertreterinnen und Vertreter der einzelnen Fraktionen, die nicht mitentscheiden, wohl aber beratend teilnehmen sollten.

In diesem Verfahren war die Aufhebung der Anonymität der Teilnehmer von Anfang an beschlossene Sache. Das war auch gut so. Denn die Verdächtigung von Bevorzugungen war damit zwar nicht aus der Welt, aber wenigstens der Vorwurf heimlicher Vetternwirtschaft, der sich berechtigt oder unberechtigt, durch alle Wettbewerbsverfahren zu ziehen pflegt. Auf diese Weise war die sonst häufig praktizierte Schieberei hinter den Kulissen weitgehend ausgeschlossen oder wenigstens offensichtlich.

Kleines Gerangel im Vorfeld: Die Findungs-Kommission hatte hinter verschlossenen Türen getagt, ausgiebig und geheim. Wir dagegen sollten die Arbeiten, die wir zu beurteilen hatten, erst in der großen Runde zu sehen bekommen. Für jede Präsentation war eine dreiviertel Stunde angesetzt. Das reichte mir nicht aus, um zu einem Urteil zu kommen. Ich wollte mir die Arbeiten vorher in Ruhe ansehen können. Das wurde zu einer kleinen Staatsaktion hochstilisiert, ging dann aber natürlich doch. Schließlich hatte Peter Radunski, Vertreter der Berliner Ausloberpartei, so argumentierten wir, die Arbeiten auch vorher besichtigt. Kampf um alles. Auch um solche Selbstverständlichkeiten.

Eberhard Jäckel war aus Stuttgart angereist. Poll war auch da. Mir war wichtig, daß wir zu einem gemeinsamen Votum kommen konnten. Die meisten Künstlergruppen aus dem 1. Wettbewerbsverfahren hatten diesmal schwächere Arbeiten abgegeben. Der Schwung war dahin. Aus großen Würfen waren Kleinformate geworden. Simon Ungers war zwar bei seinem Quadrat aus Stahlwänden geblieben, hatte aber seinen ursprünglich 85 mal 85 Meter großen Entwurf auf 50 mal 50 Meter verkleinert. Wie weit wäre er denn bereit weiter zu reduzieren, war er in einer früheren Anhörung gefragt worden. Auch auf 35 mal 35 Meter? Ja, auch auf 35 mal 35 Meter, sagte er. Damit setzte er sein Stahlquadrat dem Vorwurf der Beliebigkeit aus. In der Gruppe Jackob-Marcks, Rolfes, Stangl und Scheib war Hans Scheib nicht mehr dabei, er stellte einen eigenen Entwurf vor, der jedoch wenig Beachtung fand. Von der Namensplatte hatte sich die Idee erhalten, den Ermordeten ihre Namen zurückzugeben. Auf einer stilisierten Europa-Karte standen Basaltblöcke, je ein Block auf jedem Land, und in den Blöcken liefen auf Fernsehschirmen die Namenskolonnen der Opfer ab. Dafür konnte sich niemand erwärmen. Dahin die Kühnheit der großen Namensplatte. Auch Josée Dionne, die die Namen der Opfer in ein Dach aus Stahlblech gestanzt hatte, die bei Sonneneinstrahlung auf der Haut der Besucher lesbar sein sollten, war mutlos geworden und distanzierte sich von ihrer Idee. Sie lieferte ein nicht verstehbares Zickelzackel aus blanken Stahlblechen ab, ein Jammer.

Es blieben schließlich acht Arbeiten, die in die engere Wahl kamen: Die von Zvi Hecker, Rebecca Horn, Dani Karavan, Markus Lüpertz, Richard Serra und Peter Eisenman, Daniel Libeskind, Jochen Gerz und Gesine Weinmiller. Sie alle wurden zur nächsten Runde eingeladen, um ihre Arbeit zu interpretieren und Fragen zu beantworten.

Von der Idee zur Entscheidung

Zwei Sitzungstage waren angesetzt, 14. und 15. November. Der erste Tag gehörte den Künstlern, der persönlichen Vorstellung ihrer Arbeiten. Der zweite Tag war Juroren-Tag. Wir hofften auf eine Entscheidung für eine der Arbeiten. Wir versuchten, Freundlichkeit auszustrahlen. Wenigstens das. Es war ja klar, daß es Gewinner, aber vor allem eben auch Verlierer geben würde.

Zvi Hecker machte den Anfang. Er war angespannt. Seine »Seiten eines Buches«, Symbol für jüdisches Leben und jüdische Kultur, stellten den großen, nie mehr zu ersetzenden Verlust dar. Hecker war bei den Erläuterungen seines eigenen Entwurfs so bewegt, daß er Mühe hatte, seine Tränen zurückzuhalten.

Dagegen kam Gesine Weinmiller kühl und sachlich daher. Sympathisch, unkompliziert. Wir verhaspelten uns bei der Zahl der großen Steinblöcke, die sie in das Gelände gestellt hatte. Auf diesen Blöcken sollten Steine abgelegt werden können, ein alter jüdischer Brauch, Erinnerung an die Toten. Waren es wirklich 17? Ich meinte, es waren 18. Wir zählten, es waren 18. Weshalb 18? Wegen der 18 Länder, aus denen die Juden deportiert wurden? Das hatte mit dem Davidstern zu tun, erklärte uns die Künstlerin, den die Blöcke von einem bestimmten Blickwinkel aus am oberen Ende des Areals bilden sollten. Mir ist es nie gelungen, die Blöcke zu einem Davidstern zusammenzusetzen. Ignatz Bubis gestand mir später einmal, daß er das auch nicht geschafft habe.

Rebecca Horn trat eher unterkühlt auf. Ein Schutz? Oder ist sie so? Ich hätte die Arbeit gern gut gefunden. Wie bei ihrem ersten Entwurf senkte sich eine Grabstätte trichterförmig in die Erde. Asche hinter Glaswänden, wieder eine Seelenfahne, ein 27 Meter langer goldfarbener Stab. Aber auch hier traf wieder zu, daß ihr zweiter Entwurf dem ersten ähnlich, ihm aber einfach unterlegen war.

Dani Karavan, fast fröhlich im Auftreten, hatte wieder, wie beim ersten Wettbewerbsverfahren, den großen Davidstern aus gelben Blumen vorgeschlagen. Zwischen den die Sternfläche umrandenden Baumreihen standen gläserne Stellwände mit Informationen über die einzelnen Länder mit Opferzahlen. Wie sieht der Davidstern aus, wenn keine Blumen mehr blühen, im Winter, im Herbst?

Dann ist die Fläche eben Brachland, sagte Karavan. Er machte es uns leicht. Er vermittelte nicht den Eindruck, als rechnete er mit einem Preis, jedenfalls kämpfte er nicht.

Dann kam Peter Eisenman mit dem Stelenfeld. Serra war nicht dabei. Eisenman war sehr amerikanisch, so businesslike, so selbstbewußt. Ob er sich vorstellen könne, fragte Bubis, in die Stelen jüdische Namen meißeln zu lassen? Eisenman konnte sich das vorstellen. Jäckel fragte, ob er sich statt der Namen auch die Tatorte vorstellen könne? Eisenman konnte sich auch das vorstellen. Er war entwaffnend. Er sagte, er und Serra wollten dieses Denkmal unbedingt bauen. Dieses Denkmal sei eine wichtige herausragende Aufgabe. Ich hatte den Eindruck, sie würden alles tun, um dieses Denkmal bauen zu können. Alles? Let me say: fast alles. Freundliches Lachen. Es gab niemanden in der Runde, der nicht beeindruckt war von seiner »Performance« und natürlich dem Entwurf.

Schließlich kam Daniel Libeskind, klein, flink, lächelnd. Er hatte entgegen den Wettbewerbsregeln ein so großes Modell gebaut, daß wir es nicht, wie alle anderen Modelle, in die Mitte der Konferenztische stellen konnten, also kam das Modell nicht zu uns, sondern wir gingen zu ihm in den Vorraum. Er erklärte, daß die aus fünf 21 Meter hohen Steinblöcken bestehende 115 Meter lange Mauer Achsen zum Reichstag bildete, aber auch vom Brandenburger Tor zum Jüdischen Museum, vom Jüdischen Museum zum Denkmal zurück. Kippte man den Reichstag aber um, dozierte er, käme man genau in die Achse des Denkmals oder umgekehrt, zum Reichstag, aha. Man lauschte dem Meister, ohne folgen zu können. Es kam kein rechter Schwung auf. James Young fragte, freundlich lächelnd, ob die durchbrochenen Wände der Steinblöcke nicht auch ein Denkmal für die Berliner Mauer darstellen könnten? Libeskind lächelte süßsauer zurück: Yes, it could. War das ernst gemeint? Allgemeines erleichtertes Lachen. Niemand fragte nach.

Markus Lüpertz, der Maler, war der einzige Bewerber mit einem figürlichen Entwurf. Eine Tonfigur, die er Rachel nannte, steht auf einem Hügel, zerbrochene Gefäße zu ihren Füßen. Unsere Nachfragen, etwas hilflos. Was hatte Rachel mit unserem Thema zu tun, was der Hügel, und was bedeuteten die Tongefäße? Es kam kein richtiges Gespräch zustande. Wir taten alle nur so. Ich glaube, wir hatten Lüpertz mit unserer Ignoranz beleidigt. Erhobenen Hauptes verließ er die Versammlung.

Der letzte Künstler war Jochen Gerz. Düster, straff, kompromißlos. Er las ab, was er sich vorgenommen hatte, uns mitzuteilen. Das war dementsprechend konzentriert, aber spannungslos, ohne jede Verbindlichkeit. Sein Entwurf: ein Haus, ein Fluß und auf dem Denkmalsfeld verteilt 39 Stangen. Auf jeder in Leuchtschrift die Frage: Warum? Neben mir saß Peter Conradi. Uns beide überzeugte das strenge pädagogische Konzept, die Einbeziehung der Besucher des Denkmals in die gedankliche Beschäftigung mit dem Thema:

Warum waren es die Juden?

Warum waren es die Deutschen?

Kaffeepause. Allgemeine Beratung. Später am Abend zog sich die Findungs-Kommission zurück. Wir warteten auf ihr Votum. Am nächsten Tag sollten die Auslober jurieren. Nur die Auslober.

Dieser nächste Tag begann mit einer großen Enttäuschung. Die Findungs-Kommission hatte sich nicht entscheiden können. Sie schlug uns zwei Entwürfe vor: den von Serra/Eisenman und den von Gesine Weinmiller. James Young, Sprecher der Kommission, versuchte, diese Entscheidung zu begründen. Gut und schön. Nur: Beide Entwürfe konnte man schließlich nicht bauen. Wir hatten auf eine Empfehlung für nur einen Entwurf gehofft. Nun also drehte sich das Karussell von vorn.

Werner Hofmann ließ ein Papier verteilen, in dem er sich für Serra/Eisenman stark machte. Wie das? Was nun? Die Findungs-Kommission hatte Einstimmigkeit beschlossen. Die war offenbar nicht zu erreichen gewesen. Also hatte sie einstimmig für beide Entwürfe votiert. Wir hatten verabredet, daß im Falle von Meinungsverschiedenheiten jede Ausloberpartei mit einem eigenen ergänzenden Vorschlag kommen könne. Könne, aber nicht müsse.

Ich beriet mich mit Inge Borck und Lothar Poll. Wir beschlossen, daß wir von dem Recht auf einen eigenen Vorschlag Gebrauch machen würden, wenn es bei diesem Doppelvotum bliebe. Wir erklärten in der Schlußabstimmung aber klar und deutlich, daß wir bei einem einstimmigen Votum für die Arbeit von Serra/Eisenman auf einen anderen, eigenen Vorschlag verzichten würden. Da die Findungs-Kommission bei ihrem Doppelvotum blieb, plädierten wir, der Förderkreis, zusätzlich für die Arbeit von Jochen Gerz. Berlin votierte, gemeinsam mit dem Bund, für die Arbeit von Daniel Libeskind.

Nun waren's also vier.

Das mußte der Öffentlichkeit erst einmal klar gemacht werden. Den Versuch unternahmen wir am folgenden Tag auf der Pressekonferenz. Jeder von uns verteidigte seinen Vorschlag: James Young für die Findungs-Kommission die Entwürfe von Serra/Eisenman und Gesine Weinmiller, Peter Radunski für Senat und Bund den Entwurf von Daniel Libeskind, ich für den Förderkreis die Arbeit von Jochen Gerz. »Rum-Eierei«, hörte ich jemanden von den Journalisten sagen. Die Kritik war berechtigt. Wir hatten wieder einmal keine eindeutige Festlegung getroffen. Die Entscheidung war, wieder einmal, aufgeschoben worden.

Im Januar 1998 wurden die vier Ausgewählten eingeladen, ihre Arbeiten an jeweils einem Abend in öffentlichen Diskussionsveranstaltungen vorzustellen und zu erklären. Ort: Der Marstall in der Mitte Berlins. In zwei Räumen wurden dort auch sämtliche 19 eingereichten Arbeiten ausgestellt. Die Besucher konnten die Entwürfe und Modelle besichtigen und ihre Meinungen in Besucherbücher schreiben. Die Eintragung von Frau Libeskind zum Beispiel beschrieb die Arbeit ihres Mannes als die einzig mögliche und die natürlich beste. Das schien ernst gemeint, es sei denn, da hatte ein Spaßvogel ein Ei ins Libeskind-Nest gelegt. Aber es erfolgte keine Korrektur. Das war der Auftakt. Danach schickten mehrere Künstlerinnen und Künstler ihre Anhänger zum Schlachtfeld Marstall, um mit überschwenglichen Kommentierungen Arbeiten hochzuloben. Natürlich gab es auch Abwertendes, Abwägendes, Nachdenkliches. Es gab, wie immer bei solchen Gelegenheiten, alles. Das Gedränge jedenfalls war mächtig. Wegen des gewaltigen Interesses wurde die Ausstellung über die Präsentationstermine hinaus verlängert.

Von der Idee zur Entscheidung

Die Art und Weise, wie die vier Ausgewählten sich und ihre Entwürfe darstellten, entsprach in etwa dem Bild, das sie bereits vor uns abgegeben hatten. Libeskind beredt und flink, Weinmiller sachlich und engagiert, Gerz klug und anspruchsvoll, Eisenman selbstbewußt und weltmännisch, Serra kam dazu, grüblerisch und intellektuell.

Die Veranstaltungen waren überfüllt. Das Publikum fragte mit Interesse und Engagement, alle Vortragenden aber hatten ihre Bataillone in den Raum gesetzt. Insofern hielten sich Zustimmung und Kritik des Publikums in etwa die Waage. Bei Serra und Eisenman war ich mir nicht so sicher. Sie brauchten wohl keine Anhänger zu bestellen, die Neugier auf die beiden Amerikaner war ohnehin groß und ihre Vorstellung außerordentlich publikumsträchtig, eine Publicity-Show. Sie hätten voneinander nicht gewußt, sagte Eisenman, daß sie beide Juden seien, das hätten sie erst später bei einem Telefonat über ihre Zusammenarbeit an dem Denkmal entdeckt. Aber für ihn sei die Tatsache, daß er Jude ist, von Anfang an auch eine Motivation gewesen.

Frage an Serra: »Wie ist der Stelenwald sauber zu halten?« Antwort: »Das ist Ihr Problem, nicht unseres. Wir entwerfen Kunst, geben keine Gebrauchsanweisung.« Die Präsentation war perfekt: intelligent, schroff, amüsant, der Beifall groß. Wenn ich mich im Nachhinein an die Vorstellung von Serra erinnere, dieser Mischung aus Arroganz und Freundlichkeit, ist mir klar, daß er die ihm und Eisenman später zugemuteten Kompromisse nicht akzeptieren konnte, weltberühmt und anerkannt, wie er war.

»Auslober-Treffen«

Am 21. Januar war im Marstall ein »Auslober-Treffen« mit Helmut Kohl verabredet. Ganz geheim. Die Presse sollte nichts erfahren. Als er eintraf, gegen 16 Uhr, warteten bereits Dutzende von Journalisten vor der Tür. Kameras, Blitzlichter, Mikrofone. Ob Kohl etwas erklären würde? Er würde nichts erklären. Gibt es eine Verlautbarung? Natürlich gibt es eine Verlautbarung. Wann? Jetzt nicht. Später, später...

Jeder hatte seinen Tross mitgebracht. Wir waren ungefähr 40 Personen. Also ein ganz intimer Kreis: Helmut Kohl mit seinen Staatssekretären, Peter Radunski mit seinem Mitarbeiterstab, Bausenator Jürgen Klemann mit Stab, auch Eberhard Diepgen mit Stab, Rita Süssmuth mit Stab. Wir vom Förderkreis kamen nur zu dritt, Jäckel, Poll und ich.

Rundgang. Helmut Kohl wollte alle Arbeiten sehen, aber vor allem die vier Arbeiten der Endrunde. Christoph Stölzl führte und erklärte. Am längsten blieb der Tross vor der Arbeit Serra/Eisenman stehen. Kohl erzählte von seinem Elternhaus, von jüdischen Nachbarn, die seien irgendwann einfach verschwunden gewesen, wir müßten den Juden ein Denkmal bauen, das sei seine feste Meinung. Jetzt. Heute. Nicht irgendwann.

Dann brachte er seine Einwände gegen das Stelenfeld vor. Die Größe des Entwurfs. Muß das so groß sein? Kein Grün. Keine Bäume. Muß das so grimmig sein? Die Stelen gehen bis an die Straßenränder heran. Muß das so an die Straßen heranführen?

Die schönste Erwiderung kam von der Senatsbaudirektorin Jakubeit. Das Gift des Nationalsozialismus habe sich damals langsam und schleichend in die Stadt und in das Land eingefressen. Auch die Stelen hier gingen in die Stadtstruktur über. Und die Stadt ginge in das Stelenfeld über. Beides wächst ineinander. Ich wurde aufmerksam: man wußte, daß Kohl auf sie hörte. Ich hoffte, diesmal auch.

Wir setzten uns. Diskussion. Und das hieß, Kohl hielt uns erst einmal einen, und zwar seinen Geschichtsvortrag. Der bestand aus der Begründung für das Denkmal. Wir, der Förderkreis, hätten es nicht besser sagen können. Diepgen machte offen Front dagegen. Nicht unsere Generation müßte das Denkmal bauen, jedenfalls nicht jetzt. Kohl: Welche Generation dann? Diepgen: Die nächste eben. Kohl fuhr ihn an und blieb dabei: Wir, heute, jetzt. Diepgen schwieg bockig. Alles andere, was dann gesagt wurde, war nur noch Wiederholung, bestenfalls Ergänzung. Kohl würde, das war inzwischen klar, Serra/Eisenman zur Überarbeitung auffordern. Mit welchen Vorgaben? Bäume. Und etwas verkleinern. Das war leider auch klar.

Von der Idee zur Entscheidung

Kurzes Geplänkel mit der wartenden Presse. Erläuterung, wie es weiter gehen könnte. Überarbeitung des Entwurfs von Serra/Eisenman. Warum nur Serra/Eisenman? »Weil hier noch Grün fehlt.« Wann mit einer Entscheidung zu rechnen sei? »Bald. Sehr bald.« Noch im März. »Ja, noch im März.«

Bald danach ein Treffen der Auslober mit Serra und Eisenman in Berlin. Diesmal ohne Kohl, aber mit seinen Beamten. Und den Berliner Beamten und mit uns vom Förderkreis. Es ging um Bearbeitungswünsche, vor allem um die des Bundeskanzlers. Serra und Eisenman reagierten unkompliziert. Sie hätten einen Entwurf abgeliefert, sagten sie, und würden natürlich Wünsche der Bauherren aufnehmen. Eine zu starke Verkleinerung des Entwurfs allerdings, machte Serra ganz deutlich, würde ihm nicht sinnvoll erscheinen. Sie würden in Amerika neue Pläne zeichnen und diese dann, wie verabredet, dem Bundeskanzler und uns vorlegen.

Der März ging ins Land. Nichts.

Am 23. April endlich waren Serra und Eisenman bei Helmut Kohl in Bonn. Eisenman sagte hinterher, es sei ein »sehr angenehmes meeting« gewesen. No problems. Nein, wirklich nicht. Für Richard Serra aber hatte es offenbar doch Probleme gegeben, und zwar so erhebliche, daß er seine Mitarbeit an dem Projekt aufkündigte. Über die Agentur! Seine Idee, die Stelen in einer Art Wellenbewegung anzulegen, schenkte er seinem Freund Peter, wie es hieß, großzügig. Und Peter nahm an.

Der Mai verging. Nichts. Der Juni verging. Nichts.

Ich habe nicht verzeichnet, wie oft ich im Kanzleramt nachfragte. Es war eine einzige Hinhalterei. Aber der Kanzler wollte doch...? Hatte doch gesagt...? Kein Termin, nichts.

Der Bundestags-Wahltermin rückte näher. September 1998. Mir war klar: Wenn sich Helmut Kohl nicht jetzt und schnell für die Realisierung des Denkmals entscheiden würde, dann wäre mit einer Entscheidung in absehbarer Zeit nicht mehr zu rechnen. Daß sich der Kanzlerkandidat der SPD, Gerhard Schröder, für dieses Denkmal verkämpfen würde, war nicht zu erwarten. Im Gegenteil. Um das vorauszusagen, mußte man keine Prophetin sein. Nur die Zeitungen lesen.

Und die Chancen für Helmut Kohl, die Wahl noch einmal zu gewinnen, sanken ins Bodenlose. Als ich das seinem Staatssekretär gegenüber am Telefon andeutete, versicherte er mir, daß Kohl gewinnen würde. Gewinnen? Die Bundestagswahl? Ganz klar.

Juli. Ich drehte einen Film für die ARD über den Regierungsumzug. Dreharbeiten auf der Straße. Befragung zum Umzug. Der Aufnahmeleiter reicht mir das Handy: »Eine Frau Weber, ich glaube, Bonn.«

»Hier Weber. Kann ich Sie mit dem Kanzler verbinden?«

Mir fiel der Hörer fast aus der Hand. Straßenlärm. Omnibusse. Autos. »Moment, ich muß mir einen Hausflur suchen.«

Es war wirklich Helmut Kohl. Kein Imitator.

Er versicherte mir, er würde das Denkmal wollen. So wie ich.

Er versicherte mir, er würde das Denkmal durchsetzen. Mit mir.

Er versicherte mir, wir würden das Denkmal bauen. »Sie und ich.«

Er versicherte mir, er würde die »Berliner Seite« zu der nötigen Zustimmung bringen können. Nur brauche er dafür Zeit. Denn er müsse sich die Senatoren einzeln... Sie verstehen... Die Haltung von Diepgen kennen Sie ja, er ist dagegen... Und die SPD stünde auch nicht geschlossen hinter Böger... Aber ohne Berlin ginge das nicht... Ich möge ihm glauben, ich möge ihm vertrauen...

Ich versuchte ihn zu drängeln, noch in diesem Sommer den Grundstein zu legen. »Sie sind dafür, wir sind dafür, das Grundstück ist da.«

Kohl: »Verlassen Sie sich auf mich! Sie hören von mir.« Er nannte ein Datum. Ein baldiges Datum. »Aufwiederhören.« – »Aufwiederhören.«

Das war's denn.

Und das blieb's denn auch.

Wir warteten auf eine Entscheidung des Kanzlers, vergeblich. Das neue überarbeitete Modell von Eisenman wurde wie eine geheime Staatsangelegenheit behandelt. Es war im Deutschen Historischen Museum gelandet, dort unter Verschluß und nur ausnahmsweise oder eigentlich gar nicht zu besichtigen. Ich hatte einen Fernsehdrehtermin mit Rita Süssmuth in Berlin. Die Präsidentin des Deutschen Bundestages wollte bei dieser Gelegenheit das Modell besichtigen. Telefonate. »Herrgott nochmal! Die Frau Präsidentin...« Und so fuhren wir unter größter Geheimhaltung mit dem allernötigsten Begleitschutz zum Museum. Dort stand es nun, das neue Modell, von 4000 auf 2700 Stelen zurechtgeschrumpft, mit Bäumen und einer Bushaltestelle gefälliger gemacht, gefälliger als das gemeinsam mit Serra entworfene Denkmal. Dennoch, dennoch: Der Entwurf hatte seine Qualität nicht wesentlich eingebüßt, auch wenn er ursprünglich stringenter gewesen war, ganz ohne Zweifel.

Mit der wachsenden Gewißheit, daß der alte Kanzler nicht der nächste Kanzler sein würde, wuchs die ungenierte Keckheit des Regierenden Bürgermeisters von Berlin. Eberhard Diepgen hatte bei dem Treffen mit Helmut Kohl ungeniert gegen das Denkmal argumentiert. Etwas spät. Schließlich waren die Briefe an die Künstlerinnen und Künstler mit der Bitte um Teilnahme an der 2. Wettbewerbsstufe für ein wirklich nicht sehr fürstliches Honoraor auch in seinem Namen geschrieben worden. Jetzt redete er sich damit heraus, daß die Entwürfe nicht akzeptabel seien und die Erwartungen nicht erfüllt hätten. Der Wettbewerb sei halt gescheitert. In Wahrheit hätte es keinen noch so genialen Entwurf weltweit geben können, der geeignet gewesen wäre, ihn von seiner Aversion gegen das Denkmal abzubringen. Das hatte er bei dem Treffen mit Kohl vor der ganzen Runde deutlich genug gesagt: Nicht unsere, die nächste Generation solle bauen. Er wolle ein solches Denkmal nicht. Er wolle gar kein Denkmal in Berlin. Denn Berlin solle keine Stadt der Reue sein. Das hatte er bereits in einer Rede vom 27. Januar 1994 vor dem Berliner Abgeordnetenhaus gesagt.

Darin heißt es wörtlich: »Wir müssen darauf achten, daß die Provinz in Deutschland nicht den Stolz und die Hauptstadt die Reue verkörpert. Wir müssen vermeiden, daß Berlin allein für die Geschichte mit all ihren Schattenseiten in Anspruch genommen und ihr die Zukunft vorenthalten wird.« Als ob irgend jemand einen solchen Quark vorhätte. Stolz sagte Diepgen fast fünf Jahre später, am 3. September 1998, in einer Denkmalsdebatte ebenfalls im Berliner Abgeordnetenhaus: »Zu diesem Zitat stehe ich weiterhin.«

So mutig war er nun geworden, der Regierende von Berlin. Kunststück. Kohls Niederlage war seit dem Sommer zum Greifen nahe. Sie hatten sich inzwischen darauf verständigt, vor dem 27. September keine Entscheidung mehr in Sachen Denkmal zu treffen. Diepgens Hinhaltetaktik hatte sich ausgezahlt. Er hatte Kohl ausgehebelt. Und die Rolle von Kohl? Ich habe keine andere Erklärung dafür, als daß er in völliger Verkennung der Wirklichkeit fest an seine Wiederwahl glaubte. Ich denke nicht, daß er die ganze Zeit Theater gespielt hat.

Den Antrag zur Debatte über »Die Errichtung eines Denkmals für die ermordeten Juden Europas in Berlin« hatte die Fraktion Bündnis 90/Die Grünen auf die Tagesordnung der Sitzung des Berliner Abgeordnetenhauses am 3. September 1998 gesetzt. Der Antrag, von Renate Künast und Michaele Schreyer gezeichnet, forderte die Umsetzung des Wettbewerbs auf dem dafür vorgesehenen Gelände noch vor dem Umzug von Bundestag und Bundesregierung nach Berlin. Er wurde von der Fraktion der PDS unterstützt. CDU und SPD, in der Großen Koalition verbandelt, entschärften und änderten ihn ab. Sie delegierten die Entscheidung an den Deutschen Bundestag. Es stimmte, wie Kohl mir gesagt hatte, daß Klaus Böger seine Senatoren nicht geschlossen hinter sich hatte. Da war es also einfacher, die Sache dem Bundestag hinzuschieben. »Das Abgeordnetenhaus von Berlin spricht sich dafür aus, daß die Auslober eine Entscheidung zur Errichtung des Denkmals noch vor dem Umzug treffen und fordert den Senat auf, sich entsprechend zu verhalten.«

Der Senat verhielt sich entsprechend. Es kam keine Einigung zustande. Die SPD-Senatorin Ingrid Stahmer hatte klar gemacht, daß sie sich im Falle einer Abstimmung nicht für den Entwurf von Peter Eisenman entscheiden würde. Dazu hatte sie offenbar keinen Zugang. Ihrem Kunstverständnis entsprach eine eher bescheidene Studentenarbeit, die obendrein noch lange nach Abschluß des Wettbewerbs in die Öffentlichkeit lanciert worden war. Auf diese Weise ließ sie ihren Fraktionsvorsitzenden Klaus Böger, ein Befürworter des Eisenman-Entwurfs, im Regen stehen. In einer späteren Abstimmung hatte sie sich die Sache dann anders überlegt und war nun »auf der Reihe«. Zu spät. Denn da stimten alle CDU-Senatoren mit dem Regierenden Bürgermeister geschlossen gegen die SPD-Senatoren. 6 Stimmen CDU, 5 Stimmen SPD.

Jetzt ging es um die Frage, worüber der angerufene Bundestag eigentlich entscheiden solle. Denn die Debatte war inzwischen woanders angekommen, nämlich bei der Frage, wollen wir ein Denkmal oder ein Holocaust-Museum mit integriertem Denkmal. Die neuerliche Konfusion hatten wir dem ehemaligen New Yorker Verleger Michael Naumann zu verdanken, der im Sommer '98 eine ihn beruflich rettende Ernennung zum Kulturpolitischen Berater des Kanzlerkandidaten Gerhard Schröder angenommen hatte. Später hörte er es nicht gern, daß er mit seinen sprunghaften Einfällen und voreiligen Initiativen Eberhard Diepgen geradezu Steilvorlagen für dessen Verweigerungshaltung geliefert hatte. Aber so war es: Die Abstimmungsniederlage für die SPD im Senat ging auch auf das Konto von Michael Naumann.

Im August 1998, also rechtzeitig vor den Wahlen am 27. September, machte Naumann, bis dahin in Deutschland kulturpolitisch so gut wie unbekannt, über Nacht medienwirksam mit zwei Themen von sich reden: dem Denkmal für die ermordeten Juden Europas und dem Wiederaufbau des Berliner Stadtschlosses. Das Schloß wollte er, das Denkmal wollte er nicht. So wie Gerhard Schröder. Der wollte ja höchstens ein Denkmal, »zu dem man gerne geht«. Wenn überhaupt.

Noch von New York aus richtete Naumann scharfe Angriffe gegen den Entwurf von Peter Eisenman. Im Berliner »Tagesspiegel« konnte man am 25. August lesen: Der Entwurf von Eisenman sei »speerhaft« und von »dubioser Monumentalität«. Das »Kunstwerk... emanzipiert sich von seinem Anlaß und Sinn zur Feier seiner selbst«. Der Vergleich zwischen dem jüdischen Architekten Eisenman und dem Naziarchitekten Albert Speer liefert bis heute Stoff für jede Menge Hohn und Spott. Naumann unverdrossen weiter: Das »Holocaust-Mahnmal« sei »nichts anderes als ein granitfester Schlußstrich, den es keineswegs zu begrüßen gilt«. War das Dummheit oder bewußte Verdrehung? Seinen Angriff gegen mich holte er aus der Mottenkiste: Rosh müsse sich fragen lassen, »ob sie ein Denkmal ihres eigenen Eiferertums anstrebt. Ihr ist die Zurückhaltung geboten, die sie anderen abfordert.« Wem denn? Keine Begründung, keine Beweisführung. Wieder mal die alte Leier: Ich wollte mir ein Denkmal errichten. Wie töricht.

Als Naumann nach Schröders gewonnener Wahl Staatsminister für Kultur geworden und in Deutschland angekommen war, begriff er schnell, daß seine totale Ablehnung des Denkmals nicht durchzusetzen war. Dennoch wollte er im Dezember 1998 anstelle des Denkmals ein Museum auf dem für das Denkmal vorgesehenen Gelände errichten. Das war eine Kriegserklärung an uns, den Förderkreis. Wir wußten, daß er am 20. Dezember mit Eisenman in Berlin verabredet war. Also funktionierten wir dieses Treffen kurzerhand um und veranstalteten einen Tag vorher, am 19. Dezember, eine große Pressekonferenz im »Adlon«, zu der wir alle Politiker der im Bundestag vertretenen Parteien eingeladen hatten. Alle, alle waren gekommen, auch Rita Süssmuth, auch Peter Radunski. Peter Eisenman natürlich auch.

Einhellige Erklärung der Parteien-Vertreter: Das Denkmal, nicht ein Museum, muß gebaut werden. Das Denkmal muß auf dem dafür vorgesehen Gelände errichtet werden. Es muß das Ergebnis der 2. Wettbewerbsstufe realisiert werden. Und Peter Eisenman erklärte, er würde nicht an Projekten mitarbeiten, die das Holocaust-Denkmal ersetzen sollen. In der »Berliner Zeitung« vom 21.12.1998 las sich das dann so:

»...Ich bin kein Fanatiker mehr wie früher, der mit dem Kopf durch die Wand will. Aber in diesem Fall wäre ein Kompromiß schwer erträglich. Jürgen Habermas hat mir geschrieben: Bitte machen Sie keine Kompromisse mehr...«

Als wir uns am Abend im »Adlon« verabschiedeten, nickte er mir zu: »Lea, believe me. You can trust me.«

Dieser »schwer erträgliche Kompromiß« kam schon am Jahresende, also nach sehr kurzer Schamfrist, zustande. Naumann traf sich mit Eisenman Ende Dezember in New York. Sie verständigten sich auf einen Entwurf, der das Denkmal auf ein Viertel des ursprünglichen

Entwurfs reduzierte. Das Denkmal war zum Anhängsel eines Riesenmuseums degradiert worden, das mit einer 21 Meter hohen und 115 Meter langen Bücherwand Platz für eine Million Bücher bieten sollte, obwohl es so viele Bücher zu diesem Thema gar nicht gibt, höchstens 60000 Titel weltweit. Außerdem waren Räume für Ausstellungen vorgesehen, die hauptsächlich von YAD VASHEM, der israelischen Gedenkstätte, und vom Holocaust-Museum in Washington beschickt werden sollten und Dokumentationsabteilungen auch für die Geschichte der anderen Opfergruppen. Für dieses nun wirklich »gigantomanische« Bauwerk wurde Eisenman von Naumann eine Bausumme von 180 Millionen Mark zugesagt. Das überzeugte den Architekten Eisenman eben.

Daß jüdische Institutionen unsere Geschichte entsorgen sollten, war die totale Absage an alles, wofür wir seit Jahren gekämpft hatten. Kein Wunder also, daß wir zu der geheimgehaltenen Präsentation dieses Entwurfs nicht dazu gebeten worden waren. Eingeladen waren an die zwanzig Personen aus den Parteien, der Jüdischen Gemeinde Berlin, dem Zentralrat der Juden, aus den Gedenkstätten und dem Berliner Senat. Elke Leonhard, Vorsitzende des Kulturausschusses des deutschen Bundestages, hatte aus Solidarität mit uns abgesagt. Alle anderen saßen bei einem Candle-light-Dinner in den Privaträumen von Michael Blumenthal, dem Direktor des Jüdischen Museums. Er hatte allen Anlaß zur Rolle des Gastgebers. Denn Naumann hatte ihm die Leitung auch des neuen Museums auf unserem Denkmalsgelände angetragen, mit 50 zusätzlichen Planstellen und vielen Etatmillionen jährlich. Das war die richtige Atmosphäre für Eisenmans Auftritt. Diese Party hätten wir vom Förderkreis vermutlich geschmissen. Ich hätte Eisenman, Candle-light hin, Candlelight her, mit Sicherheit daran erinnert: »Lea, believe me. You can trust me.« Schöne Worte. Eisenman wollte einen Auftrag. Bauen in Berlin! Was auch immer.

Das Echo in der Öffentlichkeit und in der Presse auf diesen Entwurf von Eisenman war schlicht verheerend. Naumanns Museum wurde als »Mahnmalheur« (Süddeutsche Zeitung, 18.1.99), und der »beiseitegerückte Erlebnis- und Erinnerungspark« (FAZ, 19.1.1999) in allen großen Zeitungen verrissen.

Peter Iden (Frankfurter Rundschau, 20.1.99): »Kaum je zuvor hat die veröffentlichte Meinung in Deutschland einen von der Politik eingebrachten Vorschlag so einmütig abgelehnt wie jetzt den fadenscheinigen Kompromiß, den Michael Naumann, dabei offenbar unterstützt vom Bundeskanzler, mit Peter Eisenmann... ausgehandelt haben will... In allen namhaften Blättern ... in Berlin und Hamburg wie in Frankfurt, Stuttgart, München ist der Gedanke, eine Mischform zu schaffen... zum Teil mit äußerster Schärfe strikt zurückgewiesen worden...«

Dieter Bartetzko (FAZ, 19.1.99): »...Serra hat sich zurückgezogen, sobald er erkannt hatte, daß das Kunstwerk verstümmelt werden sollte. Eisenman gab nach, gibt weiter nach, ist auf dem Weg zu einer Mehrzweckhalle der Betroffenheit und damit im Begriff, vom (Bau-)Künstler zu einem der Gebrauchsarchitekten zu werden, von denen und deren Bauten Berlins Mitte voll ist.«

Und Heinrich Wefing mahnt in derselben Ausgabe: »Schützt Eisenman – vor sich selbst.«

Eduard Beaucamps Anmerkungen in der FAZ, in der er auf die »politischen Stimmen« verwies, die sich bereits gegen dieses Mischprojekt regen, ließ Hoffnung schöpfen. Aber auch er erinnerte an Eisenmans Versicherungen noch im Dezember, »...wonach er auf keinen Fall zu weiteren Verbesserungen, Änderungen und Minimalisierungen seines Projekts beitragen wolle«. Schlußsatz: »Fürs erste muß man die Enttäuschung über Eisenmans Kompromißbereitschaft, sein Zurückweichen vor der eigenen, großen Idee, wegstecken.« (FAZ, 16.1.1999)

Eisenman ließ mir ausrichten, er habe nur das Denkmal retten wollen, das wolle er mir selbst erklären. Er ließ fragen, wann wir telefonieren könnten? Ich ließ ihn grüßen: Ich hätte keine Lust, mir das anzuhören: »Lea, you can trust me...believe me...«

Naumann stellte den Entwurf, schlicht »Eisenman 3« genannt, in Bonn der SPD Fraktion vor. Zu dieser Präsentation mit anschließender Diskussion wurden Eberhard Jäckel, Tilman Fichter und ich, langjährige SPD-Mitglieder, dazugeladen. Dafür hatten Wolfgang Thierse, Peter Struck, Gerd Weißkirchen, aber auch Elke Leonhard gesorgt. Die hatte ihre Aufgabe, als Gremien-Vorsitzende

Von der Idee zur Entscheidung

zuständig für die Koordinierung der Denkmalsfragen, ernst genommen und ließ sich, trotz aller Versuche, sie einzuschüchtern, die Butter nicht vom Brot nehmen. Das hatte sich mancher anders vorgestellt. Die Weibchenrolle spielte sie jedenfalls nicht. Außerdem waren Hans Jochen Vogel, Peter Conradi und Freimut Duwe eingeladen. Wir alle sollten reden.

Naumann präsentierte sein Museum, er nannte es »Haus der Erinnerung«, das »Denkmal für die ermordeten Juden«, und zwar in dieser Reihenfolge (!), also »Eisenman 3«... Hans Jochen Vogel hielt eine harsche Gegenrede zu Naumanns Ausführungen. Er argumentierte vehement gegen das 180-Millionen-Projekt. Vorstellbar sei höchstens ein »Haus des Erinnerns«, nicht größer als 1000 bis 2000 Quadratmeter. Dem konnten wir zustimmen. Denn damit waren wir wieder bei einem Vorschlag aus dem Jahr 1995. Ein Raum für Informationen zum Thema »Mord an den Juden«, mit Platz auch für Monitore, auf denen die elektronisch gespeicherten Lebensläufe der Ermordeten abgefragt werden konnten, war schon Teil des Entwurfs von Christine Jackob-Marks und ihrem Team gewesen. Dort war der Raum unter der Namensplatte dafür vorgesehen, in etwa in der von Vogel skizzierten Größenordnung. Das Thema »Informationsraum« beschäftigte uns also schon seit ein paar Jahren. Aber nie anstelle des Denkmals, sondern immer als Ergänzung.

Die Sitzung dauerte bis gegen 23 Uhr. Wir saßen nach Bonner Brauch im Anschluß noch eine Weile beisammen, Elke Leonhard, Freimut Duwe, Peter Conradi, Jäckel und ich. Naumann war nicht zu sehen. Er hatte uns weder begrüßt noch sich von uns verabschiedet. Er war, wie er sagte, von Conradi beleidigt worden, wie noch nie zuvor in seinem Leben. Ich kannte den Spruch schon. Womit beleidigt? Conradi wußte es nicht.

Eberhard Jäckel und ich waren zuvor von der PDS-Fraktion zu einem Gespräch eingeladen worden. Gysi leitete. In zwei Stunden waren wir durch. Uns schienen die PDS-Abgeordneten sehr gut informiert zu sein. Viele kamen aus Berlin. Die wußten einfach Bescheid. Es machte Spaß, mit ihnen zu diskutieren. Wir hatten uns außerdem zu einem Gespräch bei Wolfgang Gerhardt, dem FDP-Vorsitzenden angemeldet, mit dem wir inhaltlich voll übereinstimmten. Gerhardt wollte das »Denkmal pur«, also ohne das »Haus der Erinnerung«. Es gab offenbar nicht wenige, die uns und unsere Ideen begriffen hatten. Vielleicht waren aber auch einige, die bisher abseits gestanden hatten, wach geworden durch Martin Walsers Rede in der Paulskirche und die Debatte, die sie ausgelöst hatte.

Die Walser-Rede: der Riß im Vorhang

Diese Rede von Martin Walser war »der Startschuß für die Abrechnung mit den jüdischen Überlebenden in diesem Lande«, wie Tjark Kunstreich in KONKRET (1/99) völlig zu Recht konstatierte.

Sie war auch ein Startschuß für die Verdränger in diesem Land, für die »Schlußstrichzieher« und heimlichen Antisemiten, sich wieder herauszuwagen aus ihrem Schweigen und Farbe zu bekennen. Und sie sollte diejenigen entmutigen, die sich der deutschen schuldhaften Vergangenheit stellten. Das alles klappte erstaunlich glatt und gut. Nach der Rede Walsers schieden sich die Geister. Es war ein Vorhang zurückgerissen worden und zum Vorschein kam, was vorher verborgen gewesen war. Walser selbst hat es so gesehen, daß seine Rede »befreiend« gewirkt, daß er ausgesprochen habe, was viele gedacht hätten. Das ist zweifellos richtig, wenn auch ein Armutszeugnis, wie sich im Verlauf der Debatte herausstellte.

In seiner Rede sagt er: »...Kein noch zurechnungsfähiger Mensch deutet an der Grauenhaftigkeit von Auschwitz herum; wenn mir aber jeden Tag in den Medien diese Vergangenheit vorgehalten wird, merke ich, daß sich etwas in mir gegen die Dauerpräsentation unserer Schande wehrt. Anstatt dankbar zu sein für die Dauerpräsentation unserer Schande, fange ich an, wegzuschauen..., versuche ich, die Vorhaltung unserer Schande auf Motive abzuhören und bin fast froh, wenn ich glaube, entdecken zu können, daß öfter nicht mehr das Gedenken..., sondern die Instrumentalisierung unserer Schande zu gegenwärtigen Zwecken [das Motiv ist].« (Abdruck der Rede in FAZ vom 12.10.98)

Mich hatte die Rede nicht überrascht. Walser hatte ja bereits vorher, nach dem Denkmal befragt, erklärt, daß »keine (andere)

Nation ihre größte Schande dokumentiere«. In seiner Rede nannte er es dann »die Betonierung des Zentrums der Hauptstadt mit einem fußballfeldgroßen Alptraum«. Er hatte allerdings nicht mitgeteilt, welche Nation und welche »größte Schande« er damit meinte. Wenn mit der »größten Schande« Auschwitz gemeint sein sollte, dann kann dies auch in der Tat keine andere Nation als die deutsche dokumentieren. Denn »Auschwitz« war, ist und bleibt eine deutsche Tat. Aber mit dieser Äußerung war schon vor Walsers Rede klar, wo er stand. Überrascht hatte mich allerdings die Undifferenziertheit seiner Argumente, das Unbewiesene seiner Behauptungen und der Applaus dafür, die Standing Ovations in der Paulskirche.

Ich habe die Rede am Sonntagvormittag im Fernsehen verfolgt und mir das Publikum angesehen. Fernsehen ist gnadenlos. Die Kameras zeigten die Gesichter und ihre Nicht-Reaktionen. Sie blieben sitzen, die Leute in der Paulskirche, blieben einfach sitzen. Dabei hätten doch wenigstens einige den Saal verlassen müssen. Sie taten's aber nicht. Nicht einer! Warum nicht? Hatten sie nichts begriffen? Trauten sie sich nicht? Hatten sie geschlafen, während er sagte: »Auschwitz eignet sich nicht dafür, Drohroutine zu werden, jederzeit einsetzbares Einschüchterungsmittel oder Moralkeule oder auch nur Pflichtübung.«

Am Abend rief ich Ignatz Bubis an. Es ließ mir keine Ruhe. Ich sagte ihm, daß die Kamera ihn sehr oft gezeigt habe. Aber er sei sitzengeblieben. Pause.

Was er nun zu tun beabsichtige? Er sagte, er würde mit einer Rede zum 9. November reagieren. »Das ist zu spät«, sagte ich. Es war der 11. Oktober. Ja, sagte er, vielleicht schriebe er noch heute eine Erklärung. Das tat er dann auch.

Ich rief Michel Friedman an.

»Warum sind so viele, nein, eigentlilch alle sitzengeblieben in der Paulskirche? Es können doch nicht alle einverstanden gewesen sein mit dem, was Walser sagte?

Friedman ist sehr realistisch. »Weißt du«, sagte er, »ich glaube, viele haben ein bißchen gedöst, es war ja mittags, und erst hinterher begriffen, was sie da gehört haben«.

Ich war mir sicher, daß diese Rede Walsers ohne unsere Initiative, den ermordeten Juden Europas ein Denkmal zu errichten, so nicht gehalten worden wäre. Wir haben, was wir 1988, als die Idee entstand, nicht ahnen konnten, die sicher wichtigste und längste Nachkriegsdebatte in Deutschland ausgelöst. Die Rede Walsers und die anschließende Debatte waren eine schonungslose Offenlegung von bis dahin verstecktem Antisemitismus und Antijudaismus und damit auch die Entblößung von Antisemiten und Antijudaisten.

Im Januar 1999 erhielt ich eine Einladung der Münchner Maximilians-Universität zu einem Vortrag. Worüber? Ich könnte mir das Thema aussuchen, hieß es. Ich nahm an. Ich wollte mir auch noch einmal klarmachen, was da in den letzten Wochen und Monaten geschehen war. Keine angenehme Bilanz. Die 17 Leitz-Ordner, die wir seit dem Beginn unserer Bürgerinitiative, mit Materialen über unsere Initiative angefüllt haben, ergeben ein unangenehmes Bild dieser Republik. Und so nannte ich meinen Vortrag: ***DIE JUDEN, DAS SIND DOCH DIE ANDEREN.***

Eigentlich wollte ich in München eine freundlichere Rede halten. Schließlich hatten Eberhard Jäckel und ich den Geschwister-Scholl-Preis hier in der Maximilians-Universität verliehen bekommen. An die Feier erinnere ich mich gern. Irgendwie war unsere Welt damals vor zehn Jahren noch in relativer Ordnung. Aber dann las ich in meinen Ordnern nach, in Zeitungen und Zeitschriften, was zu dem Thema »Denkmal für die ermordeten Juden Europas« gesagt und geschrieben worden war, las vor allem die Rede von Walser noch einmal und die Reaktionen darauf. Las, was Klaus von Dohnany an Ignatz Bubis schrieb und wie Herr Augstein vom Nationalisten ungehemmt und offen zum Antisemiten mutierte, der es wagte, den NS-Begriff »Weltjudentum« wieder in das deutsche Vokabular einzuführen (SPIEGEL, 49/1998), das sich gegen uns Deutsche verschwört und einen, natürlich jüdischen Architekten aus New York losschickt, der uns sein »steinernes Brandmal aufzwingt«. Dabei war Peter Eisenman von der Findungs-Kommission im Auftrag der Auslober ausdrücklich zur Teilnahme eingeladen worden. Augstein weiter: »Der als Mahnmal deklarierte Entwurf des amerikanischen Architekten Peter Eisenman ist eine ... Absage an die allmählich wiedergewonnene Souveränität unseres Landes. Man kann uns nicht von außen diktieren, wie wir unsere neue Hauptstadt gestalten... Ließen wir den von Eisenman vorgelegten Entwurf fallen, wie es vernünftig wäre, so kriegten wir nun einmal Prügel in der Weltpresse. Verwirklichen wir ihn, wie zu fürchten ist, so schaffen wir Antisemiten, die vielleicht sonst keine wären und beziehen Prügel in der Weltpresse, jedes Jahr und lebenslang, und das bis ins siebte Glied« (ebenda). »Weltpresse«, »Weltjudentum«, die »New Yorker Presse«, »die Haifische im Anwaltsgewand« (jüdisch natürlich) und das »Schandmal, das in der Mitte der wiedergewonnenen Hauptstadt Berlin an unsere fortwährende Schande erinnern soll«. – Wer hat da eigentlich von wem abgeschrieben? Augstein bei Walser, Walser bei Augstein und beide vom »Stürmer«?

Ich sagte mir, was viele sagen, daß man bei Augstein doch wirklich nicht überrascht sein muß. Seine Haltung ist nicht neu. Nur hat er sie jetzt ungenierter publiziert als früher. Nun wird er schon lange nicht mehr ernst genommen. Aber das, was drumherum übrigbleibt an Bedrückendem, ist nicht unerheblich. Denn er hat, was er schrieb, nicht zufällig jetzt geschrieben. Der Zusammenhang ist da.

Natürlich hat Hans Jochen Vogel recht: »Walser ist nicht die Welt.« Und doch spiegelt Walsers Rede und der Beifall dafür und die Debatte mit Bubis und die Briefe von Klaus von Dohnanyi ein Stück Zeitgeist wider, den Moshe Zuckerman bei uns ausmacht und wie folgt definiert: Daß nämlich »dem Nicht-Vergehen-Wollen der Vergangenheit aus dem vorigen Jahrzehnt nun das Wegschauen(-Wollen) vom Unerquicklichen nämlicher Vergangenheit folgt«. Nur, wir erleben eben auch im neuvereinigten Deutschland, daß das nicht funktioniert. Und zwar deswegen nicht, weil zu viel geschehen ist in diesem Jahrhundert.

Wir sind wieder wer? Aber wer?
Wir sind ein normales Volk? Aber was ist das?

Wir können nicht wegschauen, selbst wenn wir es wollten. Ein Völkermord wie der, der begangen wurde in deutschem Namen und von Deutschen und Österreichern (und den Kollaborateuren), versperrt uns den Weg in die von vielen so ersehnte Normalität.

»Die Juden, das sind doch die anderen«

Wir haben in diesem Jahrhundert zwei Diktaturen irgendwie überstanden und sind in den letzten 50 Jahren ziemlich demokratisch geworden, sind nicht unnormal, aber belastet. Diese Last können wir nicht abwerfen, nicht einfach hinschmeißen, wir können nicht an irgendeiner Markierung unserer Geschichte einsteigen und dort weitermachen, als hätten die Jahre 1933-1945 nicht stattgefunden mit allen Verbrechen. Damit müssen wir leben, damit müssen wir uns auseinandersetzen, wie die Diskussion der letzten Monate gerade beweist.

Die Rede von Martin Walser hat mit einem Tabu in diesem Land gebrochen, hat Dinge benannt, die zuvor so nur in der »Deutschen Soldatenzeitung« benannt worden sind. Und Walser ist nicht einmal laut und vernehmlich widersprochen worden, außer von einigen wenigen, der Schriftstellerin Ingrid Bacher und dem Dichter Peter Rühmkorf zum Beispiel, auch Hans Jochen Vogel und einigen Juden, an einer Hand abzuzählen. Im Gegenteil: Zustimmung und Beifall allseits. Das hat einen Vorhang zerrissen, der vorher vieles verdeckt hatte. Oder es haben, wie Tjark Kunstreich in seinem KONKRET-Aufsatz (1/99) schreibt, deutsche Intellektuelle offenbar »nur auf eine Gelegenheit gewartet, sich von der Last zu befreien«. Rühmkorf habe sich in der ZEIT mit seinem Gedicht ohne »Wiegen und Wägen« gegen Walser gewandt. Ansonsten gibt es keinen Protest von Günter Grass, kein scharfes Wort von – ja, von wem denn noch? Grass kann nicht mehr protestieren, nachdem er sich zusammen mit Walter Jens, der als erster Walser in Schutz nahm (und seine Rede sogar mit dem Rhetorik-Preis auszeichnete), im Frühjahr gegen das Holocaust-Mahnmal ausgesprochen hatte. Und der Rest? Spricht nicht alles dafür, daß wir froh sein sollten, von ihnen nichts zu hören?

Ist das gut? Nützt das? Wissen wir wenigstens jetzt, wie Bubis sagt, was unter der Decke los ist, was die schweigende Mehrheit denkt, wer wo steht?

Hans Jochen Vogel, der Nichtjude, ist eine Ausnahmeerscheinung unter den Politikern, weit und breit. Er hat, als einer der ganz wenigen seiner Generation, bei der Verleihung des Heinz-Galinski-Preises (1998) offen über seine HJ-Zugehörigkeit gesprochen. Und darüber, daß er sich heute dafür schäme, Haßlieder gegen die Juden mitgesungen zu haben, daß er verblendet gewesen war. Endlich mal einer, der was zugibt. Endlich mal einer, der die richtigen Schlußfolgerungen daraus zieht.

Die anderen, die Walsers und Augsteins, werden mit ihrer Geschichte eben nicht fertig. Man muß nur ihr Alt-Männer-Gespräch (SPIEGEL, 45/1998) nachlesen: Zwei Veteranen, der eine aus einer katholischen, der andere aus einer Nazi-Familie, zwei aus der, wie Tilman Fichter sie bezeichnet, »Flakhelfergeneration«, die davon träumen, »sich politisch nicht mehr ducken zu müssen... Das geht nicht mehr. Das ist jetzt zu Ende. Wir sind ein normales Volk...«

Eben nicht. Wir sind kein »normales Volk«. Wir sind ein Volk mit einer sehr besonderen Vergangenheit. Die werden wir nicht los, auch wenn die beiden und viele andere das gern hätten.

Und noch etwas zeigte die Diskussion:

Nun sind die Juden wieder endgültig *die anderen*. Sie gehören nicht dazu.

Gehörten sie denn vorher dazu? Oder war das ein Trugschluß? Wenn sie dazugehört hätten, wäre es doch nicht so leicht, sie wieder ins Abseits zu stellen. Bei uns hieß und heißt es immer noch: Deutsche *und* Juden. Als ob die Juden keine Deutschen wären. Ich habe in den Ländern, die ihre Juden gerettet haben, und das waren in Europa immerhin sieben Länder, oft den Satz gehört: »Wir lassen uns doch unsere Juden nicht wegnehmen.« *Unsere* Juden. Schöner Satz. Aber gilt er bei uns? Sind unsere Juden wirklich *unsere* Juden?

Es sieht nicht so aus, als hätte sich bei uns etwas geändert.

Buttenhausen: »Die Juden, das waren doch die anderen«

In Baden-Württemberg gibt es ein Dorf, das heißt Buttenhausen. Ein Dorf mit heute 800 Einwohnern. Bis 1933 hatten in diesem Dorf zur Hälfte Jüdinnen und Juden gelebt. Mitten durch das Dorf ging eine Straße, die Trennlinie zwischen dem jüdischen und dem christlichen Teil. Juden und Christen heirateten nicht untereinander. Aber sie lebten in guter Nachbarschaft. Mehr als 300 Jahre.

Das gute nachbarschaftliche Verhältnis hielt bis 1933. Dann hat die NS-Propaganda ihre Wirkung getan. Die Nachbarn wurden nicht zu Untermenschen, das nicht: »Aber öfach als Trennung praktisch«, sagte mir eine Frau aus Buttenhausen auf meine diesbezügliche Frage. »Aber halt so: Mir san jetzt das, die Arier, und das is an Jud, is an andrer Stamm.«

Als ich mir das Dorf genauer ansah, traf ich auf dem alten jüdischen Friedhof einen weißhaarigen Mann, der mit einer Handbürste die alten vermoosten Grabsteine säuberte. Ein merkwürdiger Mann. Ein, wie er selbst von sich sagte, *Reingschmeckter.* Er hatte die Geschichte des Dorfes auf Dachböden entdeckt und dann die Bewohner mit List und wunderbarer Sturheit gezwungen, sich dieser Geschichte zu stellen. Warum er das getan habe, wollte ich wissen?

Erschtens, sagte er, wel mich, als ich die Akte gefunde habe, über die christliche und jüdische Bürger, mich das fasziniert hat, gerade in die Geschichte der jüdische Bürger hineinzulebe. Sie sind zum Beispiel hier aufgewachse, habn hier ihr Jugend verbracht, dös sind doch Bürger von Buttehausen! Die sind hier gebore, habn in der Gemeinde mitgewirkt, daß diese Gemeinde damals diesen hohen Lebensstandard gehabt hat, bis 1933, und ich hab' mir dös einfach nit vorstelle könne, daß man über dieses Thema nit mehr spreche solle.

Er stellte diese Geschichte im Schloß mit Fotos und Dokumenten aus, die das Leben und Wirken der Juden von Buttenhausen nachzeichneten, ein schönes, ein buntes, ein reiches Leben, und lud schließlich vier der Überlebenden, die jetzt in den USA leben, nach Buttenhausen ein.

An diesem Treffen durfte ich teilnehmen, mit meinem Fernsehteam. Natürlich hatte sich das im Dorf wie ein Lauffeuer verbreitet. Meine Bemühungen, vor der Ankunft der Jüdinnen und Juden aus den USA Interviews mit Dorfbewohnern aufzunehmen, die damals mit den Juden bekannt oder befreundet waren, erwiesen sich als nicht überwältigend erfolgreich. Die Ausbeute: Abwehr, Leugnen, Nichtwissen, sich an nichts erinnern können. Also warten auf die Eingeladenen. Das Treffen fand in einer Dorfkneipe statt.

Von der Idee zur Entscheidung

Beklemmung, aber auch Freude, auf beiden Seiten. Austausch von Erinnerungen. Auslassen aller möglichen Peinlichkeiten. Aber dann kam die Rede doch auf das Haus, in dem eine der Jüdinnen mit ihren Eltern und Geschwistern gelebt hatte. Bis sie das Dorf verlassen mußten. Sie fragt eine ältere Frau am Tisch nach dem Haus, ob sie noch darin wohne. Verlegenheit. Mit Recht. Denn es kommt heraus, daß das Haus für fast nichts erstanden worden war. Rosel, so heißt die Jüdin aus Amerika, bekommt rote Flecken im Gesicht. Sagt nichts. Die Beklommenheit nimmt zu. Nun ist es nicht mehr möglich, einfach Erinnerungen auszutauschen. Und so fragt denn Walter Ott, der weißhaarige sture Bauer, in die Runde hinein: *Habe Sie sich vor der Deportation von de Jude verabschiede könne?*

Schweigen.

Dann sagt schließlich eine der Frauen: *Ja, als die Dreyfuß-Fraue gesagt habe, daß Maria nit kommt, adieu zu sage, da sin ma naus. Und da hat die Bertha mich in den Arm gnomme und gsagt: ›Maria, du hast so a großes Haus, du kannst mi doch verberge.‹ Und da sag i: ›Bertha, da werd' i a verschosse.‹ – ›Ja meinscht du, i werd' verschosse?‹ – ›Ja, nö, du wirscht net verschosse, aber des kann i net mache!‹*

Und sie fügt hinzu: *Und die hat sich a paar Mal das Lebe nehme wolle, die Bertha. Ja. Die hat paar Mal was eingenomme.*

Ich fragte sie, ob sie wußte, daß das ein Abschied für immer sein würde?

Ja, ja, antwortete sie, *die sind ja gleich ums Lebe komme.*

Walter Ott, etwas perplex, fragt nach: *Ah, das ham Sie gwußt?*

Antwort: *Ja, ja, daß sie schnell wegkommt. Freili ham wir das gwußt.*

Rosel sagte nichts mehr. Sie hatte zwei Nichten aus Amerika mitgebracht. Ich glaube, zu ihrem seelischen Schutz. Den brauchte sie dringend, so, wie sie auf ihrem Stuhl saß, so unendlich einsam, hier, in ihrer Heimat, mitten in ihrem Dorf.

Die beiden Mädchen streichelten Rosels Arm. Der laufen die Tränen über die Wangen.

Walter Ott, der Bauer, hakte noch einmal nach: *Das hat man also gwußt?*

Ja, das hat man halba gwußt, eigentlich, ja.

Sieben Kilometer von Buttenhausen entfernt liegt das Barockschloß Grafeneck. Es liegt auf einer Anhöhe, anmutig schmiegt es sich in die Landschaft, zwischen Säulen und Karyatiden lächeln pausbäckige Engel in das Tal hinab. Der ockerfarbene Anstrich gibt dem Schloß die für Barockschlösser typische Heiterkeit und Grazie. Es war im Jahr 1940 das erste Tötungszentrum für das, was die Nazis »Vernichtung unwerten Lebens« nannten. Euthanasie also. Diesem Mordprogramm fielen in Grafeneck ungefähr 10 000 Menschen zum Opfer. Sie wurden vergast und anschließend verbrannt, in eigens dafür auf dem angrenzenden Waldgelände errichteten Holzgebäuden. Die Opfer wurden in den hölzernen Kammern eingesperrt, das Zyklon B wurde, wie in Auschwitz und Majdanek, in einen in der Decke versteckten Schacht geschüttet, die sich bildenden tödlichen Gase in die Kammern geleitet. Daran erstickten die wehrlosen Opfer.

In Buttenhausen gab es auch ein Heim für geistig Behinderte. Trotz der Proteste des Heimleiters fuhren damals die schwarzen Busse mit den von innen weiß zugestrichenen Fenstern auch vor diesem Heim vor und holten die Behinderten ab. Die wußten nicht genau, was ihnen geschah. Aber daß sie mit ihren Fäusten gegen die Fenster und die verriegelte Tür schlugen, hörte jeder in Buttenhausen, der bei der Abholung Zeuge war. Auch das geschah am hellichten Tag.

Nachdem nun in unserer Runde klar geworden war, daß die Christen von Buttenhausen sehr wohl wußten, was ihren jüdischen Nachbarn geschehen würde, kam die Rede auf Grafeneck. Die Tochter des Heimleiters erzählte von dem tapferen Widerstand ihres Vaters.

Alle mischten sich ein. Alle wußten auch das.

Die alte Frau, die in dem Haus von Rosels Eltern wohnt, das sie von den Nazis für Nichts erstanden hatte, war gut vorbereitet auf diese Begegnung. Sie holte Protestbriefe aus der Tasche gegen die Abholung und Tötung der geistig Behinderten, die geschrieben worden waren, nachdem mehr und mehr Bewohner von Buttenhausen und Umgebung aufgefordert worden waren, die Urnen mit der Asche ihrer Angehörigen abzuholen. »Verstorben an plötzlicher Lungenentzündung«, hieß es in dem Schreiben. Aber die Bewohner wußten genau, was der Rauch über dem Wald zu bedeuten hatte.

Ihr Vater, sagt die Tochter des Heimleiters, habe sich an höchste Stellen gewandt: Er könne die Bürger nicht mehr länger davon zurückhalten, jetzt einen Aufstand zu machen. Er wollte einfach dafür sorgen, daß diesem Entsetzlichen ein Ende gemacht wird. »Und ich weiß«, sagte sie, »daß dann diese Aktion in Grafeneck nach einigen Wochen abgebrochen wurde und dann eine andere Einrichtung in Norddeutschland eingerichtet wurde, in Hadamar.«

Die Nichten von Rosel streicheln immer noch ihren Arm. Rosel zerdrückt ein weißes Spitzentaschentuch in der Hand.

Ich frage in die Runde: »Hat der Landrat denn auch gesagt, er würde einen Aufstand machen, oder die Leute hier würden einen Aufstand machen beim Abtransport der Juden, oder galt der Aufstand allein den geistig Behinderten?«

Kleine Pause.

Dann schnell, spitz und nachdrücklich sagt die alte Frau aus Rosels Haus: *Die Behinderten, das waren Familienangehörige.*

Atemholen. Und dann: *Die Juden, das waren doch die anderen!* Kein Film, den ich je gemacht habe, hat mich mehr gelehrt als dieser über das Dorf Buttenhausen. 300 Jahre Nachbarschaft, leben, wohnen, arbeiten Haus an Haus. Es reicht nicht. Die Juden gehören einfach nicht dazu.

Und noch etwas habe ich in Buttenhausen erfahren. Von Rosel. Ich habe sie zur Seite genommen, weil ich eine erneute Demütigung fürchtete, als ich sie fragte, was ihr die Nachbarn zum Abschied gesagt haben. Natürlich hoffte ich etwas zu hören wie: Ich verstecke dich, oder: Ich weiß ein Versteck für dich… Rosel sah auf ihre Schuhspitzen. Dann sagte sie leise, stockend, zögerlich: *Sie haben mich nach meinem Silber gefragt. Nach meiner Aussteuer.*

Robert Kempner hat das einmal einen »Riesenraubzug« genannt. Es gab ja auch viel zu holen bei den jüdischen Nachbarn. Silber, Sessel, Kanzleien, Chefarztpositionen, Dirigentenposten.

»Die Juden, das sind doch die anderen«

In Düsseldorf gab es im Dezember 1998 eine Ausstellung, die davon berichtet. Ihr Titel: »Deutsche verwerten jüdische Nachbarn« (Bericht »Berliner Zeitung«, 28.12.1998). Alltägliche Profiteure werden hier mit Namen genannt. Spediteure wie Kühne & Nagel, die die Hinterlassenschaft von Juden aus den besetzten Ländern ins Deutsche Reich bringen. Im Oktober 1943 wird in Antwerpen ein Schiff mit fast 4000 Kubikmeter »Wohnungseinrichtungen« beladen. Zielort: Köln. Dort können die deutschen Nachbarn die Fracht ersteigern. Und sie tun es. Es waren nicht nur die Banken und Konzerne, die »braunen Horden«, die profitierten, nein, auch die deutsche Bevölkerung zog ihren Profit aus Enteignung, Deportation und Mord. »Gewöhnliche Bürger«, wird Prof. Wolfgang Dreßen zitiert, der Leiter der Ausstellung, »griffen zu, sie bekamen Quittungen und Steuerbescheide.«

Dreßen hatte die Düsseldorfer Schau als Wanderausstellung geplant, das Interesse war gering. Auch auf den Besuch des damaligen Finanzministers Lafontaine zur Ausstellungseröffnung wartete Dreßen laut »Berliner Zeitung« vergeblich, obwohl die Ausstellung doch Aufschluß gibt über das Gebaren der Finanzbehörden damals. Obwohl oder weil?

Was ist in ihnen vorgegangen?

In denen, die Rosel um das Silber angingen. In denen, die wußten, daß die Nachbarn *verschossen* würden und doch meinten, sie könnten ihnen nicht helfen. In denen, die Inventar und Hausrat ersteigert haben für Pfennige. In denen, die Möbel und Unterwäsche von Nachbarn weiter benutzten.

Statt Protest herrschte Schweigen.

Statt Scham herrschte Profitgier.

Statt ihnen in ihrer größten Not zur Seite zu stehen, wurden sie allein gelassen.

Und alle haben fast alles gewußt.

Es gilt keine Entschuldigung, es gilt keine Ausrede. Wir würden es gern vergessen. Aber es ist doch geschehen. Und es geschah alles am hellichten Tage, unter den Augen aller.

Von der Idee zur Entscheidung

Ich weiß, der Terror der Nazis war in Deutschland am schlimmsten. Aber dennoch. In anderen Ländern haben sich die Bevölkerungen anders verhalten. In Italien, Belgien, Dänemark, Finnland, Bulgarien, Norwegen. Und auch in Frankreich. Sie haben versucht, »ihre Juden« zu retten. In Dänemark ist es fast ganz gelungen, in Bulgarien wurden alle 48000 gerettet. In Belgien ist die Hälfte der Judenheit gerettet worden. Durch Widerstand und Phantasie, mit Kopf und Herz. Auch in Norwegen wurde die Hälfte der jüdischen Bevölkerung ins rettende Schweden geschafft. In Frankreich wurden von 320000 Jüdinnen und Juden 75000 verschleppt und ermordet, aber die anderen 245000, trotz Vichy, trotz Petain und Laval, eben nicht. Und in Italien wurde erst deportiert, nachdem die vordem mit Italien alliierten Deutschen das Land besetzt hatten. Von 42000 Menschen jüdischen Glaubens kamen 7000 nach Auschwitz, 8000 konnten in die Schweiz mit Hilfe der Italiener entkommen, und alle anderen 27000 wurden im Land versteckt.

Ich weiß, der Terror der Nazis war in Deutschland am schlimmsten. Aber dennoch ist die deutsche Bilanz bedrückend, die Österreichs auch. Es wurden vergleichsweise wenige gerettet. In Deutschland etwa 3000, in Österreich 180. **Die Juden sind eben die anderen.** Und das, obwohl in beiden Ländern die Juden nicht nur integriert, sondern auch assimiliert waren. So sehr, daß sie glaubten, ihr Eisernes Kreuz aus dem Ersten Weltkrieg könnte sie vor dem Tod retten. Aber die Schergen ließen sich davon nicht beeindrucken. Die Bevölkerungen auch nicht. Wie Buttenhausen uns lehrt. Buttenhausen ist eben nicht nur in Baden-Württemberg, Buttenhausen ist überall bei uns.

Die sogenannte »Friedensrede« von Martin Walser hat mehr Zustimmung als Protest erfahren. Proteste unserer Politikerinnen und Politiker blieben, mit der Ausnahme von Hans Jochen Vogel, aus. Ignatz Bubis blieb allein. So allein wie auf dem jüdischen Friedhof in Berlin, auf dem das Grab von Heinz Galinski nun schon zum zweiten Mal geschändet worden war. Ich zitiere den Schriftsteller F.C.Delius aus einem Artikel im »Tagesspiegel« vom 27.12.1998 mit dem Titel »Wo bleiben die Politiker?«:

»Die Juden, das sind doch die anderen«

»Gegen einen Ehrenbürger Berlins wird ein Anschlag verübt, wie er infamer kaum zu denken ist – und was tut der Regierende Bürgermeister? Er ist betroffen, er sagt seine Sätze – aber er kommt nicht auf die Idee, bei seinen ständigen Fahrten durch die Stadt einen Umweg über die Heerstraße zu machen und am geschändeten Grab markante Worte zu sagen. Ist das zu viel verlangt von einem schlappen Politiker, der sich schon von einem nicht vorhandenen Holocaust-Mahnmal belästigt fühlt? Und die Regierung? Der Bundeskanzler mag mit seinem Ringen um ein Bündnis für Arbeit entschuldigt sein. Aber warum schickt er keinen Minister? Oder warum kommt kein Minister auf die Idee einer demonstrativen, nicht nur verbalen Solidarität?«

»Die Reaktionen der deutschen politischen Führung lassen zu wünschen übrig«, sagte Miryam Shomrat, die Generalkonsulin Israels in Berlin. Und das ist eine höfliche Umschreibung dessen, was Delius in seinem Artikel von der Politologin Rommelspacher zitiert: »Der Christ will seinen Frieden, der Jude sorgt für Unruhe.« Während es ja in Wahrheit umgekehrt ist.

Es ist lästig, mit diesen Dingen konfrontiert zu werden. Die Rolle des Überbringers der schlechten Botschaft ist schon immer eine lästige, ja, wie wir wissen, auch gefährliche gewesen. In der Antike wurde der Überbringer einfach getötet. Jetzt wird er öffentlich attackiert. Nicht der Verursacher ist schuld, sondern der Überbringer. Das hat auch Ignatz Bubis erfahren müssen. Das war eine neue Erfahrung für ihn, nach den Jahren der schon fast devoten Ehrerbietung. Er war lästig geworden. ES war lästig geworden. Er hatte nicht nur am Grab von Heinz Galinski allein gestanden. Er war nach seiner Kritik an Martin Walser auch in der Öffentlichkeit ziemlich allein. Friedman und Giordano hatten sich zu Wort gemeldet. Juden. Aber sonst? Bubis mußte die Juden verteidigen. Nun kann man sagen, das gehöre zu so einem Amt. Aber es gehört auch zu einem politischen Mandat, in eine solcherart geführte Debatte einzugreifen. Bubis war nicht nur allein gelassen worden, er war auch beleidigt worden. Auch das geschah ohne großen öffentlichen Protest. Das heißt: Die Juden müssen sich gegen Diskriminierung selbst verteidigen, neuerdings. »Die anderen sitzen beim

Von der Idee zur Entscheidung

Sonntagsbraten und wollen ihre Ruhe haben«, sagte mein Mann neulich.

Nur, so bekommen sie keine Ruhe. So bekommen *wir* keine Ruhe. Wir müssen uns angewöhnen, zu kämpfen. Demokratie und Bürgerrechte müssen nicht nur erkämpft, sondern auch verteidigt werden. Sonst müssen wir uns, wie in dem berühmten Satz von Martin Niemöller, eines Tages umsehen und feststellen, daß niemand mehr da ist, der *uns* verteidigt.

Die Rede von Martin Walser war nicht nur »unsäglich dumm«, wie Edzard Reuter konstatierte, der Sohn des in die Türkei emigrierten SPD-Politikers Ernst Reuter, sie war auch wehleidig. Voller Selbstmitleid. ER will seinen Seelenfrieden, hat er zu Bubis gesagt: »Herr Bubis, das sage ich Ihnen, ich will meinen Seelenfrieden, verstehen Sie?« (FAZ, 14.12.1998.) ER kann »Auschwitz« nicht mehr ertragen.

Wieso er? Was ist mit den Opfern? Diese Verdrehung ist eine Anmaßung. Sollen die Opfer die Täter beruhigen?

Aber Walser bleibt auch Erklärung und Rechtfertigung anderer benutzter Begriffe wie »Moralkeule«, »Ritualisierung«, »Drohroutine« und »Instrumentalisierung« schuldig. Wer droht ihm? Womit? Wo? Wer zwingt ihn wozu? Er beklagt sich über die Belästigung durch die tägliche Präsentation von Auschwitz in den Medien. Auch dies nichts weiter als eine willkürliche Behauptung. Täglich? Jeden Tag wird uns in den Medien Auschwitz vorgehalten? Es gibt keine Dauerpräsentation von Auschwitz in unseren Medien. Die gibt es nur in der Phantasie von Herrn Walser, der sich beeinträchtigt fühlt, belästigt, gestört. Gestört, worin eigentlich? Er kann das Fernsehen abschalten, muß die Zeitung nicht kaufen, kann die Illustrierte ignorieren. Er kann seine Bücher schreiben, hat kein Redeverbot.

Dazu Hans Jochen Vogel:

…wer oder was ist eigentlich gemeint? Zu welchem konkreten Zweck wird Auschwitz von wem instrumentalisiert? …Nach dem wolkigen Wortlaut mancher Passagen könnte ja sogar der Herr Bundespräsident gemeint sein, weil er vor kurzem den 27. Januar zum Gedenktag bestimmt hat: Den Tag, an dem Auschwitz befreit

wurde. Ist das auch – um eine andere Walsersche Wortprägung aufzugreifen – ein Zwang zum ›grausamen Erinnerungsdienst‹? (DER TAGESSPIEGEL, 7.1.1999)
Einer genaueren Analyse hält die Rede mit ihren Anschuldigungen jedenfalls nicht stand. Sie bleibt die Beweise schuldig und reduziert sich auf die Beschreibung des Seelenzustandes des Herrn Walser, die uns nicht weiter interessieren müßte, hätte sie nicht weitere Offenbarungen nach sich gezogen. Zum Beispiel in seinem Streitgespräch mit Ignatz Bubis. Bubis hatte sich nach längerem Zögern unter gesellschaftlichem Druck dazu bereit erklärt. Er hätte es besser bleiben lassen sollen. Denn darin mußte er sich von Walser beleidigen und zurechtweisen lassen (FAZ, 14.12.1998).

Erstes Beispiel, Walser:

…Und, Herr Bubis, da muß ich Ihnen sagen, ich war in diesem Feld (gemeint ist die Beschäftigung mit der Vergangenheit) beschäftigt, da waren Sie noch mit ganz anderen Dingen beschäftigt. Sie haben sich diesen Problemen später zugewendet. Sie haben sich diesen Problemen später zugewendet.

Dazu kommentiert Bernd F. Lunkewitz, der Verleger des Aufbau Verlages in Berlin (Leserbrief in DER TAGESSPIEGEL, 20.12.1998): »Weiß er (Walser) nicht, daß Bubis auf ›diesem Feld beschäftigt‹ war, schon seitdem die deutschen KZ-Schergen sich mit ihm und seiner Familie ›beschäftigt‹ haben? (Nämlich in Treblinka) Und was meint er mit ›ganz anderen Dingen‹? Etwa die typisch jüdischen Spekulations- und Geldgeschäfte? Walser kennt das Stück von Faßbinder und hält womöglich die Figur des Juden darin für das wirkliche Abbild des Herrn Bubis.«

Zweites Beispiel, auf das Angebot von Bubis: »*…nehme ich den Ausdruck geistiger Brandstifter zurück*«, antwortet Walser: »*Das brauchen Sie nicht. Ich bin keine Instanz, vor der man was zurücknimmt. Ich bin kein Offizier aus dem Casino. Ich brauche das nicht.*« (Frankfurter Allgemeine Zeitung, 14.12.1998)

Dazu noch einmal Lunkewitz:

»*…Walser reagierte hochmütig, arrogant und frech auf ein versöhnliches Angebot aus dem Zentralrat der Juden in Deutschland. Er hat sich in dem Gespräch Frechheiten erlaubt, die sich nur durch* *seinen gesteigerten Nationalismus erklären lassen... Ein deutscher Mann erträgt so was nicht, schon gar nicht von einem Juden.«* Überschrieben ist der Artikel mit: »Lieber Herr Bubis, geben Sie nicht auf.« (DER TAGESSPIEGEL, »Demokratisches Forum«, 20.12.1998) Aufgeben wollte Ignatz Bubis nicht. Aber er hatte sich merken müssen, daß er wieder zum **ANDEREN** gemacht wurde.

Da ist zum Beispiel sein Briefwechsel mit Klaus von Dohnanyi, nachzulesen in DIE WELT vom 22. November 1998. Darin redet der Jude Bubis den Nichtjuden vertraulich mit »Lieber Herr von Dohnanyi« an. Dieser, als Kind nach der Verhaftung seines Vaters selbst in den Strudel der Verfemung gerissen, glaubt sich herausnehmen zu können, Bubis mit »Sehr geehrter Herr« in die Schranken zu weisen. Worauf dieser endlich begreift, daß seine ausgestreckte Hand nicht ergriffen, seine Vertrautheit nicht erwidert wird. Also geht er, wie es sich gehört für den Juden, auf Distanz mit »Sehr geehrter Herr...«

Er muß sich aber auch Belehrungen bieten lassen, nämlich darüber, daß die Opfer auch nicht besser sind als die Täter. Denn es »müsse auch jeder jüdische Deutsche sich selbst prüfen, ob er damals so viel tapferer gewesen wäre als die vielen nicht-jüdischen deutschen Zuschauer, wenn im Dritten Reich ›nur‹ die Homosexuellen oder die Roma in die Vernichtungslager geschleppt worden wären.«

Tjark Kunstreich zu dieser Passage des Dohnanyi-Briefes:

»Für den CDU-Junker Richard von Weizsäcker ist es Bubis, der ›mit seinem Vorwurf einer geistigen Brandstiftung‹ Walser persönlich zu nahe getreten ist. Und als Bubis Dohnanyis Unterstellung als ›bösartig‹ bezeichnet, antwortet Dohnanyi: ›Ich finde, als Vorsitzender des Zentralrats der Deutschen Juden (!) könnten Sie mit ihren nichtjüdischen Landsleuten etwas behutsamer umgehen; wir sind nämlich alle verletzbar.‹ Bubis antwortet: ›Wie wäre es, wenn Sie und Walser mit Ihren jüdischen Landsleuten etwas behutsamer umgehen würden, denn auch wir sind verletzbar.‹ Dohnanyi darauf, unter der Überschrift ›Wer das Wir zerbricht‹: Daß Sie nun die jüdischen Deutschen von diesem ›wir alle‹ wie selbstverständlich ausnehmen, ...scheint mir das Problem Ihrer Antworten auf meine Texte zu sein.«

Auf diesen Zynismus, diese Verdrehung der Tatsachen reagierte die Tochter von Heinz Galinski, Evelyn Hecht-Galinski, in einem Leserbrief unter dem Titel *Antisemitismus*: »Nach dem Bombenattentat auf das Grab meines Vaters Heinz Galinski, im Dezember 98, habe ich Martin Walser und Klaus von Dohnanyi als Schreibtischtäter und geistige Brandstifter bezeichnet, die das braune Klima ermöglicht haben, die solche Taten ermöglicht und solche Täter ermutigt. Durch Telefonate und Briefwechsel danach und nach diesem Interview bekräftige ich meine Vorwürfe und füge noch hinzu, er ist auch ein unverbesserlicher latenter Antisemit! Als hätten nicht schon seine schlimmen Äußerungen in der Walser-Debatte gereicht, auch wenn Bubis in seiner intellektuellen Hilflosigkeit sich bei von Dohnanyi entschuldigt hat, um so schlimmer jetzt auch noch der Satz: ›Die Deutschen Widerstandskämpfer haben mindestens so sehr ein Mahnmal verdient wie die Opfer.‹

Soweit ist es also schon wieder, von Dohnanyi stellt diese Offiziere, die ja das ganze Unheil mit zu verantworten hatten und dann kurz vor dem bitteren Ende ›Widerstand‹ leisteten, auf die gleiche Stufe wie die Opfer. Wird nicht jedes Jahr dieser Leute am 20. Juli in Plötzensee gedacht? Aber um ein Mahnmal für die ermordeten europäischen Juden wird seit Jahren gestritten und diskutiert. Anstatt ihrer zu gedenken und ihren Verlust zu beklagen.

Was will dieser selbstgefällige Landedelmann eigentlich, besonders wenn er immer so gerne seine jüdischen Freunde zitiert für seine unerträglichen Aussagen.« (DER TAGESSPIEGEL, 18. April 1999)

Den deutschen Widerstand, der sich in der Tat zu spät formiert hatte, und zwar nicht gegen die Verfolgung und Auslöschung der europäischen Juden, sondern weil Deutschland die Auslöschung drohte, diese Widerstandskämpfer mit den jüdischen Opfern auf eine Stufe zu stellen, ist eine unentschuldbare Obszönität. Und einem Juden die Frage nach seiner eigenen Schuldfähigkeit zu stellen, sie ihm damit zu attestieren und also zu unterstellen, ist ebenfalls ein Zeichen von unentschuldbarer Obszönität. Das zu diskutieren ist, wenn überhaupt, höchstens den Juden selbst erlaubt. Nicht aber erlaubt ist es einem Nichtjuden, schon gar nicht gegenüber einem Juden mit der Vita eines Ignatz Bubis.

Und: Welche Funktion soll diese Fragestellung haben? Doch nur die einer Entlastung der nichtjüdischen Deutschen und ihrer Schuld. Oder ihrer Schande, wie sich Walser auszudrücken beliebt. Er wendet sich gegen die »unaufhörliche Präsentation unserer Schande«.

Wird die »Schande« kleiner, geringer, wenn wir sie verstecken? Und wie macht man das? Und wohin stecken wir sie? Und meinen wir »Schande« oder nicht doch »Verbrechen«, wenn wir von Auschwitz sprechen? Auschwitz war wohl doch mehr als eine Schande, war ein Jahrhundertverbrechen. Und wenn das nicht »unaufhörlich präsentiert« werden soll, dann ist doch wohl damit der berühmte Schlußstrich gemeint. Was sonst? Es geht um den »Seelenfrieden« der Täter, wohlgemerkt nicht der Opfer.

Es gibt keinen Interpretationsspielraum. Dohnanyi meint, was er sagt, Augstein meint, was er schreibt, Walser meint, was er redet, und seine Rede ist nicht mißzuverstehen. Walser sagt das selbst: »Ich bin nicht mißverstanden worden.«

Dazu:
Erstens. Es gibt kein vergleichbares Verbrechen. Der Mord an den Juden Europas ist einzigartig. Einzigartig in Vorsatz und Ausführung.

Zitat Eberhard Jäckel:
»Niemals zuvor hatte ein Staat beschlossen, eine von ihm bestimmte Menschengruppe einschließlich der Alten, der Frauen, der Kinder und der Säuglinge ohne jegliche Prüfung des einzelnen Falles möglichst restlos zu töten…und hatte sie…zumeist über große Entfernungen in eigens zum Zweck der Tötung geschaffene Einrichtungen verbracht.« (Siehe seinen Beitrag in diesem Buch)

Oder, wie Ignatz Bubis sagte, Jüdinnen und Juden hatten keine Chance, der Vernichtung zu entkommen. Sie wurden vernichtet, weil sie Juden waren.

Zweitens. Wir, die Initiatoren des »Denkmals für die ermordeten Juden Europas« wollen nicht »eine Schande« dokumentieren. Ein

»Die Juden, das sind doch die anderen«

Verbrechen, ja. Aber eine Schande? Noch einmal: »Auschwitz« war keine Schande, »Auschwitz« war und bleibt ein Verbrechen. Ein Menschheitsverbrechen, eine Menschheitsverletzung. Was wir wollen und immer wollten ist etwas ganz anderes.

Wir wollen die Ermordeten ehren. Ihnen ein sie ehrendes Denkmal in der Stadt errichten, in der ihre Entwürdigung und Ermordung beschlossen worden war.

Wir wollen damit natürlich auch mahnen.

Was ist daran falsch? Und:

Was ist falsch daran, die zu ehren, die so erniedrigt, gedemütigt, gequält wurden? Es wäre ein nicht wieder gut zu machendes, bleibendes Versäumnis, wenn wir diese unsere historische Chance jetzt nicht ergreifen würden. Es ist wichtig für die Überlebenden und deren Nachkommen, es ist wichtig für uns und die Nachkommen der Täter, für unsere Zukunft und die unserer Kinder. Es ist wichtig für die Zukunft von Recht und Gesetz, von Menschenwürde. Also ist das von uns geplante Denkmal keine »Monumentalisierung der Schande«, sondern das Gegenteil.

Wir müssen diesen Teil unserer Geschichte in unserem Alltag leben. Es gibt Dinge, die lassen sich nicht mundtot machen. Schon gar nicht, indem man sie verdrängt. Ich weiß: Viele würden es zu gern vergessen. Aber das geht nicht. Denn es ist geschehen.

Fragen an die Denkmalsinitiatoren

Es gibt Fragen, die uns, den Initiatoren des Denkmals, immer wieder gestellt wurden.

Warum das Denkmal mitten in der alten und neuen Hauptstadt Deutschlands?

Weil es nicht vor die Tore der Stadt, sondern mitten in unser Leben gehört. Die Juden haben auch mitten unter uns gelebt, bevor sie ausgesondert wurden.

Warum ist Sachsenhausen beispielsweise kein »authentischer Ort«?

Weil die Juden nicht in Sachsenhausen ermordet wurden. Die Juden wurden auf polnischem Boden in eigens dort errichteten

Vernichtungszentren ermordet. In Chelmno, Belzec, Sobibor, Treblinka, Majdanek, Auschwitz. Raul Hilberg nennt sie Vernichtungsstationen, nicht Lager. Denn mit Ausnahme von Majdanek und Auschwitz war hier menschlicher Aufenthalt nicht vorgesehen. Die Vernichtung war vorgesehen. Und das hieß: Ankommen um acht, vergast um zehn, verbrannt um elf. Die Konzentrationslager auf deutschem Boden waren für die Inhaftierung politischer und anderer Gegner errichtet worden. In diesen Lagern sind insgesamt auch an die 150.000 Juden umgekommen. Aber diese Lager waren nicht zur Vernichtung der Juden bestimmt. Der Verweis auf die Konzentrationslager auf deutschem Boden ist, wenn es um die Vernichtung des Europäischen Judentums geht, einfach falsch.

Warum das Denkmal ausschließlich für die Juden?

Zitat von Margherita von Brentano, eine unserer Mitbegründerinnen der PERSPEKTIVE: »Sie [die Nazis] machten die Juden zum exemplarischen Opfer schlechthin, zum Opfer der »Endlösung«. Der Antisemitismus war nicht nur EIN Element des Nationalsozialismus, sondern sein ZENTRUM. In und an den Juden sah er das Ganze, das Ganze der »Schäden, des Übels, der Entstellung menschlichen Wesens und menschlicher Gesellschaft, die sein Bild von der Welt bestimmten.«

(Broschüre, »Ein Denkmal für die ermordeten Juden Europas«, 1992) Günter Grass, einer der Erstunterzeichner unserer Aufrufe, hat später erklärt, als er für das Denkmal für alle Opfergruppen plädierte, er habe nicht gewußt, daß es sich bei unserem Denkmal um ein Denkmal ausschließlich für die Juden handelt. Liest er die Aufrufe nicht durch, die er unterschreibt? Unser Aufruf von 1989 war klar formuliert.

Die Einzigartigkeit des Vollzugs des zweitausendjährigen Antisemitismus braucht eigenen Raum

Dazu noch einmal Eberhard Jäckel (DIE ZEIT, 7. April 1989):

»Erstens muß jedes Denkmal, wenn es einen Anstoß zum erinnernden Denken geben soll, hinreichend spezifisch und differenziert sein...

Zweitens schließt ein Denkmal selbstverständlich andere Denkmäler nicht aus… Drittens: Wer daran (Mord an den Juden) erinnert, der leugnet doch nicht, daß die Nazis zahlreiche andere Verbrechen verübten. Er sagt nur, daß dies die **Hauptsache** war und zugleich der Höhepunkt des jahrtausendealten Judenhasses. Dahin hatte es geführt, daß dieses Volk so lange verteufelt worden war. Wenn eine uralte Tradition so zu Ende gebracht wird, daß mehr als ein Drittel der gesamten jüdischen Weltbevölkerung ermordet wurde, und zwar von Deutschen, dann wird man dafür in ihrem Lande ein besonderes Denkmal errichten dürfen.

Niemand wird deswegen die Opfer sortieren wollen. Aber niemand sollte diesen Vorgang auch einebnen dürfen.«

Warum »fußballfeldgroß«?
Dieser Vergleich mit einem Fußballfeld ist obszön. Walter Jens hat sich sogar so weit vorgewagt, das zur Verfügung gestellte Gelände mit dem nationalsozialistischen Wort »Reichssportfeld« zu belegen. Es war aber zu der Zeit, als er wochenlang der Vorsitzende im ersten Wettbewerbsverfahren war, genau so groß. Wann ist ihm also die Größe aufgefallen? Vor oder nach der Rede von Walser? Kommt jemand auf die Idee, die Größe von Yad Vashem nachzumessen und mit solch einem Vokabular zu diffamieren? Und: Weshalb soll das Denkmal für sechs Millionen ermordeter Menschen im Land der Täter denn »klein«, gar »bescheiden« sein? Das Verbrechen war auch nicht klein, war auch nicht bescheiden. Außerdem: Das Denkmalsgelände ist nicht klein, das ist wahr, aber es ist auch nicht besonders groß. Es ist bestenfalls angemessen klein oder groß, je nach der eigenen Position. Jens wies schließlich auch auf Sachsenhausen hin, das »vor den Toren Berlins« liegt. Wann ist ihm das aufgefallen?

Ist es unzeitgemäß, Denkmäler zu errichten?
Auch das ist nicht richtig. James Young, der wohl beste Kenner aller Denkmäler über den Holocaust, der uns übrigens eindringlich den (zweiten) Entwurf von Peter Eisenman empfiehlt, beweist mit den Abbildungen der Denkmäler in seinen Büchern das Gegenteil, und auch Christoph Stölzl erläutert in diesem Buch genügend gültige Gegenbeispiele. Es kommt eben auf den Entwurf, auf das

Denkmal an. Und wir wissen doch alle, wie eindrucksvoll zum Beispiel das Denkmal in Washington für die im Vietnamkrieg Gefallenen ist. Es trägt die Namen aller toten amerikanischer Soldaten. Bei meinem letzten Besuch in Washington habe ich gesehen, wie ein Vater den Namen seines Sohnes mit geschwärztem Papier von dem Denkmal abgepaust hat.

Das Denkmal – ein Schlußstrich?
Immer wieder argumentieren Gegner des Denkmals, mit der Errichtung des Denkmals würde ein Schlußstrich gezogen, damit wäre die Diskussion und die Beschäftigung mit dem Thema zu Ende. Das Gegenteil ist richtig.

Dazu ein Beispiel:
In Hannover habe ich gemeinsam mit Freunden neben dem Opernhaus, also mitten im Herzen der Stadt, das Denkmal für die aus Hannover deportierten jüdischen Kinder, Frauen und Männer errichtet. Es hat alle Namen und Daten der Ermordeten: 2000 Vor- und Nachnamen, 2000 Lebens- bzw. Todesdaten und die Bestimmungsorte jeder Deportation. Das Denkmal wurde 1994 eingeweiht.

Ich bin oft zu diesem Denkmal gegangen, um zu sehen, worüber die Besucher sprachen. Und es waren viele, die hingingen. Eines Tages stand dort ein Punker-Pärchen. Haare: gelb-grün-lila, Tätowierungen auf den Armen.

Beide lesen. Die Namen, die Daten. Sie lesen und lesen. Dann sagt sie zu ihm: »Mein Gott, waren das viele.« Und ihr Freund antwortet nach einer Weile: »Ja, und niemand in dieser Stadt hat sie beschützt.«

Schlußstrich? Das Gegenteil ist der Fall, wie es der Brief einer jungen Frau an Michael Naumann nicht besser belegen kann. Er ist mir als Kopie von der Briefeschreiberin Dorion Weickman zugesandt worden.

»Ihre Befürchtungen, ein Mahnmal könnte als »Schlußstrich« mißdeutet werden, teile ich nicht. Ich meine dagegen, daß ein Mahnmal die Erinnerung wachhalten wird, daß das Vergangene uns auch auf dem Weg in die Zukunft begleiten soll. Die entscheidende Frage ist, ob wir DAS WOLLEN ODER NICHT… Ich finde, daß ein Mahnmal, und zwar nicht in musealer oder didaktischer Form, eine würdige Geste des Erinnerns wäre. Wo sonst, wenn nicht im Zentrum der Macht, sollen wir der jüdischen Menschen gedenken, die wir aus unserer Mitte gerissen und getötet haben? Ein Ort der Ruhe, des Schweigens tut not, kein Gerede, keine Bilder, keine flimmernden Monitore…

Hier, an diesem Mahnmal sollen die Herzen sprechen.«

Die Jugend versteht uns offenbar ganz gut. Genauso wie der sogenannte »kleine Mann« oder die »kleine Frau auf der Straße«. Schließlich haben 1999 bei einer Umfrage sich 47 Prozent für und 46 Prozent gegen das Denkmal ausgesprochen. Immerhin die Hälfte der Bevölkerung dafür. Kein schlechtes Ergebnis, zumal wenn man bedenkt, mit welchen Emotionen in den letzten zehn Jahren polemisiert wurde.

Im Bundestag hatten die Befürworter in der Abstimmung sogar eine satte Mehrheit. Sie bestätigten damit das Bekenntnis von Willy Brandt, unserem Erstunterzeichner 1989, das uns in den langen Jahren des Kampfes begleitet und ermutigt hat:

»Unsere Würde gebietet einen unübersehbaren Ausdruck der Erinnerung an die Europäischen Juden.«

Die Entscheidung im Bundestag

Diesen Tag, den 25. Juni 1999, werde ich mein Lebtag nicht vergessen. Am Abend fragte mich ein Fernsehmoderator im Interview, ob dieser Tag ein Tag des Triumphes für mich sei?

Nein, antwortete ich ihm, das wirklich nicht. Kein Triumph. Wirklich nicht. Dafür eigne sich das Thema nicht, es ginge ja um die ermordeten europäischen Juden.

Tja, was dann? Glück?

Glück? Nein, das auch nicht.

Ich war wohl etwas spröde.

Er setzte nach: Zufrieden? Wenigstens zufrieden?

Ja, das schon eher. Auch erleichtert. Aber auch erschöpft.

Von der Idee zur Entscheidung

Das war es. Mein Zustand war: zufrieden, froh, erleichtert, erschöpft.

Ich glaube, ich habe mich nach immerhin 11 Jahren Kampf schwer damit getan, das Ergebnis dieser Abstimmung der Abgeordneten des Deutschen Bundestages voll zu erfassen. Ich war ja dabei, den ganzen Tag, bei Debatte und Abstimmungen, ich war dabei, als das Ergebnis verkündet wurde: Die Abgeordneten des Deutschen Bundestages hatten mit großer Mehrheit beschlossen, den ermordeten Judes Europas ein Denkmal zu errichten. Ein Denkmal für die Juden. Nicht ein Denkmal für alle Opfergruppen. Und zwar nach dem Entwurf von Peter Eisenman, und zwar das Stelenfeld mit 2700 Stelen, kurz »Eisenman 2« genannt.

Wir hatten es geschafft. Nach 11 Jahren hatten wir es nun geschafft.

Eine große nationale Debatte hatte ein großes nationales Anliegen bestätigt. Wir, die Initiatoren, die Mitglieder des »Förderkreises zur Errichtung eines Denkmals für die ermordeten Juden Europas«, wir hatten daran geglaubt, darauf gehofft, es nun durchgesetzt. Wunderbar. Durchatmen. Begreifen, was da los gewesen war.

Dieser Tag hatte nicht erst am Freitagmorgen, vor der Abstimmung begonnen. Der Freitag hatte früher begonnen.

Mittwoch, 23. Juni 1999.

Ich war schon am Mittwoch in Bonn. Der PHILO-Verlag hatte eine kleine Inszenierung geplant, an der wir, Eberhard Jäckel und ich, als Initiatoren des Denkmals teilnehmen sollten. Wolfgang Thierse, der Bundestagspräsident, bekam auf der Außentreppe zum Plenarsaal, Blick auf den Rhein, den fast 10 Pfund schweren Wälzer über die Denkmalsdebatte überreicht. Diese 1.300 Seiten umfassende Dokumentation war auch die Geschichte unseres 11 Jahre dauerndes Kampfes, seit Anbeginn.

Also Foto- und Fernsehtermin mit Wolfgang Thierse. Wir nutzten die Gelegenheit zu einem Gespräch mit ihm. Wir versuchten ihm noch einmal unseren Standpunkt zu verdeutlichen, weshalb wir dieses Denkmal für die ermordeten europäischen Juden ohne ein großes zusätzliches Museum wollten. Dieses Museum war die fixe Idee des Kulturstaatsministers Michael Naumann. Er hatte bis kurz vor der Bundestagsdebatte versucht, dieses »durch die Hintertür« durchzusetzen. Ein Konsens zwischen Rot-Grün mit der CDU und der FDP war über Nacht von Seiten der SPD wieder weggewischt worden, »damit Naumann sein Gesicht wahren« könne. Es ging um ein das Stelenfeld von Peter Eisenman »ergänzendes« Gebäude für Informationen. Wie teuer, wie groß und wo das entstehen sollte – auf dem Denkmalsgelände, unter dem Denkmalsgelände oder gegenüber – wurde nicht gesagt. Die SPD-Abgeordneten waren zu einer klaren Festlegung nicht bereit. Süssmuth und andere argwöhnten, sie sollten »über den Tisch gezogen« werden. Weshalb keine Festlegungen? Auf eine Höchstgrenze zum Beispiel von insgesamt DM 20 Millionen für Denkmal und Zusatzbau? Ich schilderte Wolfgang Thierse noch einmal die Bedenken von Rita Süssmuth, mit der ich in dieser Sache ständig in telefonischem Kontakt gestanden hatte. Ich unterbreitete ihm die Bedenken der FDP. Auch der PDS. Ich mahnte, wir könnten für das Denkmal die Mehrheit verlieren, wenn wir dem Wunsch nach Festlegung nicht nachkämen. Es war nichts zu machen. Weder Wolfgang Thierse noch Gert Weißkirchen, Kulturpolitiker der SPD und auch einer meiner ständigen Kontaktpersonen in den letzten Wochen und am Tag zuvor, der an dem Gespräch teilnahm, sahen sich dazu nicht imstande. Wir spitzten zu: »Geht es um Naumanns Gesichtswahrung oder um das Denkmal für die ermordeten Juden Europas«? Rita Süssmuth erklärte wieder und wieder, daß sie dem Zusatzbau ohne Festsetzung der Höchstgrenze der Bausumme, des Standorts und der Bestimmung des Geländes nicht zustimmen würde.

»Und wenn das Denkmal für die Juden daran scheitert?« Wir hatten ja mit einer Reihe von Befürwortern für den Vorschlag des Theologen Richard Schröder zu rechnen. Seine Idee, statt des Denkmals lediglich eine Stele mit der Mahnung »Du sollst nicht töten«, zu errichten, und das auch noch auf hebräisch, war einfach falsch. Das war kein Denkmal für die ermordeten Juden, sondern eine Mahnung, die sich an jeden und alle richtete. Es könnte auch eine Mahnung sein, zum Beispiel keine Tiere zu töten. Aber wohl gerade deshalb, weil die-

Von der Idee zur Entscheidung

se Idee eben kein Denkmal für die ermordeten Juden darstellte, fand der Vorschlag seine Anhänger. Damit wäre man das lästige, den Juden gewidmete Denkmal, endlich elegant los.

Auch dieser Verweis auf diesen nicht ungefährlichen Vorschlag und eine mögliche Mehrheit dafür zog bei Thierse nicht.

Ich machte einen letzten Versuch, bat Gert Weißkirchen, wenigstens die Bausumme von höchstens 20 Millionen in den Antrag zu schreiben. Schließlich hatten wir, der Förderkreis, uns verpflichtet, von der Summe für das Denkmal ein Drittel aufzubringen. Wir hatten also, neben allen anderen Argumenten, nicht das geringste Interesse daran, bei einer hohen Bausumme zu landen. Nichts zu machen. Naumann mußte scharfe Geschütze aufgefahren haben. Sie setzten eben auf die ausgezählte Mehrheit. Dabei wäre ein parteiübergreifender Konsens in dieser Sache mehr als wünschenswert gewesen. Ja, schon, aber...

Wir wünschten uns alle gutes Gelingen bei der Debatte und der Abstimmung.

Das war`s.

Donnerstag, 24. Juni 1999.

Spaziergang in Bonn. Noch einmal alle Eventualitäten durchgesprochen. Was werden wir tun, wenn der Vorschlag von Richard Schröder, also die Stele mit der Inschrift »Du sollst nicht töten« siegt? Wir waren uns einig: Dann steigen wir aus. Dafür sind wir nicht angetreten, nie.

Telefonate.

Vor allem mit Süssmuth. Sie war verärgert, zornig, mißtrauisch. Den Beteuerungen von Weißkirchen glaubte sie nicht. Er habe mir versichert, sagte ich ihr, daß es bei 20 Millionen und einem »bescheidenen Haus der Information« bleiben würde. Der Haushaltsausschuß würde das festschreiben. Im übrigen wüßten alle, daß gar kein Geld da sei, um mehr und größer zu bauen. »Wenn das so ist, dann können sie es reinschreiben«, war ihre logische Schlußfolgerung.

Ich konnte diese Argumentation und ihren Zorn nachvollziehen.

»Die Juden, das sind doch die anderen«

Sie wolle nun die Debatte abwarten, sagte sie mir, und die endgültige Formulierung des Antrages.
Mir war ziemlich mulmig.

Freitag, 25. Juni 1999.
Wir hatten uns mit Tilman Fichter, Vorstandsmitglied aus dem Förderkreis, verabredet. Er reiste morgens aus Berlin an. Susanne Thaler, Freundin und Mitstreiterin, FDP-Mitglied, kam auch. Das war gut so. Mit Freunden an der Seite ist man nicht so einsam.
Wir sassen auf der Tribüne, Reihe 1. Direkt neben uns sass Romani Rose, Vorsitzender der Sinti und Roma. Unsere Freundschaft war mit unserem Einsatz für das Denkmal ausschließlich für die Juden dahin. Rose wollte immer das gemeinsame Denkmal. Eine junge Foto-Reporterin fragte mich, ob ich mich mit Romani Rose fotografieren lassen würde. Ich verwies sie an ihn. Rose lehnte ab mit der Bemerkung, daß ich mich über andere Minderheiten abfällig geäußert hätte. Das war nun so wahrheitswidrig und töricht, daß ich nur abwinkte. Nach Jahren des Streits hatte er noch immer nichts gelernt. Auch nicht jetzt, keine Geste, nichts. Es wäre eine gute Gelegenheit gewesen, wenigstens jetzt Frieden zu schließen.
Die Sitzung begann unter der Leitung von Hermann Otto Solms mit den üblichen Formalien. Erster Redner war Wolfgang Thierse. Ich war gespannt. Ich hatte Thierse schon bei der Eröffnung des Reichstages gehört. Er redet klar, präzise, engagiert, sogar anrührend. Und auch in dieser Debatte hat mich, die ich alle Argumentationen dafür und dagegen kenne, seine Rede aufmerksam gemacht und wirklich erreicht.
Zitate aus dieser Rede:

Wolfgang Thierse (SPD): »Herr Präsident! Meine Damen und Herren! Wir müssen heute über die Frage entscheiden: Wollen wir nach zehnjähriger Debatte ein Denkmal für die ermordeten Juden Europas errichten?…

…Aber schon das Wie unserer heutigen Entscheidungsfindung – diese Debatte eingeschlossen – und die Würde, mit der wir uns des Themas annehmen, wird Auskunft darüber geben, ob wir Deutsche uns mit Anstand aus diesem schlimmen Jahrhundert verabschieden. Es gibt Stimmen, die gerne einen Schlußstrich unter das düsterste Kapitel der deutschen Vergangenheit ziehen möchten. Ich glaube, daß wir das mit Ernst und Leidenschaft abzulehnen haben.

(Beifall bei der SPD, dem BÜNDNIS 90/DIE GRÜNEN und der PDS sowie bei Abgeordneten der CDU/CSU und der FDP)

Es gibt aber auch sehr achtenswerte Argumente auf der Seite derjenigen, die einem solchen Denkmal grundsätzlich skeptisch gegenüberstehen. Immerhin berührt der Holocaust die »Grenze unseres Verstehens«, wie es Hanno Loewy treffend ausgedrückt hat. Die mehrfachen Auslobungsverfahren bezeugen ja die Schwierigkeit, einen künstlerischen Ausdruck für das Unfaßbare, für die Monstrosität der nationalsozialistischen Gewaltverbrechen und für den Genozid an den europäischen Juden zu finden. Kann deshalb die Antwort heißen, heute auf die Entscheidung zugunsten eines Denkmals zu verzichten? Ich sage ganz entschieden: Nein!

(Beifall bei der SPD, dem BÜNDNIS 90/DIE GRÜNEN und der PDS sowie bei Abgeordneten der CDU/CSU und der FDP)

Natürlich stimmt es, wenn Ignatz Bubis sagt, er brauche ein solches Denkmal eigentlich nicht; das wahre Denkmal sei in seinem Herzen. Aber was für den deutschen Juden Ignatz Bubis gilt, das kann und darf für uns, die Nachkommen der Täter, nicht in gleichem Maße gelten; denn nicht für die Juden – ob deutsche oder andere – bauen wir dieses Denkmal, sondern für uns, als unser ureigenes Bekenntnis zu einem politischen Selbstverständnis,

...in das die Tat – das im Nationalsozialismus begangene und geduldete Menschheitsverbrechen – und damit die Erschütterung über das Unsagbare, das den Opfern angetan worden ist, als persistierende Beunruhigung und Mahnung eingebrannt ist...

...wie es Jürgen Habermas ausgedrückt hat. Vor diesem Denkmal dürfen Wegsehen und Gleichgültigkeit keinen Bestand haben.

(Beifall bei der SPD, dem BÜNDNIS 90/DIE GRÜNEN und der PDS sowie bei Abgeordneten der CDU/CSU und der FDP.)

Liebe Kolleginnen und Kollegen, wir müssen heute entscheiden: Wollen wir dieses Denkmal den ermordeten europäischen Juden oder allen vom Nationalsozialismus verfolgten und ermordeten Opfern widmen? Diese Entscheidung fällt mir nicht leicht...

»Die Juden, das sind doch die anderen«

Wenn ich dennoch vehement für die Eingrenzung der Widmung auf die ermordeten europäischen Juden plädiere, dann geschieht das vor dem Hintergrund der Zentralität des organisierten Massenmordes an der jüdischen Bevölkerung, für den nationalsozialistischen Rassenwahn. Auschwitz symbolisiert den »Höhepunkt des jahrtausendealten Judenhasses«. Vor diesem Hintergrund sollen und müssen wir unsere heutige Entscheidung treffen, die keinerlei Geringschätzung der anderen Opfergruppen – der Sinti und Roma, der politisch Verfolgten, der Homosexuellen und der geistig Behinderten – darstellt. Wir bleiben in der Pflicht, für ein würdiges Gedenken ihrer jeweiligen Schicksale zu sorgen.

(Beifall bei der SPD, dem BÜNDNIS 90/DIE GRÜNEN, der FDP und der PDS sowie bei Abgeordneten der CDU/CSU)

Liebe Kolleginnen und Kollegen, wir müssen heute entscheiden: wollen wir dieses Denkmal in der Form des von *Peter Eisenman* entworfenen Stelenfeldes oder als biblische Mahnung »Du sollst nicht morden«? Der von Richard Schröder wieder aufgegriffene Vorschlag eines früheren Wettbewerbsentwurfs hat etwas bestechend Einfaches und Einleuchtendes: Er stellt das Denkmal in den Zusammenhang der jüdisch-christlichen Geistestradition und erinnert uns an die Ursprungsidee der universellen Menschenpflichten. Zudem entgeht er den vielfach vorgetragenen Vorwürfen der Monumentalität auf der einen und der unvermittelten Sprachlosigkeit auf der anderen Seite. Denn auch darin liegt eines der Probleme unserer Entscheidung: Viele befürchten, daß der Monstrosität der Verbrechen durch eine Monumentalität des Gedenkortes begegnet werden soll.

Die Gründe, warum ich gleichwohl **Richard Schröders** Vorschlag nicht folge, hat der jüdisch-amerikanische Holocaustforscher Raul Hilberg auf eine fast erschreckend einfache Weise zum Ausdruck gebracht. Er sagt:

Der Satz »Du sollst nicht morden« ist ... einer über die deutsche Vergangenheit. Heutzutage fürchtet keiner, daß die Deutschen wieder ein Volk ermorden werden. Die Mahnung ist also überflüssig. Wenn ich einen Satz für das geplante Denkmal formulieren müßte, so lautete er: Du sollst nicht zuschauen.

Das ist richtig. Gemordet hat nicht die Mehrzahl der Deutschen. Aber allzu viele haben – sei es aus Angst, sei es aus Desinteresse, sei es aus heimlicher oder offener Sympathie – zugeschaut, als ihre jüdischen Nachbarn abgeholt und auf Todesmärsche und Todesfahrten geschickt wurden.

Von der Idee zur Entscheidung

Aber auch wenn gute Gründe gegen diesen Vorschlag sprechen: Erfüllt das von Peter Eisenman konzipierte Stelenfeld schon unsere komplexen Erwartungen, das künstlerisch auszudrücken, was in unserer Vorstellungskraft in die Kategorie des Unvorstellbaren fällt? Sicher werden Zweifel bleiben. Sie treiben mich im übrigen bis heute um. Denn ein solches Mahnmal darf nicht zu einer ins Abstrakte tendierenden Pathosformel werden, sondern muß zur emotionalen und intellektuellen Erinnerungsarbeit herausfordern.

Ich setze darauf, daß sich bei diesem Mahnmal das einstellt, was sich sein Gestalter selbst davon erhofft, nämlich, daß es einen – wie er drastisch sagt – »Terror der Einsamkeit« entfaltet. Ein Nebeneinanderlaufen zwischen den Stelen gibt es nicht; es gibt keinen Eingang, keinen Ausgang, kein Zentrum. So widersprüchlich es klingen mag: Auf diese Weise wird es denkbar, daß sich bei dem Besucher ein Verständnis des Unvorstellbaren einstellt. Auf diese Weise kommt es am ehesten dem nahe, was Jürgen Habermas die »geeignete Sprache« einer kompromißlosen Kunst für ein solches Denkmal genannt hat, ausgedrückt in einem »unaufdringlichen Pathos des Negativen«.

Liebe Kolleginnen und Kollegen, wir müssen heute entscheiden: Wollen wir es bei einem reinen Denkmal ohne jeden Zusatz belassen oder es durch einen *Ort der Information* ergänzen? Ich gestehe ein, daß meine langgehegten Zweifel gerade damit zu tun hatten, daß ich die Formensprache eines reinen Denkmals für nicht ausreichend hielt, gerade mit Blick auf die nachgeborenen Generationen …

…Ich frage diejenigen, die das Denkmal in seiner reinen, durch nichts ergänzten Form verwirklichen wollen. Können wir uns für die nachfolgenden Generationen sicher sein hinsichtlich der vorausgesetzten geschichtlichen Erinnerung, die evoziert werden soll und werden kann? Nur das leiseste Nein drängt uns zu einer Antwort, die wenigstens in der allervorsichtigsten Form nach einer Kombination von Erinnern und Gedenken suchen lassen sollte. Das meint ausdrücklich nicht den Vorschlag eines »Denkmals plus Volkshochschule«, wie es ein Kollege kürzlich bewußt überspitzt ausdrückt. Aber es meint den Versuch, das historisch bestimmte Erinnern immer neu als Movens des Gedenkens mit einzubeziehen…

…Liebe Kolleginnen und Kollegen, wir müssen heute entscheiden: Wollen wir die Entscheidung über die konkreten ästhetisch-künstlerischen Gestaltungsfragen, über die Ausgestaltung des Ortes der Information einer *Stiftung* übertragen, oder soll die Bundesregierung diesen Auftrag bekommen? Die Initiative für ein nationales Denkmal für die ermordeten Juden Europas ist im besten Sinne des Wortes als bürgergesellschaftliche Initiative entstanden. Ich möchte dafür – ich hoffe in Ihrer aller Namen – dem Förderkreis und stellvertretend für ihn *Lea Rosh* und *Eberhard Jäckel* meinen herzlichen Dank aussprechen.

(Beifall bei der SPD, dem BÜNDNIS 90/DIE GRÜNEN, der FDP und der PDS sowie bei Abgeordneten der CDU/CSU)

Ohne ihr unermüdliches Engagement wären wir heute nicht in der Lage, unsere Entscheidungen zu treffen. Weil dem so ist, halte ich die Stiftungslösung für alternativlos.

Das Denkmal, über das wir heute entscheiden, richtet sich an die zukünftigen Generationen mit der Botschaft: Scham ist ein Moment unserer menschlichen Würde. Aus dem politisch-praktischen Gedenken unserer mit unfaßbarem Unrecht verknüpften Geschichte erwächst moralische Gegenwartsverpflichtung und Zukunftsfähigkeit. Darum geht es.

(Beifall bei der SPD, dem BÜNDNIS 90/DIE GRÜNEN und der PDS sowie bei Abgeordneten der CDU/CSU und der FDP)

Eine klare Befürwortung dessen, worauf es uns ankam:

Das Denkmal soll den ermordeten Juden gewidmet sein. Denn der millionenfache mörderische Vollzug von 2000 Jahren Antisemitismus durch die deutschen Vollstrecker ist einzigartig (nicht einmalig, das sowieso) und mit keinem anderen Mordvorgang gleichzusetzen. Auch daß dieses den Juden gewidmete Denkmal keine Geringschätzung der anderen Opfer ist, war uns immer wichtig.

Gregor Gysi (PDS), der ebenfalls der Denkmalswidmung für die jüdischen Opfer folgte, begründete diese Haltung der PDS sehr geschickt, auch die anderen Opfer würdigend, und erklärte damit seine Ablehnung für den Vorschlag Richard Schröders:

»Es ist völlig legitim, die Frage aufzuwerfen, ob man ein solches Mahnmal auf die ermordeten Juden beschränken soll oder ob man nicht zugleich auch der anderen Opfer des Naziterrors gedenken muß. Aber der Vorschlag, der hier unterbreitet worden ist (nämlich, das Denkmal allen Opfern zu widmen, Anm. der Hrsg.) ist meines Erachtens nicht akzeptabel; denn er würde bedeuten, die anderen Opfer in ihrer Verschiedenheit praktisch unter der Rubrik »und andere« zu erfassen. Das wird ihnen nicht gerecht. Ich bin für das, was in der Schlußempfehlung steht, nämlich dafür, daß wir den anderen Opfern eigene Stätten des Gedenkens widmen. Diese Verpflichtung aber müssen wir auch erfüllen...«

Und:

»Gestatten Sie mir eine Bemerkung zu dem Vorschlag des Theologen Prof. Dr. Schröder: Morde gab es vor der NS-Zeit, Morde gab und gibt es in jeder Gesellschaft. Das, was gemäß diesem Vorschlag auf dem Mahnmal stehen soll, wird dem, um das es hier geht, nicht gerecht. Die systematische Ausrottung eines 2000 Jahre verfolgten Volkes durch eine Regime in ganz Europa, wo auch immer man der Jüdinnen und Juden habhaft werden konnte, ist viel mehr als das, was man unter dem Begriff Mord versteht. Deshalb reicht das einfach nicht aus, um dem Rechnung zu tragen, worum es uns gehen sollte.«

(Beifall bei Abgeordneten der PDS, vermerkt das Protokoll, der SPD, von BÜNDNISSES 90 DIE GRÜNEN und der FDP)

Und von uns, hätte das Protokoll vermerken müssen. Aber wir sassen auf der Ehrentribüne und durften nicht klatschen. Wir hätten es gern auch nach dieser Rede getan. Ich konnte mir aber nicht verkneifen, Jäckel, der neben mir sass, zuzuflüstern, daß viele Abgeordnete offenbar seine Aufsätze und Bücher und meine vielen Einlassungen in dieser Frage gelesen und verstanden hätten. Das war Erleichterung, Erstaunen, Genugtuung darüber, daß nicht alles umsonst gewesen war, was wir so viele Jahre geredet und geschrieben hatten. Auch unser Besuch in der PDS-Fraktion war offenbar nicht vergeblich gewesen.

Das Argument von uns, den Opfern mit ihnen jeweils eigens gewidmetem Gedenken gerecht zu werden, nahm auch **Volker Beck** (BÜNDNIS 90/DIE GRÜNEN) auf. Er, der immer auch für ein

Denkmal für die Homosexuellen eingetreten war, wußte, wovon er redete:

...»Es gibt bei jeder Gruppe der NS-Opfer auch ganz spezifische Aspekte in der Verfolgungsgeschichte. Ich meine, die Erinnerungsarbeit wird den Opfern viel eher gerecht, wenn man diese spezifischen Aspekte nicht mit einer allgemeinen Formel »Für alle Opfer« verwischt, sondern sie herausarbeitet und damit überhaupt erst eine Auseinandersetzung mit dieser Geschichte ermöglicht.«...

Und:

»Dem Massenmord ging eine sich immer weiter steigernde systematische Entrechtung der Juden voraus: Die Nürnberger Gesetze, die Reichspogromnacht, die Deportation in Ghettos und Lager. Es ist wichtig, daß wir diese Eskalationsgeschichte des Unrechts immer wieder vor Augen führen, denn gerade sie liefert aktuelle Bezüge zum Heute ... Der Imperativ ›Mordet nicht!‹ ist zu minimalistisch...«

Zu dem Vorschlag Richard Schröders äußerten sich fast alle Redner, auch **Wolfgang Gerhardt**, der FDP-Vorsitzende, der im Namen seiner Partei ein klares Votum für das reine Denkmal, also ohne ein zusätzliches »Haus der Information« einnahm:

»...Wenn es ein respektables Argument gegen den respektablen Vorschlag von Richard Schröder gibt, dann muß man ihm sagen, daß sein Vorschlag das dramatische Ereignis des Zivilisationsbruchs in der deutschen Geschichte nicht ausreichend in künstlerischer Form bearbeitet ... Darum geht es auf diesem Platz: Die Diskontinuität, den Bruch und die Dramatik auszudrücken...

Das Stelenfeld berührt aber nach meiner Überzeugung jeden, der sich berühren lassen will. Er zwingt zur Auseinandersetzung. Er bringt an manchen Stellen Einsamkeit mit sich, er gibt aber auch bemerkenswerte Blicke frei, wenn man sie suchen will ... Man muß dieses Erlebnis wollen. Ich hoffe, daß man sich ihm, wenn man den Platz betritt, auch nicht mehr verweigern kann, weil nichts arrondiert, weil es da steht, weil man ihm nicht ausweichen kann: ohne jede Zugabe. Ich bin für diesen Entwurf, solitär und klar, auf diesem Platz im Zentrum der Hauptstadt Berlin.«

Die Ablehnung von Naumanns Wunsch nach einem Informationszentrum zog sich durch viele Reden. **Gerhardt** argumentierte folgendermaßen:

»Auf diesem Platz geht es ... um die gestalterische und künstlerische Bewältigung dieses dunklen Abschnitts deutscher Geschichte. Gefragt ist nicht ein Institut, eine Ausstellungshalle oder irgendeine volkspädagogische Ergänzung. Gefragt ist im Kern die Kunst des Hervorbringens dieses Dramas in der deutschen Geschichte in künstlerischer Gestalt – nichts anderes, nicht mehr, aber auch nicht weniger.«

(Beifall bei der FDP und CDU/CSU)

Gysi hatte es so formuliert:

»Man darf doch das Mahnmal nicht gesondert sehen. Es liegt in einer Stadt mit vielen Gedenkstätten, mit vielen Dokumentations- und Informationszentren ... Wir dürfen nicht versuchen, aus diesem Mahnmal ein Zentrum zu machen, wo wir all das wiederfinden, was es auch sonstwo in diesem Lande gibt. Es tut mir leid, aber das ist mir eine Idee zu pädagogisch.«

Und **Volker Beck** versuchte noch einmal, die Diskussion der vergangenen Tage zusammenzufassen und das mündlich gegebene Versprechen öffentlich zu machen und damit festzuklopfen, wohl auch mit Blick auf die FDP-Abgeordneten und Rita Süssmuth:

»Wir sagen mit der Beschlußempfehlung: Eisenman 2 wird realisiert. Eisenman 2 ist ein Feld mit 2700 Stelen. Eisenman 2 enthält keine weiteren architektonischen Elemente, kein Haus, keinen Bau, kein Gebäude. Wer trotz dieses Textes etwas anderes will, muß es hier sagen; denn dann muß das in die Beschlußfassung einfließen. Ansonsten gilt das.«

(Beifall bei BÜNDNIS 90/DIE GRÜNEN und der SPD)

»Die ergänzende Information muß sich auf den Hinweis auf vorhandene Einrichtungen beziehen und auf die Erläuterung der zentralen historischen Fakten beschränken. Alles andere wäre nicht mehr Eisenman 2.«

Ich versuchte, eine Reaktion bei Rita Süssmuth zu erkennen. Aber sie sass zu weit hinten, ich konnte sie nur an Frisur und Kopfhaltung ausmachen. Dafür nahm jetzt **Hans-Joachim Otto** (FDP), in seiner Position wohl abgestimmt mit Frau Süssmuth, zu eben dieser Rede Stellung:

»Herr Kollege Beck, Sie haben eine wirklich gute Rede gehalten. Ich verstehe nur nach Ihrer Rede noch weniger, warum Sie nicht konsequent an dem Entwurf Peter Eisenmans ohne jede Ergänzung festgehalten haben ... Ich lehne ... die Forderung ab, das Stelenfeld ... um einen »Ort der Information« oder, wie Michael Naumann es vor einigen Tagen formulierte, um ein »Ausstellungs-Haus der Erinnerung« zu ergänzen. Was konkret und wo soll dort ergänzt werden?

Lieber Volker Beck, das ist kein Kompromiß. Das ist eine Blankovollmacht. All das, was Sie gerade gesagt haben – keine Beeinträchtigung des architektonischem Konzepts –, steht nicht in der Beschlußvorlage des Kulturausschusses...«

(Beifall bei der FDP sowie der CDU/CSU und der PDS)

»Herr Kollege Beck, nach den eigenen Angaben von Herrn Dr. Naumann erzwingt die von Ihnen geforderte Ergänzung eine Beschneidung des Mahnmals um fast 1000 Stelen. Deutlicher kann es doch nicht werden: Hier besteht die Gefahr, daß das Stelenfeld zum Anhängsel eines Ausstellungshauses wird.«

Auch davor hatten wir immer wieder gewarnt: Nämlich den Entwurf des Stelenfeldes zu Gunsten des von Naumann gewünschten Informationshauses zu verkleinern, so daß das Denkmal zu einem Anhängsel eines Museums werden würde; eines Museums, das in der von Naumann gewünschten Dimensionierung niemand wollte und niemand brauchte. Schon gar nicht auf dem Denkmalsgelände.

Rita Süssmuth (CDU) hatte es auch deshalb nicht schwer, Naumann direkt anzugehen und ihre Ablehnung präzise zu begründen:

»Wir hätten uns im Kulturausschuß einigen können, wenn die Debatte nicht weiter um die Frage gegangen wäre – heute morgen ist das klargestellt worden –, was man eigentlich will. Herr Staatsminister, wenn Sie nach wie vor an Ihrer Aussage gegenüber unserer Fraktion festhalten, nämlich daß Sie eine Archivstelle, ein Dokumentationszentrum für die Shoa und ein Völkermordfrühwarn-System wollen, dann muß ich Ihnen sagen, daß das nicht der Absicht derjenigen entspricht, die von uns ein Mahnmal gefordert haben, das seine eigene Ausdrucksform hat.«

Zuvor hatte schon **Norbert Lammert** (CDU/CSU) in seinem Redebeitrag Schuldzuweisungen datiert und erklärt, weshalb es keine gemeinsame Beschlußempfehlung der Parteien gegeben habe. Naumann habe das torpediert:

>»Leider ist es nach aufwendigem Wettbewerbsverfahren und gründlicher fachlicher und politischer Diskussion nicht mehr zu einer endgültigen Entscheidung vor Ablauf der letzten Legislaturperiode des Deutschen Bundestages gekommen. Dazu trug neben den früh vorgetragenen Einwänden des Regierenden Bürgermeisters von Berlin gegen den favorisierten Entwurf ... insbesondere die mitten im Wahlkampf vom damals designierten Kulturbeauftragen der SPD öffentlich vorgetragene kategorische Ablehnung dieses Konzepts bei, mit der der angestrebte breite Konsens gänzlich torpediert war. Die Geschmacklosigkeit, den Entwurf Eisenmans mit der monumentalen Architektur Albert Speers für Hitlers Berliner Renommierbauten zu vergleichen, disqualifiziert freilich nicht den amerikanischen Architekten, sondern das eigene ästhetische Urteilvermögen.«

(Beifall: CDU/CSU, FDP und PDS)

»Ich will über Ihre Motivationen, Herr Staatsminister, keine Vermutungen anstellen. Aber was die Wirkung Ihrer verschiedenartigen und widersprüchlichen Interventionen zur Mahnmal-Debatte ...

(Dr. Wolfgang Gerhardt, FDP: Das ist wohl wahr!)

...in den letzten Monaten betrifft, läßt sich nicht übersehen, daß sie für den angestrebten breiten Konsens verheerend gewesen sind.«

(Beifall bei CDU/CSU und FDP)

Alles war richtig, was Lammert aufgezählt hatte, auch wenn sich die Rolle Eberhard Diepgens, die sich vor und dann auch noch einmal während dieser Debatte offenbarte, ähnlich verheerend ausgewirkt hatte wie die Unentschlossenheit von Helmut Kohl vor der Bundestagswahl im September 1998, eine Entscheidung für das Denkmal gegen den Widerstand von Diepgen herbeizuführen. Ich meine, er hätte es tun können und müssen.

Der Konflikt war nun offen benannt, es war die Frage, wer wieviele Abgeordnete auf seine Seite ziehen konnte. **Michael Naumann** hatte eine merkwürdig kurze und emotionslose Rede gehalten. »Schwach war das, ganz schwach«, war auf den Gängen zu hören. In der Tat zog er sich auf die Verteidigung seiner Position ohne den Ansatz irgendeiner neuen Argumentation zurück und verteidigte mühsam und blaß das von mehreren Rednern auch in dieser Debatte wieder genüßlich zitierte Wort von Gerhard Schröder, man müsse »zu diesem Denkmal gern hingehen.«

War er resigniert? Enttäuscht? Müde?:

»Meine ursprünglichen Einwände gegen den Mahnmal-Entwurf des Architekten Eisenman sind bekannt. In der Europäischen Geschichte der Denkmalsarchitektur gibt es keinen mir bekannten Gestus, der die Einmaligkeit des Verbrechens...angemes-sen repräsentiert. Und immer drohen im symbolischen Gedenken die Erinnerung an das einzelne Opfer wie aber auch die Erinnerung an den einzelnen Täter zu verschwinden. Weil das so ist, hatte ich zusammen mit Peter Eisenman eine neue Konzeption entwickelt, die Gegenstand einer ausführlichen Debatte wurde. Beide mußten wir unsere Vorstellungen revidieren.

Lassen Sie mich bei dieser Gelegenheit auf folgendes hinweisen. Es bleibt dabei: Ob es ein Mahnmal oder ein Ort des Erinnerns ist – wenn Menschen nicht gern dort hingehen wollen, dann gehen sie nicht hin. Das ist eine einfache Einsicht, so daß die semantischen Auslegungen dieses Satzes des Bundeskanzlers mir noch heute absolut unbegreiflich bleiben.«

Ob Gerhard Schröder noch im Saal war, als Michael Naumann ihn verteidigte, weiß ich nicht mehr. Ich hatte ihn rausgehen sehen, für ziemlich lange Zeit. In dieser Debatte, die eine so wichtige nationale Debatte geworden war, hatte er nicht einmal das Wort ergriffen. Nein, Schröders Leidenschaften hatten diesem Thema sichtlich nie gegolten. Überhaupt erschien mir die Debatte seltsam emotionslos. Verglichen mit den Debatten der 60er Jahre, als es um die Verjährungsfristen für Mord ging, verglichen mit den großen Reden von Adolf Arndt oder von Ernst Benda zum Beispiel, die über die Verbrechen des Völkermords an den Juden ganz anders zu reden und offenbar auch zu fühlen wußten, waren diese Reden im Bundestag eher buchhalterische Abhandlungen. Niemand sprach über DIE TAT. Niemand hatte offenbar die sogenannten »Ereignismeldungen« der Einsatzgruppen in der damaligen Sowjetunion gelesen, die

Von der Idee zur Entscheidung

Berichte über die, wie Richter Musmano im Nürnberger Einsatzgruppen-Prozess sagte, «Mordorgien» an den Erschießungsgruben, nur noch vergleichbar mit Dantes Inferno. Es hätte nur einiger Zitate aus diesen schrecklichen Schilderungen bedurft, und mit einem Schlage wäre deutlich geworden, weshalb der Mord an den Juden eben nicht vergleichbar ist mit den Verfolgungen und Inhaftierungen und Ermordungen anderer Opfer.

Ist zu viel Zeit ins Land gegangen?
Ist der Abstand zu den Ereignissen zu groß?
Ist die Phantasie zu beschränkt?

Helmut Kohl verfolgte alle Reden. Er verliess nicht einmal den Saal. Er applaudierte ab und zu, mir fiel sein Beifall bei der Rede von Gregor Gysi auf. Aber das Wort ergriff auch er nicht. Aber sicher aus anderen Gründen als Gerhard Schröder.

Es war gut, daß **Elke Leonhard** (SPD), die Vorsitzende des Kulturausschusses, Kohl nicht nur erwähnte, sondern ihm auch dankte:

»Es ist mir nach den »Vergiftungserscheinungen« der letzten Woche, wenn Sie mich das so salopp sagen lassen, ein besonderes Bedürfnis, stellvertretend für die gesamte Opposition Altbundeskanzler Kohl zu danken, der die Realisierung des Denkmals mit großem Engagement forderte.«

Das Protokoll vermerkt: Beifall im ganzen Haus.

Es war klug und richtig, Helmut Kohl zu danken, auch wenn wir, vom Förderkreis, zu diesem Dank eine differenzierte Einordnung hätten beitragen können, wie in diesem Buch nachzulesen ist. Der Beschluß zur Errichtung des Denkmals ist Helmut Kohl weitgehend zuzuschreiben. Sein zeitweiliges Scheitern allerdings auch.

Die beherzte Art von **Elke Leonhard** brachte ihr noch einmal den Beifall des ganzen Hauses ein, als sie sich zu den Anwürfen von Martin Walser, Rudolf Augstein und Walter Jens äußerte:

»Mit Entschiedenheit sage ich: Es ist erlaubt, leise oder gemäßigt für oder gegen ein Denkmal zu sein. Aber ich verwahre mich gegen Begriffe wie »Schandmal«, »Kranzabwurfstelle«, »Moralkeule«, »fußballfeldgroßer Alptraum« und »in Beton gegossenes Schuldeingeständnis.«

Das gefiel mir natürlich gut. Die Entschiedenheit, mit der sie die Diffamierungen zurückwies und mit der sie für das den jüdischen Opfern gewidmete Denkmal eintrat, was sie über den Vollzug des Antisemitismus klar machte und über das Denkmalskonzept, das Eisenman entworfen hatte, war ohne »wenn« und »aber«:

»...Wissend, daß der Holocaust mit künstlerischen Mitteln nicht erfaßt werden kann, will das Denkmal den Genozid an den europäischen Juden nicht abbilden oder nachempfinden. Es will vielmehr jene entsetzliche Leere symbolisieren, die mit der Auslöschung des jüdischen Kultur entstanden ist.«

Es tat mir wohl, daß sie, wie einige andere vor ihr auch, die Verdienste unserer Bürgerinitiative, des Förderkreises, hervorhob. Auch dafür gab es, laut Protokoll, Beifall im ganzen Haus. Ich dachte dabei an unsere Mitglieder, ich wußte, daß einige von ihnen die Debatte im Fernsehen verfolgten. Klaglos hatten sie all die Jahre zu der Idee gestanden, klaglos hatten sie ihre Mitgliedsbeiträge überwiesen, was nicht allen leicht fiel, und wie selbstverständlich hatten sie mir all die Jahre Mut zugesprochen mit nett gemeinten Durchhalteparolen: »Lea, gib nicht auf, auf keinen Fall!« Ich hätte nicht aufgegeben. Aber wichtig war dieser Zuspruch doch. Nun wurden wir hier, in diesem Hohen Hause, öffentlich belobigt und belohnt. Das tat einfach gut. Auch **Annette Fugmann-Heesing** (SPD), die Berliner Finanz-Senatorin, schloß ihre Rede mit einem Dank an mich. Meine »Zähigkeit«, meine »Courage«, die manche »politische Unentschiedenheit erträglich« gemacht hatte, wurden von ihr nicht kritisiert, sondern als Vorteil gewürdigt. Viele Jahre hatte ich das auch anders aufs Butterbrot bekommen. Ich hatte zwar gelernt, das einzuordnen und damit umzugehen. Aber Lob hat man halt lieber als Kritik.

Überhaupt war die Rede von Fugmann-Heesing bemerkenswert, denn sie stellte sich als Bürgermeisterin von Berlin ausdrücklich und öffentlich gegen den Regierenden Bürgermeister von Berlin. Eberhard Diepgens ablehnende Haltung war bundesweit bekannt. Er hatte sie noch einmal ausdrücklich vor der Bundestagsdebatte im Berliner Abgeordnetenhaus und in mehreren Interviews bekräftigt und seine entsprechende Rede im Bundestag angekün-

Von der Idee zur Entscheidung

digt. Frau Fugmann-Heesing hatte daraufhin erklärt, ebenfalls im Bundestag sprechen zu wollen und ihre und damit die berliner SPD-Position in einer Gegenrede darstellen zu wollen. Diepgen hatte ihr die Reise nach Bonn untersagt und die Geldmittel gesperrt. Sie fuhr aber trotzdem. Und redete trotzdem. Die Frau zeigte Mut! Auch in ihrer Rede:

»Das Abgeordnetenhaus von Berlin hatte sich dafür ausgesprochen, daß im Zentrum Berlins ein solches Denkmal errichtet wird... Das Abgeordnetenhaus hat den Deutschen Bundestag zu einer Entscheidung aufgefordert...

Nicht die Akzeptanz des Bauwerks ist das Entscheidende, sondern der politische Wille..., ein Zeichen der Trauer, der Scham und der Mahnung an künftige Generationen zu setzen...«

Beifall bei der SPD, BÜNDNIS 90/DIE GRÜNEN, PDS)

»In Berlin wird der Vergangenheit auf vielfältige Weise gedacht. Es gibt das Haus der Wannsee-Konferenz, es gibt das Jüdische Museum; es gibt die Stiftung »Topografie des Terrors...

Doch was es in Berlin...bisher nicht gibt, ist ein Denkmal, das die Nachfahren der Täter den ermordeten Juden Europas setzen; ein Denkmal, das unsere Trauer, Scham und Verzweiflung ausdrückt, das wir bewußt am Ort von Regierung und Parlament als Mahnmal und Zeichen der friedlichen Absicht errichten. Kein Zeitpunkt ist dafür günstiger als der der vollen Aufnahme der Hauptstadtfunktion durch Berlin. Deshalb ist es richtig, die Entscheidung jetzt zu treffen und sie ohne Verzögerung umzusetzen.«

(Beifall: SPD, BÜNDNIS 90/DIE GRÜNEN, FDP und PDS)

»Das Denkmal wird auch provozieren. Aber die Sorge vor Schmierereien darf nicht die demokratische Entscheidung in dieser Frage beeinflussen.«

(Beifall, bei allen Parteien)

»Es ist die Aufgabe unserer demokratischen Gesellschaft, sich dieser möglichen Angriffe zu erwehren...«

Zuruf von der PDS: Sehr richtig!)

»Meine Damen und Herren, Berlin wird die Entscheidung des Deutschen Bundestages für dieses Projekt in der Hauptstadt akzeptieren und mit ihm in Würde bei der Realisierung zusammenarbeiten.«

(Beifall bei SPD, BÜNDNIS 90/DIE Grünen, FDP und PDS)

Diepgen hatte zuvor für den Vorschlag Richard Schröders plädiert und inhaltlich in allem für die gegenteilige Position geworben. Das war genau die Situation des Berliner Senats. Er war in dieser Frage halbiert, geteilt. Als Frau Fugmann-Heesing zu der Bank zurückging, auf der sie und Diepgen sas-sen, zwischen ihnen allerdings zur Abfederung eine mir unbekannte Frau, sahen alle mit Spannung zu: Steht er auf? Sagt er was? Gibt er ihr die Hand? Diepgen sass mit steinerner Miene da. Kein Händedruck. Nichts.

Jäckels Kommentar: »Eine wirklich gute Rede.«
Ich fand, es war mehr.

Es machte mir wirklich Mut für die bevorstehenden Auseinandersetzungen mit Diepgen, die vorauszusehen waren. Obwohl er im Bundestag seine altbekannte Position gegen den Eisenman-Entwurf und für den Schröder-Vorschlag wiederholte, verzichtete er auf die Androhung, auch gegen die mögliche Entscheidung des Bundestages für Eisenman, die Realisierung in Berlin zu verhindern.

Eberhard Diepgen (CDU):

…»Auch die praktischen Probleme des Eisenman-Entwurfs, auf die ich mir immer erlaubt habe, hinzuweisen – wie es übrigens Helmut Schmidt und andere auch getan haben –, wurden bislang in staunenswerter Konsequenz ignoriert. Aber wer die Gefahr der Verschandelung durch Schmierereien und Vandalismus nicht sehen will, nimmt wissentlich in Kauf, daß dieses in guter Absicht gesetzte Mahnmal seine Wirkung ins Gegenteil verkehren kann. Das ist die Gefahr.

(Beifall bei Abgeordneten der CDU/CSU)

Ich sehe meine Verantwortung auch darin, mit Nachdruck vor dieser Gefahr zu warnen.

Es ist unsinnig, das Mahnmal zu einem Lackmustest für den Reifegrad unserer Gesellschaft zu machen, zumal wir alle genau wissen, daß ein Fanatiker genügt, um den Test zum Scheitern zu bringen.

Von der Idee zur Entscheidung

Es sollte auch nachdenklich stimmen, daß sich viele Vertreter aus den einzelnen Bundesländern – ich denke an die Kollegen Stolpe, Biedenkopf und Stoiber – parteiübergreifend für den Vorschlag von Richard Schröder einsetzen. Sein Gegenvorschlag ist der Eisenmanschen Betonlandschaft genau diametral entgegengesetzt. An die Stelle von Masse setzt er das Wort. Er simuliert nicht den Schrecken, sondern erinnert an die gemeinsame Grundlage jüdischer und christlicher Kultur. Er schüchtert nicht ein, sondern setzt auf die Erkenntnisfähigkeit des Menschen. Er beschränkt sich auf das Wesentliche. Er verzichtet auf alles Beiwerk, das vielleicht doch eher ein Zeichen der Hilflosigkeit wäre. Jedenfalls mich überzeugt dieser Entwurf – für ihn möchte ich hier werben – durch Bescheidenheit, Würde und Prägnanz.«

(Beifall bei Abgeordneten der CDU/CSU und der SPD)

Sein Plädoyer für die Schröder-Idee, die im übrigen noch kein Entwurf war, wirkte lustlos. Ich hatte den Eindruck, daß er sich bereits auf verlorenem Posten fühlte.

Es standen, wie Thierse gesagt hatte, mehrere Anträge zur Abstimmung. Es sollte entschieden werden, ob überhaupt ein Denkmal errichtet werden sollte, ob dieses Denkmal ausschließlich den Juden oder allen Opfern gewidmet sein sollte, ob der Vorschlag von Richard Schröder oder der von Peter Eisenman realisiert werden solle und schließlich, wenn es das Stelenfeld von Eisenman werden würde, dann mit oder ohne das »ergänzende« oder »zusätzliche« Haus der Information«.

Wir wünschten uns »Eisenman 2« mit einem sehr bescheidenen »Haus der Information«. Wir stellten uns darin Europa-Landkarten vor, auf denen die jüdischen Bevölkerungszahlen Aufschluß darüber geben sollten, wieviele Juden in den einzelnen europäischen Ländern gelebt hatten und wie hoch die Verluste waren. Die stärksten Verluste hatten die Polen zu beklagen, die ehemalige Sowjetunion, Rumänien, Ungarn. Also Ost-Europa. Die deutschen Juden machten an der Gesamtzahl von 6 Millionen Ermordeten 2 (zwei) Prozent aus. Wir stellten uns weiterhin die Nennung der Tatorte vor. Die Juden Europas sind in Polen in den sechs Vernichtungsstationen ermordet worden und bei den Erschießungen in der Sowjetunion. Und wir stellten uns die elektronisch gespeicherten Daten der Ermordeten vor, soweit das Museum in Washington und die Gedenkstätte Yad Vashem in Israel darüber verfügen. Insgesamt käme man wohl auf rund 4 Millionen Namen. Das alles, so meinen wir, brauchte keinen aufwendigen großen Raum, schon gar kein Museum. Wir brauchten, über die für das Denkmal angesetzten 15 Millionen DM hinaus nicht noch einmal 5 Millionen für ein solches Informationszentrum, 2 oder 3 Millionen würden auch ausreichen, je nach Ausstattung und Aufwand.

Die Anträge und Änderungsanträge standen nun zur Abstimmung. Stimmten die ausgezählten Mehrheiten oder stimmten sie nicht, das war die entscheidende Frage. Gab es die berühmten und gefürchteten Abweichler, die Überläufer«?

Die erste Abstimmung brachte ein klares Votum für ein Denkmal. Das war die leichteste Hürde. Die zweite Abstimmung entschied darüber, ob das Denkmal den Juden gewidmet sein sollte oder um den Zusatz …»alle Opfer nationalsozialistischer Verbrechen…« erweitert werden sollte. Ich sah zu Jäckel. Der machte ein konzentriertes, eisiges Gesicht. Ich ertappte mich dabei, nach dem Arm von Susanne Thaler zu greifen.

Die sagte: »Sei ganz ruhig. Die Sache ist klar.«

Klar? Mir schon. Aber auch den Abgeordneten? Plötzlich kamen mir Zweifel. Und wenn sie doch anders abstimmen würden? Ich zwang mich, ruhig zu bleiben. Wir hatten alles getan, sagte ich mir.

Auch diese Klippe war genommen: Mit »Ja« hatten 218, mit »Nein« hatten 325 Abgeordnete gestimmt. Also abgelehnt.

Mit »Ja« hatten immerhin Helmut Kohl, Rita Süssmuth, Wolfgang Schäuble, Guido Westerwelle gestimmt.

Nun folgte die Abstimmung über den Schröder-Vorschlag. Die Auszählung, da die Abstimmung namentlich war, dauerte eine Ewigkeit. Naumann hatte mir im April während eines Gesprächs am Rande der Reichstagseröffnung versichert, dieser Vorschlag würde niemals eine Mehrheit finden. Ich hatte ihn davor gewarnt, seine Museumsidee immer wieder und wieder aufs Tapet zu bringen. Nicht mehr 180 Millionen Mark sollte das Museum nun kosten, aber immer noch 80 bis 90 Millionen. Davon war er nicht wegzukriegen. Ob wir in der geplanten Stiftung, die sich mit dem Bau von Denkmal und Informationsort befassen sollte, mitarbeiten würden, fragte er mich. Natürlich würden wir. Allerdings nicht bei einem »Holocaust-Museums-Bau« dieser Größenordnung. Noch drei Tage vor der Debatte im Bundestag hatte er, in die CDU-Fraktion eingeladen, vor den Abgeordneten der CDU diesen Plan von Museum mit Bibiothek und Forschungseinrichtungen verteidigt, wie Rita Süssmuth in ihrer Rede geklagt hatte.

Würden nun die Gegner von Naumann für den Vorschlag von Schröder stimmen, um ihm nicht folgen zu müssen?

Diesmal faßte ich nach der Hand von Susanne Thaler. Ich faßte richtig zu. Jäckel machte wieder sein eisiges Gesicht, da war kein Trost und kein seelischer Beistand zu holen. Ich hatte Adrenalin-Ausschüttungen wie vor einer Prüfung. Antje Vollmer verlas das Ergebnis:

Abgegebene Stimmen 548. Mit »Ja« haben 188, mit »Nein« haben 354 gestimmt. 6 Enthaltungen. Der Antrag ist abgelehnt.

Ich sah nach unten, in den Plenarsaal. Seiters grüßte zu uns nach oben, Gert Weißkirchen machte das Victory Zeichen, Pflüger lächelte mir zu, Thierse winkte. Erleichterung, Freude, Befreiung. Ich knuffte Jäckel: »Wir haben's geschafft, Eberhard, wir haben's geschafft.«

Wir hatten's geschafft. Du lieber Himmel, wir hatten's geschafft. Herrlich. Wunderbar.

Ich küßte Susanne. Wahrscheinlich Tilman auch.

Eberhard lächelte ich an. Er war noch ganz konzentriert.

Das Schlimmste hatten wir hinter uns.

Die nächste Abstimmung ging jetzt um die Frage, »Eisenman 2« mit oder ohne »ergänzendes« Haus. Das war zwar wichtig, aber in jedem Fall konnten wir mit beiden Entscheidungen gut leben.

Es wurde das Stelenfeld von Peter Eisenman mit einem Ort der Information. 314 zu 209 Stimmen bei 14 Enthaltungen. Rita Süssmuth hatte hier schließlich doch zugestimmt. Das Denkmal war ihr eben wichtiger als alles andere.

Wir gingen ganz langsam in die Lobby runter. Wir mußten erst alles sortieren, im Kopf sortieren. Journalisten gratulierten uns. Das war etwas Neues. Nichts ist eben so erfolgreich wie Erfolg. Viele Interviews. Jäckel forderte darin den Rücktritt von Naumann, so wütend war er über dessen Beharren auf dem Museum. Ich sagte ihm, da gäbe es noch viel zu streiten und zu fordern in den nächsten Wochen und Monaten. Leider behielt ich recht damit. Viele Telefonate. Was würden wir ohne Handys machen! Anrufe von Freundinnen und Freunden, Gratulationen von überall.

Zu Hause auf meinem Anrufbeantworter in Berlin war auch eine Gratulation von Peter Radunski, dem Berliner Kultursenator, CDU. Darüber habe ich mich besonders gefreut. Und Hans Jochen Vogel schrieb einen Brief: Gratulation.

Wir hatten's geschafft, wir hatten's geschafft.

Langsam begriff ich das. Mit Kopf und Bauch.

Am nächsten Tag rief ich alle vom Förderkreis an, die in Berlin waren. Sie hatten natürlich die Debatte im Fernsehen verfolgt und die Interviews gehört. Wir trafen uns bei uns zu Hause. Wieder keine Feier. Aber eine Debatte über die Debatte. Diesmal mit einem guten Ende.

Die große Mitgliederversammlung steht noch aus.

---

1   Eberhard Jäckel: »Der Mord an den Europäischen Juden und die Geschichte«. In: Wolfgang Beck (Hrsg.) »Die Juden in der Europäischen Geschichte«, München, 1992
2   Ulrich Eckhardt, aus: BERLINER KUNSTBLATT, 6.1.1989
3   Eberhard Jäckel: »Warum ein Denkmal (nur) für die Juden?« Broschüre des Förderkreises, »Dokumentation 1988-1995«, Berlin, März 1995, S.117
4   Seite 31/32: Abdruck Artikel Eberhard Jäckel, DIE ZEIT, 7.4.1989
5   Seite 33: Abdruck Leserbrief Gerhard Schoenberner, DIE ZEIT, 5. Mai 1989
6   Seite 34: Abdruck Leserbrief Lea Rosh, DIE ZEIT, 18.5.1989
7   Broschüre des Förderkreises, »Dokumentation 1988-1995«, S. 80
8   ebenda, S. 78
9   Eberhard Jäckel, in: Broschüre Förderkreis »Ein Denkmal für die ermordeten Juden Europas« 1990, S. 7 f.
10 Broschüre Förderkreis: »Ein Denkmal für die ermordeten Juden Europas« 1990, S. 121
11 a.a.O. S.131
12 a.a.O. S.133
13 a.a.O. S.135

Von der Idee zur Entscheidung

14 a.a.O. S.137
15 a.a.O. S.140 f.
16 Rafael Seligmann, »Versöhnung statt Anmaßung«, in: DIE WELT, 10.4.1999

Beschlußempfehlung

1. Die Bundesrepublik Deutschland errichtet in Berlin ein Denkmal für die ermordeten Juden Europas.

2. Mit dem Denkmal wollen wir
   - die ermordeten Opfer ehren,
   - die Erinnerung an ein unvorstellbares Geschehen der deutschen Geschichte wachhalten und
   - alle künftigen Generationen mahnen, die Menchenrechte nie wieder anzutasten, stets den demokratischen Rechtsstaat zu verteidigen, die Gleichheit der Menschen vor dem Gesetz zu wahren und jeder Diktatur und Gewaltherrschaft zu widerstehen.

3. Das Denkmal soll ein zentraler Ort der Erinnerung und der Mahnung in Verbindung mit den anderen Gedenkstätten und Institutionen innerhalb und außerhalb Berlins sein. Es kann die authentischen Stätten des Terrors nicht ersetzen.

4. Das Denkmal wird auf dem dafür vorgesehenen Ort in der Mitte Berlins – in den Ministergärten – errichtet.

5. Die Bundesrepublik Deutschland bleibt verpflichtet, der anderen Opfer des Nationalsozialismus würdig zu gedenken.

II.
Der Entwurf eines Stelenfeldes von Peter Eisenman (Eisenman II) wird realisiert. Dazu gehört ergänzend im Rahmen dieses Konzepts ein Ort der Information über die zu ehrenden Opfer und die authentischen Stätten des Gedenkens.

III.
Es wird eine öffentlich-rechtliche Stiftung gegründet, der Vertreter des Deutschen Bundestages, der Bundesregierung, des Landes Berlin und des Förderkreises zur Errichtung eines Denkmals für die ermordeten Juden Europas e. V. angehören. In den Gremien sollen Vertreter der Gedenkstätten, des Zentralrats der Juden in Deutschland und Repräsentanten der Opfergruppen sowie weitere Sachverständige mitwirken. Die Stiftung verwirklicht die Grundsatzbeschlüsse des Deutschen Bundestages. Sie trägt dazu bei, die Erinnerung an alle Opfer des Nationalsozialismus und ihre Würdigung in geeigneter Weise sicherzustellen.
Die Stiftung nimmt noch in diesem Jahr ihre Arbeit auf Mit den Bauarbeiten soll im Jahr 2000 begonnen werden;

C. die Anträge auf den Drucksachen 14/941, 14/942, 14/944, 14/965 und 14/981 für erledigt zu erklären.

Bonn, den 16. Juni 1999

Der Ausschuß für Kultur und Medien

Dr. Elke Leonhard,
Vorsitzende;
Gert Weisskirchen,
Berichterstatter;
Dr. Norbert Lammert,
Berichterstatter;
Dr. Antje Vollmer,
Berichterstatterin
Hans-Joachim Otto (Frankfurt),
Berichterstatter;
Dr. Heinrich Fink;
Berichterstatter

Eberhard Jäckel
Die Einzigartigkeit des Mordes
an den europäischen Juden

Obwohl der Mord an den europäischen Juden im Zweiten Weltkrieg seit längerem in den Mittelpunkt des allgemeinen Geschichtsbildes über die Epoche der nationalsozialistischen Herrschaft gerückt ist und nun mit viel emotionaler Anteilnahme diskutiert wird, beweisen doch mancherlei Äußerungen in den Medien immer wieder und gerade auch in der anhaltenden Kontroverse über das Berliner Denkmal, daß der eigentümliche Charakter dieses Jahrhundertverbrechens und, wie hier noch einmal dargelegt werden soll, seine Einzigartigkeit noch nicht vollständig in das Bewußtsein der Öffentlichkeit eingedrungen ist.

So begegnet etwa noch vielfach die, wenn auch oft unausgesprochene Auffassung, der Mordanschlag habe sich in erster Linie gegen die Juden in Deutschland gerichtet, und es sei ein gewissermaßen nachgeordneter Vorgang gewesen, daß dann im Kriege auch ausländische Juden einbezogen wurden. Wahr ist natürlich, daß der Mord aus der Judenfeindschaft des Nationalsozialismus und der 1933 eingeleiteten Verfolgung der deutschen Juden hervorging. Doch schon an den Wirkungen, wie sie in den bekannten Zahlenverhältnissen sichtbar werden, kann man zweifelsfrei erkennen, daß sein eigentliches Wesen und damit auch die Ziele seiner Urheber weit darüber hinausgingen. Von den insgesamt ermordeten Juden waren nämlich etwa zwei Prozent deutsche, etwa 98 Prozent waren nichtdeutsche. Es ist bezeichnend, daß es regelmäßig Erstaunen hervorruft, wenn jemand auf diese statistische Proportion verweist. Sie verdeutlicht jedoch bereits den außergewöhnlichen Charakter dieses Mordes.

Die Verfolgung und auch Tötung von Juden war ja wahrlich nicht neu. Doch die herkömmlichen Judenfeinde hatten sich seit Jahrhunderten immer auf ihr eigenes Land beschränkt, indem sie die Juden dort verfolgten, entrechteten, sie daraus vertrieben und oft auch töteten. Niemals zuvor waren sie in andere Länder eingedrungen und hatten die dortigen Juden getötet oder gar in den eigenen Machtbereich verschleppt, um sie dann in eigens zum Zweck der Tötung angelegten Einrichtungen zu ermorden. Das war neu und niemals zuvor getan worden, und wer das nicht gebührend berücksichtigt, kann den besonderen Charakter der nationalsozialistischen Judenpolitik nicht erfassen.

Noch immer begegnet ferner die Auffassung, die Juden seien vor allem in den deutschen Konzentrationslagern ermordet worden. Indessen wird auch das bereits durch die Zahlenverhältnisse widerlegt. Wenn man einmal von Auschwitz absieht, wovon noch die Rede sein wird, dann sind in diesen Lagern wiederum nur etwa zwei Prozent der insgesamt ermordeten Juden ums Leben gekommen. Sehr viele wurden überhaupt nicht in irgendwelche Lager verbracht, sondern an oder bei ihren Wohnorten erschossen. Viele weitere gingen in Gettos oder an anderen Plätzen zugrunde. Aber nicht nur die Zahlen belegen die Irrigkeit dieser Auffassung. Sie beruht auch auf einer Verkennung des nationalsozialistischen Systems.

Die seit 1933 errichteten Konzentrationslager dienten in erster Linie gar nicht der Judenverfolgung, sondern der Inhaftierung von politischen Gegnern und anderen Mißliebigen. Unter ihnen waren gewiß auch Juden, die sogar besonders gekennzeichnet und noch brutaler mißhandelt wurden als die übrigen Häftlinge. Aber sie waren nicht aus sogenannten rassischen Gründen eingeliefert worden, sondern aus politischen Gründen, nämlich als Kommunisten, Sozialdemokraten, Gewerkschaftler und so weiter. Im Kriege kamen viele Ausländer hinzu, die in den besetzten Gebieten wegen erwiesenen oder vermuteten Widerstandes gegen die deutschen Okkupanten festgenommen worden waren. Sie wurden durchweg als Sklavenarbeiter in den zu den Konzentrationslagern gehörenden Industriebetrieben benutzt. Bei Kriegsende bildeten diese ausländischen, überwiegend nichtjüdischen Häftlinge, wiederum mit Ausnahme von Auschwitz, die bei weitem größte Gruppe in diesen Lagern, insgesamt etwa 90 Prozent.

Nur zweimal wurden Juden als Juden in größerer Zahl in die deutschen Konzentrationslager verbracht. Das war einmal nach dem Staatspogrom vom November 1938, der im Volksmund sogenannten Reichskristallnacht, als über 26 000 männliche Juden eingeliefert und brutal mißhandelt wurden; die meisten wurden aber

Die Einzigartigkeit des Mordes an den europäischen Juden

bald wieder entlassen, wenn sie auswandern wollten und konnten. Die Maßnahme diente dem damals noch vorherrschenden Ziel, die Juden zum Verlassen Deutschlands zu zwingen. Es handelte sich, mit anderen Worten, um gezielte Heimatvertreibung. Der systematische Mord setzte bekanntlich erst 1941 ein.

Ein zweites Mal wurden Juden in der Endphase des Krieges in noch größerer Zahl in die Lager in Deutschland verbracht. Das ergab sich aus einem ganz anderen, eigentlich genau umgekehrten Grund wie 1938. Die verschiedenen Lager im Osten wurden vor der heranrückenden sowjetischen Armee evakuiert und die zumeist jüdischen Häftlinge in die Lager im noch unbesetzten Teil Deutschlands verschleppt. Die sich aus der Evakuierung ergebende Überbelegung führte zu einer besonders hohen Sterblichkeit. Viele wurden zu Fuß evakuiert und gingen auf den sogenannten Todesmärschen zugrunde.

Abgesehen von diesen beiden Phasen, befanden sich jedoch in den Konzentrationslagern zumeist nur wenige Juden. Ihre Zahl nahm sogar ab, als nach dem Beginn des eigentlichen Mordvorgangs viele von ihnen aus diesen Lagern entfernt und nach Osten deportiert wurden. Im Konzentrationslager Buchenwald zum Beispiel waren Ende Oktober 1942, also auf dem Höhepunkt des Massenmordes, von insgesamt 8 831 Häftlingen 235 Juden. Ende 1943 war die Gesamtzahl der Häftlinge auf 37 317 angestiegen, 350 von ihnen, mithin weniger als ein Prozent waren Juden. Im Mai 1944 waren es 393, und erst danach setzte der Zustrom aus den östlichen Lagern ein. Zu dieser Zeit war aber der gezielte Mordprozeß bereits abgeschlossen.

Die sogenannte Endlösung der Judenfrage war in der Hauptsache nicht in den Konzentrationslagern vollzogen worden. Diese hatten von Anfang an und bis zum Ende eine andere Funktion im SS-Staat. Es mag von vielen als anstößig empfunden werden, derartige Differenzierungen vorzunehmen. Wer aber ein realistisches Bild gewinnen will, der darf die Unterschiede nicht übersehen. Vor allem wird nur auf diese Weise einsichtig, daß der Mord an den europäischen Juden, was hier erneut dargelegt werden soll, einzigartig war.

Die Kontroverse darüber begann im sogenannten Historikerstreit des Jahres 1986, als die Behauptung aufgestellt wurde, ein derartiger Massenmord habe sich schon früher oder zumindest einmal, nämlich unter dem Stalinismus in der Sowjetunion, ereignet. Die Behauptung stieß auf empörten und leidenschaftlichen Widerspruch. Doch dann wandte sich der Streit rasch anderen Fragen zu. Die Kontroverse wurde nicht ausgetragen. Es mangelte ihr sowohl an historischer wie an begrifflicher Genauigkeit.

Es geht ja nicht einfach darum, daß hier ein Massenmord verübt wurde. Jeder, der auch nur über allgemeine Geschichtskenntnisse verfügt, weiß, daß es massenhafte Inhaftierungen, Deportationen und auch Tötungen in der Vergangenheit immer wieder gegeben hat. Schon in der Bibel sind solche Vorkommnisse überliefert. Im Mittelalter wurden Juden wiederholt aus verschiedenen europäischen Staaten ausgetrieben, noch 1492 aus Spanien. Für das 20. Jahrhundert wird regelmäßig vor allem auf die Sowjetunion und das System des GULag verwiesen.

Menschen sind auch immer wieder geneigt gewesen, Grausamkeiten und Verbrechen, die sie erlebt oder von denen sie gerade erfahren hatten, als alles Bisherige übersteigend, als unvergleichlich und einzigartig zu empfinden und zu kennzeichnen. Hier wird etwas anderes behauptet. Einzigartigkeit bedeutet, daß etwas von dieser Art sich zuvor niemals ereignet hatte. Dazu muß zunächst der Begriff eindeutig definiert werden. Im allgemeinen Sprachgebrauch wird zumeist nicht genau unterschieden zwischen Einzigartigkeit auf der einen Seite und Einmaligkeit, Singularität, Unvergleichbarkeit und ähnlichen Begriffen auf der anderen.

Unvergleichbarkeit ist ein besonders unzulänglicher und irreführender Begriff. Er suggeriert, daß bestimmte Ereignisse nicht miteinander verglichen werden können oder dürfen. In der Wissenschaft jedoch ist der Vergleich eine ständig geübte Praxis. Sie versteht unter Vergleichen nicht Gleichsetzen, sondern die Feststellung von Übereinstimmungen und Unterschieden. In diesem Sinne müssen selbstverständlich auch im Falle des Mordes an den europäischen Juden Vergleiche angestellt werden. Denn nur aus einem Vergleich kann sich logischerweise ergeben, ob der Vorgang einzigartig war oder nicht.

Die Einzigartigkeit des Mordes an den europäischen Juden

Einmaligkeit oder Singularität sind gleichfalls ungenügende Begriffe. Denn jedes Ereignis unterscheidet sich zumindest in einigen Einzelheiten von jedem anderen und ist insofern einmalig. Kein Ereignis ist jemals einem anderen vollständig gleich. Geschichte wiederholt sich nicht und besteht daher aus lauter einmaligen Ereignissen.

Die Ereignisse teilt man jedoch in Arten oder Kategorien und stellt fest, daß manche von ihnen mehrfach auftreten. Nur mit einer solchen Einteilung kann man Geschichte oder das Leben überhaupt begreifen. Im täglichen Leben kennen wir, um nur ein Beispiel zu nennen, etwa die Art oder Kategorie des Verkehrsunfalls. Man kann ihn definieren und wird doch feststellen, daß jeder Unfall etwas anders verläuft. Insofern ist er einmalig. Man braucht aber die Kategorie des Verkehrsunfalls, um ihn einordnen und von anderen Unfällen, etwa am Arbeitsplatz oder im Haushalt, unterscheiden zu können.

In der Geschichte sind derartige Kategorien beispielsweise Kriege, Revolutionen oder Diktaturen. Sie sind allesamt insofern einmalig, als sie sich voneinander unterscheiden. Jeder Krieg und jede Revolution hat
einen besonderen Verlauf, besondere Ursachen und Ergebnisse. Man kann sie jedoch nur verstehen, wenn man sie in bekannte Kategorien einordnet. Ein Krieg ist von anderer Art als eine Revolution. Er ist aber insofern
nicht einzigartig, als er sich einer bereits bekannten Ereignisart zuordnen läßt.

Desgleichen sind Verfolgung, Mord und Massenmord Ereignisarten, die immer wieder aufgetreten sind und auftreten. Auch hier ist jeder Fall einmalig und singulär, aber nicht einzigartig. Dasselbe gilt für Judenfeindschaft, die es seit der Antike gibt und für die sich seit dem 19. Jahrhundert der ziemlich unpassende Begriff des Antisemitismus eingebürgert hat. Auch Ausschreitungen gegen Juden, oft mit einem aus der russischen Sprache entlehnten Wort Pogrome genannt, sind wiederholt aufgetreten. Sie nehmen einen typischen Verlauf und lassen sich daher unter diese Kategorie einordnen und insoweit verstehen.

»Die Juden, das sind doch die anderen«

Was im Zweiten Weltkrieg an den europäischen Juden verübt wurde, kann man zunächst auch unter die Kategorien Massenmord und Judenfeindschaft einordnen. Bei genauerer Betrachtung ergibt sich aber, daß man damit noch keinen zureichenden Begriff gewinnt. Dieser Vorgang unterscheidet sich wesentlich von anderen bekannten Vorgängen. Das soll in der folgenden Definition zum Ausdruck gebracht werden.

Es war neuartig und insofern, als es geschah, einzigartig, daß noch nie zuvor ein Staat beschlossen hatte, eine Gruppe von Menschen, die er nach seinem Belieben als Juden kennzeichnete, einschließlich der Alten, der Frauen, der Kinder und der Säuglinge ohne jegliche Prüfung des einzelnen Falles möglichst restlos zu töten, und diesen Beschluß mit staatlichen Maßnahmen und Machtmitteln in die Tat umsetzte, indem er die Angehörigen dieser Gruppe nicht nur tötete, wo immer er sie und auch im Ausland ergreifen konnte, sondern sie in vielen Fällen, zumeist über große Entfernungen hinweg, in eigens zum Zweck der Tötung geschaffene Einrichtungen verbrachte. Diese Definition enthält verschiedene Aussagen, die nun belegt werden müssen. Erst wenn das überzeugend gelingt, kann die Einzigartigkeit als erwiesen gelten. Die erste Aussage ist, daß die Maßnahmen von einem Staat beschlossen worden seien. Gemeint ist natürlich der deutsche Staat. Aber lag ein Beschluß vor?

In der Öffentlichkeit herrscht immer noch die Auffassung vor, ein solcher Beschluß sei auf der sogenannten Wannsee-Konferenz am 20. Januar 1942 gefaßt worden. Diese Auffassung ist jedoch mit Sicherheit irrig, und zwar aus mehreren Gründen. Erstens steht im Protokoll nichts von einem Beschluß. Zweitens konnte die systematische Tötung der europäischen Juden deswegen nicht beschlossen werden, weil sie bereits in vollem Gange war. Bis Ende 1941 waren schon etwa 500 000 Juden in der Sowjetunion und auch die ersten deutschen Juden erschossen worden, und auch die Tötungen polnischer Juden mit Giftgas hatten in der Vernichtungsstation von Chelmno bereits eingesetzt. In dieser Hinsicht gab es nichts mehr zu beschließen. Drittens wurden im Führerstaat derart wichtige Beschlüsse überhaupt nicht auf Konferenzen beschlossen, und schon gar nicht von Beamten, wie sie am Wannsee versammelt waren.

Die Einzigartigkeit des Mordes an den europäischen Juden

Ein solcher Beschluß wurde aber auch nicht von der Reichsregierung gefaßt. Dafür gibt es einen sehr einfachen Grund. Die Reichsminister traten seit 1938 niemals mehr zu Sitzungen zusammen und konnten dahereinen solchen Beschluß nicht fassen. Es gab auch kein anderes Gremium, wie etwa ein Politbüro der Staatspartei, das Beschlüsse faßte. Da es nun anders als in den meisten Staaten keine Gremien mehr gab, die nach einer Beratung Beschlüsse faßten, kann der Beschluß auf eine solche Weise nicht entstanden sein. Während man damit schon eine Besonderheit des damaligen deutschen Staates erfaßt, gab es natürlich gleichwohl staatliche Beschlüsse, und man muß fragen, wie sie in anderen Fällen gefaßt wurden.

Es ergibt sich, daß die Beschlüsse etwa zur Eröffnung des Krieges gegen Polen 1939 oder gegen die Sowjetunion oder die Kriegserklärung an die Vereinigten Staaten 1941 von Hitler allein getroffen und verkündet wurden. Sie waren darum nicht weniger staatliche Beschlüsse. Es spricht deswegen viel dafür, in einem Analogieschluß anzunehmen, daß auch der Beschluß zur Tötung der europäischen Juden so zustandekam. In der Tat hat Hitler sich vielfach so geäußert. In einer Rede vor dem Reichstag am 30. Januar 1939 etwa hatte er für den Fall eines neuen Weltkrieges »die Vernichtung der jüdischen Rasse in Europa« angekündigt, und nachdem der Kriegszustand mit den Vereinigten Staaten eingetreten war, sagte er zu seinen Gauleitern am 12. Dezember 1941, wie Goebbels in seinem Tagebuch notierte: »Bezüglich der Judenfrage ist der Führer entschlossen, reinen Tisch zu machen. Er hat den Juden prophezeit, daß, wenn sie noch einmal einen Weltkrieg herbeiführen würden, sie dabei ihre Vernichtung erleben würden. Das ist keine Phrase gewesen. Der Weltkrieg ist da, die Vernichtung des Judentums muß die notwendige Folge sein.«

Indessen ist es nicht unumstritten, daß der Beschluß so zustandekam.

In der Forschung wird vielmehr darüber gestritten, ob der Mord nicht auf eine andere Weise in Gang gekommen ist. Genugt zur Erklärung nicht die weitverbeitete Judenfeindschaft, daß er gewissermaßen von selbst in Gang kam oder von untergeordneten Stellen in Gang gesetzt wurde? Das sind schwierige Fragen. Aber auch wenn man annimmt, daß es viele regionale und lokale Initiativen gab, kann es keinen Zweifel geben, daß es sich dabei um staatliche Behörden handelte und daß dem Gesamtvorgang daher ein staatlicher Beschluß zugrunde lag. Unbestritten ist im übrigen, daß er zumindest ohne die Billigung Hitlers nicht möglich gewesen wäre. Das heißt natürlich nicht, daß er allein verantwortlich wäre, oder daß er nur einen Befehl gab. Aber die Gleichmäßigkeit des Vorgangs im gesamten von Deutschland beherrschten Europa läßt nur den Schluß zu, daß ein staatlicher Beschluß vorlag.

Es war übrigens auch der Staat, der bestimmte, wer Jude war. Solange die Juden noch über ihre Religionszugehörigkeit definiert worden waren, gab es immer die Möglichkeit der Konvertierung zum christlichen Glauben, um der Verfolgung zu entgehen. Es war neuartig, daß nicht wenige der vom Nationalsozialismus als Juden Verfolgten und Ermordeten nach ihrem eigenen Verständnis gar keine Juden, sondern etwa Christen waren, was meist auch hinsichtlich der Einzigartigkeit nicht hinreichend berücksichtigt wird und bis heute zu Unzuträglichkeiten und Ungerechtigkeiten führt.

Neuartig war ferner, daß nach einer Übergangszeit auch Frauen und Kinder einbezogen wurden. Während gewiß Frauen und Kinder auch sonst ermordet worden, geschah es doch kaum jemals in dieser Vollständigkeit und Unterschiedslosigkeit.

Zur Staatlichkeit, wenn auch nicht zur Neuartigkeit gehören auch die Maßnahmen und Machtmittel. Die Mörder waren Polizisten und Soldaten, also Staatsbedienstete. Sie bedienten sich staatlicher Mittel wie Gewehre und Pistolen, und die Transporte erledigte die staatliche Reichsbahn.

Schließlich die eigens zur Tötung geschaffenen Einrichtungen. Damit sind, wie gesagt, nicht die Konzentrationslager gemeint, die weder dem Namen noch der Sache nach neuartig waren. Gemeint sind vielmehr die Einrichtungen, die meist Vernichtungslager genannt werden. Die wichtigsten waren Chelmno, Treblinka, Belzec und Sobibór. Sie waren jedoch insofern keine Lager, als außer dem Bedienungspersonal keine Menschen in ihnen lagerten. Die Opfer wurden sofort nach ihrer Ankunft getötet. Es wäre daher zutreffender, von Vernichtungsstätten zu sprechen.

Die Einzigartigkeit des Mordes an den europäischen Juden

Mischformen waren Lublin-Majdanek und Auschwitz. Sie waren teils Häftlingslager und teils Vernichtungsstätten. Lublin-Majdanek war zunächst ein SS-Kriegsgefangenenlager gewesen und wurde später auch als Vernichtungsstätte mit Gaskammern genutzt. Auschwitz war nach 1939 als Konzentrationslager errichtet worden. Später wurde es durch Auschwitz II (Birkenau) erweitert, das dann zugleich Lager und Vernichtungsstätte war. Es gab Baracken, in denen Menschen sich längere Zeit aufhielten, und es gab die Gaskammern, in die viele sofort nach der Ankunft und der Selektion auf dem Bahnsteig, der Rampe, getrieben wurden.

Alle diese Einrichtungen lagen auf einstmals polnischem Staatsgebiet, auch wenn Chelmno und Auschwitz in von Deutschland annektierten Gebieten lagen. Heute liegen diese Stätten alle wieder in Polen. Der Mord ging zwar von Deutschland aus, vollzog sich aber ganz überwiegend nicht in Deutschland. Insofern beruht der immer wieder vorgebrachte Einwand, das Gedenken an den Mord an den europäischen Juden solle an den sogenannten authentischen Orten, also den Lagern in Deutschland, geübt werden, schlicht auf historischer Ignoranz.

Zur Einzigartigkeit gehört vor allem, daß der Staat seine Opfer in vielen Fällen, zumeist über große Entfernungen, in diese eigens zum Zweck der Tötung geschaffenen Einrichtungen verbrachte. Damit stellt sich die schwierigste Frage in diesem Zusammenhang: Warum? Darunter versteht man in der Wissenschaft zwei sehr verschiedene Dinge. Es geht zum einen um die Ursachen: Warum geschah es? Wie wurde es möglich? Und es geht zum anderen um die Motive der Täter: Warum taten sie es? Was waren ihre Beweggründe? Was waren ihre Absichten? Wir wollen zuerst die zweite Frage untersuchen. Denn nur sie eröffnet die Möglichkeit einer Antwort auf die Frage nach der Einzigartigkeit.

Die Tötungen begannen, von Einzelfällen in Deutschland seit 1933 abgesehen, 1939 in Polen. Bis Jahresende 1939 fielen diesen Aktionen ungefähr 7000 polnische Juden zum Opfer. Systematisch wurden sie mit dem Überfall auf die Sowjetunion im Juni 1941. Auch hier erfuhren sie noch eine Steigerung im August und September. Bis Ende 1941 fielen ihnen, wie gesagt, ungefähr 500 000

Menschen zum Opfer. Die beiden Zahlenangaben verdeutlichen den Unterschied. 1942 begannen die Deportationen aus den übrigen europäischen Ländern und zugleich die Tötungen in den Vernichtungsstätten.

Es ist in diesem Zusammenhang nicht unwichtig, daß sich auch andere Staaten beteiligten. 1942 lieferte die Slowakei ihre Juden an Deutschland aus. Vichy-Frankreich handelte ähnlich. Rumänien beteiligte sich 1941 nicht nur am Überfall auf die Sowjetunion, sondern verfolgte die Juden in den von ihm eroberten Gebieten Bessarabiens und der südlichen Ukraine ganz ähnlich wie Deutschland und verübte im Oktober in Odessa

ein Massaker, das dem deutschen von Babi Jar in Kiew im September entsprach. Bulgarien lieferte im Frühjahr 1943 die Juden aus Thrakien und Makedonien an Deutschland aus.

Diese Beteiligungen widerlegen zunächst eindeutig die Hauptthese von Daniel Jonah Goldhagen, der zur Erklärung bekanntlich den alten und dann besonders virulent gewordenen deutschen Antisemitismus heranzieht. Aber sie sind alsdann in anderer Hinsicht noch viel aufschlußreicher. Diese Staaten und ihre Regierungen waren gewiß von Deutschland abhängig. Daß sie jedoch einen eigenen Handlungsspielraum hatten, wurde erkennbar, als Rumänien sich im Sommer 1942 und Bulgarien 1943 trotz starken deutschen Drängens weigerten, auch die Juden aus ihren eigentlichen Staatsgebieten auszuliefern. Sie stellten ihre frühere Beteiligung ein.

Wenn man nach den Gründen fragt, erkennt man eine nicht unwesentliche Bedingung des Mordes an den europäischen Juden. Diese Staaten beteiligten sich daran, solange Deutschland den Krieg zu gewinnen schien, und verweigerten sich, als sich die deutsche Niederlage abzuzeichnen begann.

Neben dem heimischen Antisemitismus war außenpolitischer Opportunismus ausschlaggebend. Diese Staaten kamen den deutschen Wünschen entgegen, weil und solange sie sich andere Vorteile wie territoriale Gewinne davon versprachen, und sie versagten sich, als Deutschland diese Gewinne nicht mehr garantieren zu können schien. Nur mit deutscher Unterstützung konnte Rumänien Bessarabien zurückgewinnen, und nur ebenso konnte Bulgarien Thrakien

Die Einzigartigkeit des Mordes an den europäischen Juden

und Makedonien behalten, die es im Bündnis mit Deutschland 1941 auf Kosten Griechenlands und Jugoslawiens erhalten hatte.

Das heißt: Die Initiative war von Deutschland ausgegangen, und sie war von anderen Staaten vor allem auch deswegen unterstützt worden, weil und solange Deutschland etwas bieten konnte. Die Hauptfrage aber, mit der wir zur Einzigartigkeit zurückkehren, ist: Warum hatte Deutschland ein Interesse daran, daß ihm die Juden aus Südosteuropa zur Vernichtung ausgeliefert wurden? Es führte doch einen Krieg auf Leben und Tod, und diese Auslieferungen trugen zur Erringung des Sieges offensichtlich nichts bei.

Damit kommen wir zu der schwierigsten Frage in diesem Zusammenhang: Was waren die deutschen Motive? Warum wollten die Täter auch die Juden aus weit entfernt gelegenen Gebieten, die Deutschland nicht für sich beanspruchte, in ihre Gewalt bekommen und ermorden? In der Forschung sind die Morde in den von Deutschland direkt eroberten Gebieten in letzter Zeit gründlich untersucht worden. Dabei ergeben sich unterschiedliche Motive der Täter. Der lokale Antisemitismus, Beseitigung von unnützen Essern, Schaffung von Lebensraum für deutsche Siedler und so weiter scheinen Gründe oder Vorwände gewesen zu sein.

Ein Vergleich erweist, daß dies im einzelnen noch nicht neuartig und damit einzigartig war. Wer etwa nur die Vorgänge in Polen oder der Sowjetunion betrachtet, kann zu dem Schluß gelangen, daß das Motiv das war, was heute ethnische Flurbereinigung genannt wird, und das war nicht neu. Wer nur die Vorgänge in Jugoslawien betrachtet, kann schließen, daß das Motiv Bekämpfung der Partisanen war. Einige Gauleiter in Deutschland verlangten die Deportierung der Juden aus ihren Gauen, um Wohnraum für Nichtjuden frei zu bekommen, der nach den Bombenangriffen auf deutsche Städte immer knapper wurde. Doch wäre es ein großer Fehler, die jeweiligen Befunde zu verallgemeinern. Erst aus dem Gesamtzusammenhang können sich zuverlässige Schlüsse auf die übergeordneten Motive ergeben.

Im November 1942 wurden die norwegischen Juden aus Oslo und Drontheim nach Auschwitz deportiert. Warum? Sie waren keine unnützen Esser, denn sie konnten sehr wohl im Lande ernährt werden, und jedenfalls war ihre Zahl so klein, daß entsprechende Probleme dadurch nicht nennenswert gemildert wurden. Aus dem gleichen Grunde waren die norwegischen Juden auch kaum ein Sicherheitsrisiko für die Besatzungsmacht. So könnte man als Motiv vermuten, daß Norwegen Teil eines judenfreien Großgermanischen Reiches werden sollte.

Im März 1943 begannen die Deportationen aus Griechenland, und nun wird die Frage nach den Motiven immer rätselhafter. Griechenland war nicht als deutscher Lebensraum vorgesehen. Es fiel in den italienischen Machtbereich. Warum sollten die Deutschen den Italienern zu einem judenfreien Griechenland verhelfen wollen, worauf übrigens die Italiener selbst gar keinen Wert legten? Hier könnte man also wieder auf das Motiv der Sicherheit der Besatzungsmacht rekurrieren.

Im Juli 1944 wurden die Juden aus Rhodos nach Auschwitz deportiert.

Hier war natürlich kein deutscher Lebensraum vorgesehen. Rhodos war damals italienisch und erst nach dem Ausscheiden Italiens aus dem Krieg 1943 von deutschen Truppen übernommen worden. Man sollte meinen, daß die
deutsche Führung in der nun äußerst kritisch gewordenen Kriegslage des Sommers 1944 andere Sorgen hatte, als die Inseln im Mittelmeer judenfrei zu machen. Und doch setzte sie für dieses Ziel immer noch beträchtliche Kapazitäten ein. Die Juden von Rhodos wurden zunächst auf Schiffen nach Piräus gebracht und traten am 3. August 1944 von Athen aus eine 1 500 Kilometer lange Eisenbahnfahrt nach Auschwitz an.

Warum? Die Probleme der Versorgung und der Sicherheit waren ohnehin so groß, daß sie durch die Entfernung der 1 674 Juden nicht erleichtert werden konnten. Damit nicht genug, setzten die deutschen Militärbehörden noch im Januar 1945 die 36 Juden, die wegen ihrer türkischen Staatsangehörigkeit nicht hatten deportiert werden können, auf ein Ruderboot und trieben es auf das Meer. Rhodos war judenfrei.

Erst wenn man alle diese und die anderen Vorkommnisse in Deutschland, Polen und der Sowjetunion ebenso wie in Thrakien,

Die Einzigartigkeit des Mordes an den europäischen Juden

Makedonien und Rhodos in den Blick nimmt, kann man den Gesamtzusammenhang erkennen. Man entdeckt dann in den einzelnen Fällen unterschiedliche Motive. Aber erst wenn man berücksichtigt, daß der Gesamtvorgang ungeachtet der einzelnen Motive im ganzen von Deutschland beherrschten Europa offenbar einer einheitlichen Linie folgte, kann man ein zutreffendes Bild gewinnen. Erst in der europaweiten Uniformität und Konformität wird die Einzigartigkeit sichtbar.

Am 6. Oktober 1943 sprach Himmler mit erstaunlicher Offenheit zu den Reichs- und Gauleitern: »Sie alle«, sagte er zu ihnen, »nehmen es als selbstverständlich und erfreulich hin, daß in Ihrem Gau keine Juden mehr sind.« Warum war das erfreulich? Weil man die Lebensmittelrationen der Juden sparte oder ihre Wohnungen bekommen hatte? Himmler nannte einen anderen Grund: »Alle deutschen Menschen – abgesehen von einzelnen Ausnahmen – sind sich auch darüber klar, daß wir den Bombenkrieg, die Belastungen des vierten und des vielleicht kommenden fünften und sechsten Kriegsjahres nicht ausgehalten hätten und nicht aushalten würden, wenn wir diese zersetzende Pest noch in unserem Volkskörper hätten.«

Das aber konnte ja allenfalls für die Juden in Deutschland gelten. Die meisten anderen lebten doch gar nicht im deutschen »Volkskörper«. Warum wurden sie entfernt? An vielen Orten wurden sie als eine Gefahr im deutschen Machtbereich hinter der Front betrachtet. Aber an manchen anderen bestand eine Front überhaupt nicht. Und waren die Frauen und die Kinder auch eine Gefahr?

Himmler gab darauf eine Antwort: »Es trat an uns die Frage heran: Wie ist es mit den Frauen und Kindern? – Ich habe mich entschlossen, auch

hier eine ganz klare Lösung zu finden. Ich hielt mich nämlich nicht für berechtigt, die Männer auszurotten – sprich also umzubringen oder umbringen zu lassen – und die Rächer in Gestalt der Kinder für unsere Söhne und Enkel groß werden zu lassen. Es mußte der schwere Entschluß gefaßt werden, dieses Volk von der Erde verschwinden zu lassen.«

Das war offensichtlich ein Widerspruch. Erst hatte Himmler argumentiert, die Juden hätten aus dem »Volkskörper« verschwinden müssen, und nun sagte er: »von der Erde«. Das entsprach immerhin dem wirklichen Vorgang. Aber es verbietet die Annahme eines insgesamt auch nur annähernd rationalen Motivs. Es gibt auf diese Frage keine Antwort, und es kann sie nicht geben. Was man feststellen kann, ist allein, daß es einen Mord dieser Art zuvor nicht gegeben hatte.

Die Einzigartigkeit ergibt sich auch aus Vergleichen mit anderen Vorgängen, die gelegentlich als gleichartig angeführt werden. In diesem Sinne werden an erster Stelle immer wieder die Massaker an den Armeniern im Osmanischen Reich während des Ersten Weltkrieges genannt. Sie waren jedoch nach allem, was wir wissen, eher von brutalen Morden begleitete Deportationen als geplante vollständige Ausrottung des ganzen Volkes.

Vor allem richteten sie sich allein gegen Bewohner des eigenen Landes.

Die Armenier lebten zu beiden Seiten der russisch-türkischen Grenze und sollten aus dem türkischen Grenzgebiet entfernt werden. Dabei entbrannte alter Haß, der schon zuvor in unsäglichen Greueln zum Ausbruch gekommen war. Aber er blieb auf das eigene Staatsgebiet beschränkt, und das ist der Hauptunterschied zum deutschen Mord an den Juden.

Viel genannt werden auch die bolschewistischen Morde. Gelegentlich wurde ein Chef der Tscheka zitiert, der Ende 1918 erklärte: »Wir sind dabei, die Bourgeoisie als Klasse auszurotten.« Aber damit ist nicht gesagt, daß er meinte, jeder einzelne Bourgeois werde getötet, geschweige denn die Frauen und Kinder.

Wer solche Vergleiche zieht, setzt sich dem Verdacht aus, er wolle die genannten Vorgänge verharmlosen. Das ist natürlich nicht der Fall, und deswegen soll noch einmal betont werden, daß die hier vorgetragene Definition der Einzigartigkeit weder eine moralische noch eine quantitative ist, sondern eine rein historische. Sie will nicht zum Ausdruck bringen, daß der Mord an den europäischen Juden besonders abscheulich war, denn das waren die anderen Morde auch. Sie hebt auch nicht auf die Zahl der Opfer ab. Sie ist nichts weiter als eine wissenschaftliche Aussage, die besagt: Etwas Derartiges hatte sich zuvor nicht ereignet.

Die Einzigartigkeit des Mordes an den europäischen Juden

Daß zur Erinnerung daran ein Denkmal errichtet werden soll, erscheint so selbstverständlich, daß es eigentlich einer Begründung nicht bedarf. In allen Ländern gibt es zahllose Denkmäler. Warum sollte es dieses eine nicht auch geben? Diese Frage müssen diejenigen beantworten, die dagegen Einwände erheben. Es ist für die nun zehnjährige Kontroverse bezeichnend, daß Einwände mit ganz unterschiedlichen Begründungen vorgetragen wurden.

Der grundsätzlichste Einwand, der aber nur selten offen ausgesprochen wird, ist, daß das Denkmal an die eigene Schande erinnert. Das ist wahr. Wahr ist auch, daß viele Denkmäler eher an Triumphe erinnern. Das gilt aber keineswegs für alle. Die am meisten verbreitete Denkmalart ist das Grabdenkmal. Für Tote, die nicht bestattet werden konnten, gibt es auch die Art des leeren Grabdenkmals, des Kenotaphs. In einem gewissen Sinne ist diese Analogie gemeint. Die ermordeten Juden Europas haben kein Grab, und das Denkmal soll eine Art von Kenotaph sein.

Gewiß erinnert es an eine Schande. Aber sie bleibt, ob man ihr nun ein Denkmal setzt oder nicht. Sie kann und soll nicht vergessen und nicht verdrängt werden. Sind übrigens die Konzentrationslager keine Schande? Und doch hat noch niemand im Ernst vorgeschlagen, es solle deswegen dort keine Denkmäler geben.

Ein oft vorgetragener Einwand ist, das Denkmal solle nicht allein den Juden gelten, sondern allen Opfern des Nationalsozialismus. Dagegen ist zunächst darauf hinzuweisen, daß es ein solches Denkmal bereits gibt, nämlich in der Neuen Wache in Berlin. Natürlich ist auch ein allgemeines Denkmal vorstellbar. Eindrucksvoller aber sind besondere Denkmäler. Sie geben stärkere Anstöße zum Erinnern und zum Nachdenken. Und wenn der Mord an den Juden einzigartig war, dann verdient er ein Denkmal.

Damit würden die Opfer, so wird dieser Einwand mit einem modischen Ausdruck begründet, hierarchisiert oder, wie gelegentlich mit besonderer Infamie hinzugefügt wurde, noch einmal selektiert wie auf der Rampe von Auschwitz. Ganz abgesehen davon, daß dort niemals zwischen Juden und Nichtjuden selektiert wurde, ist mit dem Denkmal keine Hierarchisierung der Opfer beabsichtigt. Für die Opfer ist es vollkommen unerheblich, im Namen welchen

Prinzips sie ermordet wurden. Alle verdienen Respekt. Es wäre in der Tat sehr anstößig, wenn man die unschuldig Ermordeten in verschiedene Kategorien einteilen wollte.

Wenn überhaupt etwas hierarchisiert werden kann und soll, dann sind es die historischen Vorgänge. Geschichte kann man nur begreifen, wenn man die Unterschiede nicht einebnet. Deswegen ist hier noch einmal die Einzigartigkeit hervorgehoben worden. Sie jedoch, lautet ein weiterer Einwand, sei nicht darstellbar. Selbstverständlich kann kein Denkmal die Geschichte darstellen. Kein Grabdenkmal stellt das Leben des Bestatteten dar, kein Bismarckdenkmal kann eine Bismarckbiographie ersetzen. Alle können nur Anstöße geben zum Erinnern und zum Nachdenken.

Viele Einwände richten sich gegen die Größe und die Gestalt des Denkmals. So berechtigt solche Einwände sein können, so ist doch wiederum infam, wenn bezüglich der Größe ausgerechnet Analogien aus dem Umfeld der Mörder herangezogen werden wie zum Reichssportfeld oder zu Hitlers Baumeister Albert Speer. Es ist andererseits nicht logisch, wenn aus dem Einwand, das Denkmal oder das vorgesehene Grundstück sei zu groß, der Schluß gezogen wird, es solle überhaupt keines geben.

Es ist zu wünschen, daß die Auseinandersetzung endlich sachlich und offen geführt wird. Dann ist die erste Frage, ob ein solches Denkmal in Berlin errichtet werden soll. Nur wer sie bejaht, kann vernünftigerweise darüber diskutieren, wo es stehen und wie es gestaltet werden soll. Wer sie aber verneinen will, sollte sich nicht hinter den Gestaltungsfragen verstecken, sondern unmißverständlich sagen, warum ein solches Denkmal nicht errichtet werden soll.

Erst wenn diese Grundsätze anerkannt sind und befolgt werden, kann die Auseinandersetzung zu einem würdigen Abschluß gelangen. Ich will am Schluß noch zwei Prognosen wagen. Die eine lautet: Selbst wenn auch der gegenwärtige dritte Anlauf scheitern sollte, es wird früher oder später in Berlin ein Denkmal für die ermordeten Juden Europas geben. Und die andere: Der Streit wird in dem Augenblick beendet sein, wenn das Denkmal gebaut ist. Denkmäler sind immer nur umstritten, bis sie gebaut sind.

Tilman Fichter
Zur Vorgeschichte des Denkmals:
Fünf Generationen nach Auschwitz

Bis zum 25. Juni 1999, dem Tag, an dem der 14. Deutsche Bundestag auf seiner 48. Sitzung eine positive Grundsatzentscheidung fällte, war für mich persönlich nicht klar, ob wir Deutschen das Denkmal zu Ehren der ermordeten Juden Europas, über das so lange und kontrovers gestritten worden war, noch in diesem Jahrhundert errichten würden. Trotz dieser Skepsis habe ich mich seit nunmehr 10 Jahren dafür eingesetzt, daß solch ein zentraler Erinnerungsort in der Mitte des neuvereinigten Berlins geschaffen wird. Wer dieses Vorhaben – wie Martin Walser (Jg. 1927) – für einen »fußballfeldgroßen Alptraum«[1] hält oder – wie Walter Jens (Jg. 1923) – als »makabres Reichsopferfeld«[2] verunglimpft, hat meines Erachtens nicht begriffen, daß durch das Stelenfeld – so der ehemalige SPD-Vorsitzende Hans-Jochen Vogel (Jg. 1926) – keine kollektiven nationalen »Schuldkomplexe« konserviert oder gar »Rituale der Betroffenheit« zelebriert werden sollen. An diesem Ort der Stille – man könnte ihn auch, wie der Kunstkritiker Eduard Beaucamp, einen Platz der »Ausdrucksmacht der Kunst« nennen – können Menschen von heute darüber nachdenken, zu welchen Taten Menschen von gestern in Deutschland (und Österreich) fähig gewesen sind. Mit anderen Worten: Das begehbare Erinnerungsfeld wird kein Ort der kollektiven Einschüchterung bzw. der nationalen Schande sein, sondern ein Ort der Nachdenklichkeit und der Trauer. Als Resümee nach diesem zehnjährigen Engagement steht für mich fest, daß nur eine stabile, selbstbewußte Republik in Deutschland einen solchen Ort zu schaffen vermag.

»Denk-Male« sagen zwangsläufig immer auch etwas über den herrschenden Zeitgeist bzw. die dominierende Ästhetik in einer bestimmten Epoche aus und können bestenfalls das kollektive Nachdenken anregen. Nationale »Denk-Male« sind zugleich zentrale Orte, die für die demokratische Identität einer Nation von Bedeutung sind. Zehn Jahre nach der Neuvereinigung Deutschlands verleiht ein zentrales »Denk-Mal« der zweiten deutschen Demokratie, das an den Zivilisationsbruch erinnert, dem nationalen Konsens darüber dauerhaften Ausdruck, auch wenn marginale nationalkonservative, völkische bzw. reichsfixierte Gruppierungen³ in der Intelligenz oder größere Protestkulturen im rechtspopulistischen Spektrum der Gesellschaft dem dezidiert widersprechen. So polemisierte z.B. Hans-Dietrich Sander in seinen »Staatsbriefen« gegen das Denkmal und nannte es ein »Symbol des vereinigten Besatzungsstaates«. Sander unterstellt dem »Förderkreis« bzw. dem Bundestag, sie stünden unter ausländischem Einfluß. Offensichtlich glaubt er selbst an dieses Verschwörungsszenario. Wolfgang Thierses Diktum in der Bundestagsdebatte, wir bauten das Denkmal »nicht für die Juden, sondern für uns«, kann er daher nur mißverstehen. Dieses Denken in Verschwörungskategorien ist für große Teile der »Neuen Rechten« charakteristisch und nicht zuletzt deshalb gefährlich, weil solche Phantasmagorien in Krisenzeiten auch von anderen Bevölkerungsgruppen aufgegriffen werden können.

Der zentrale Ort südlich vom Brandenburger Tor ist übrigens nicht – wie Kritiker unseres Projektes oftmals behauptet haben – beliebig. Denn dort, wo einst u. a. die Familie des Nazi-Propagandaministers Goebbels wohnte, planten die Hitleristen die Eroberung Europas und die Ermordung der Juden. Der vorgesehene Standort bezieht sich also sowohl auf die Geschichte des industriellen Judenmordes; er wird zugleich aber auch der zentralen Bedeutung gerecht, die diesem Thema für die politische Identität in der zweiten Republik zukommt. Wenn wir das Denkmal für die ermordeten Juden Europas bauen, holen wir damit zugleich die ermordeten deutschen Juden, die von den Nazis stigmatisiert, ausgegrenzt, vertrieben und ermordet wurden, in das kollektive Gedächtnis der Deutschen zurück.

Es ist falsch, wenn Kritiker des Denkmals in diesem Zusammenhang immer wieder auf die KZ-Gedenkstätten in Deutschland als »authentische Orte« hinweisen. Denn die Juden Europas wurden von der SS in den abgelegenen Vernichtungslagern auf polnischem Boden erschossen, vergast und verbrannt. Die Orte des systematischen Völkermordes heißen – wie Lea Rosh in diesem Buch an anderer Stelle bereits dargestellt hat – Chelmno, Belzec, Sobibor, Treblinka, Majdanek und Auschwitz. In den deutschen Konzentrationslagern wie Dachau, Sachsenhausen, Buchenwald oder Esterwegen isolierten die Nazis hingegen vorwiegend ihre politischen Gegner. Zwar drangsalierte die SS in den KZs hunderttausende von Hitlergegnern und beraubte sie jeglicher Menschenrechte; trotz zahlreicher Mißhandlungen und Morde planten die Nazis jedoch nicht die systematische Ermordung all ihrer politischen Gegner. Der systematische Völkermord an den europäischen Juden ist einzigartig.

Logik des Massenmordes

Nicht zu Unrecht gingen die Nazis bei ihrer »Verheimlichungsstrategie« des Judenmordes (Dan Diner) davon aus, daß ihre »Untaten« in den Vernichtungslagern so »unglaublich« seien, daß eventuelle Berichte darüber – etwa von Soldaten auf Heimaturlaub – als »phantastisch und unglaubwürdig« zurückgewiesen werden würden. Daß das »Unglaubliche tatsächlich unglaubwürdig« war, hat sich freilich leider vollauf bestätigt. Berichte von jüdischen Häftlingen, die aus den polnischen Vernichtungslagern fliehen konnten und die Dimensionen dieses systematischen Völkermordes schilderten, wurden nicht nur von alliierter Seite, sondern auch von jüdischen Organisationen in den USA viel zu lange als Propaganda abgetan.

Die Deportation und Ermordung der Juden war, spätestens seit 1941, ein unausgesprochenes Hauptziel der NS-Kriegspolitik. Dem Massenmord an den Juden ordneten die SS-Bürokraten schließlich auch die Logik des Krieges unter: Die Menschentransporte aus Ungarn, Frankreich oder Italien in die polnischen Vernichtungslager waren den »Eichmann-Männern« (Hans Safrian) letztlich sogar wichtiger als die Nachschubtransporte der Wehrmacht zur Front. Im Grunde bleibt dieser technokratisch-industrielle Massenmord – aller Geschichtsforschung, Museumspädagogik oder »Mündlicher Geschichte« zum Trotz – auch heute noch ein »Niemandsland des Verstehens« und ein »Schwarzer Kasten des Erklärens«(Dan Diner)[4]. Die Unvorstellbarkeit der Shoah hat in den westdeutschen Nachkriegsgenerationen die Tendenz verstärkt, aus der eigenen Nationalgeschichte auszusteigen. Man fühlte sich ja schon längst als Europäer und nicht etwa als Deutscher.

»Im Hause des Henkers«

Einer von Gershom Scholem aufgestellten provokativen These zufolge hat ein substantielles deutsch-jüdisches Gespräch in diesem Jahrhundert nie wirklich stattgefunden. Für Scholem lag »die Vermutung nahe, daß die deutsch-jüdische Lebens- und Geistesgemeinschaft eine jüdische Fiktion war...«. Zwar veranstalteten evangelische und katholische Akademien nach dem Zweiten Weltkrieg zahlreiche »christlich-jüdische Versöhnungstreffen«. Trotzdem schätzte z.B. auch Theodor W. Adorno am Ende der 50er Jahre die Chancen für ein unideologisches Verhältnis zwischen den Juden und Deutschen äußerst pessimistisch ein: »Im Hause des Henkers soll man nicht vom Strick reden; sonst hat man Ressentiment.« Fürwahr, obwohl im Nachkriegsdeutschland der 50er Jahre fast keine Juden mehr lebten, erschienen die Juden der großen Mehrheit der Deutschen als eine ständige Bedrohung. Erwachsene Deutsche, die zum Beispiel beim Abtransport jüdischer Nachbarn weggeschaut hatten, wollten mit ihrer Schuld nicht konfrontiert werden. Insbesondere galt dies für die rund 12 Millionen Ex-NSDAP-Parteimitglieder bzw. die rund 800.000 ehemaligen SS-Männer. Auf diese Verdrängungsmechanismen in der westdeutschen Nachkriegsgesellschaft spielte Adorno an, als er vom »Strick« im Hause der besiegten Täter sprach. Heute sind es allerdings vor allem die damaligen »Kriegskinder« aus früheren Nazifamilien, die häufig große psychologische Rechtfertigungsprobleme haben und sie nur allzuoft durch einen Überschuß an antifaschistischem Pathos auszugleichen suchen. Andere Täterkinder wiederum sind in der Gefahr, die Schuld ihrer Eltern schöner zu reden als sie war. In den meisten Familien stellt – so Heinz Bude – die nationalsozialistische Vergangenheit der Eltern und Großeltern auch heute noch ein sorgsam gehütetes »Familiengeheimnis« dar, um das sich allerlei »Lügen« ranken. Häufig wuchsen diese Kriegskinder in einem »Raum mit dürftigen Informationen« auf, deren Zusammenhang auch heute noch für sie im Dunkeln bleibt [5]. Martin Walsers neuester Roman »Ein springender Brunnen« kann als Beispiel für diese verrätselte Nazi-Kindheit genommen werden. Inwieweit sich der Autor darüber im klaren ist, läßt der Roman offen.

Zur Vorgeschichte des Denkmals

Die antiautoritäre Linke in Westdeutschland bzw. West-Berlin hat im Verlauf der Revolte 1967/68 versucht, aus diesem »Haus des Henkers« auszubrechen, um im »Haus der Revolution« unterzuschlüpfen (Detlev Claussen). Doch trotz der »politischen Reflektionsschule im SDS« (Oskar Negt), spielten damals historisch falsche Analogien eine verhängnisvolle Rolle. Die unhistorische Gleichsetzung unterschiedlicher historischer Epochen führte schließlich bei manchen von uns zu einer fatalen Identifikation der damaligen politisch-gesellschaftlichen Lage mit der Situation zu Beginn der 30er Jahre. Ulrike Meinhof und ihre Freunde glaubten in der Tat, sie müßten mit Waffengewalt verhindern, daß das westdeutsche Bürgertum die Macht an politische Rechtskräfte übergeben würde. Die Versuchung, in Analogien zu denken, ist – so Oskar Negt – dann besonders groß, wenn eine »wirkliche Aufarbeitung der Vergangenheit« nicht stattgefunden hat.

Etwas anders sah die Konstellation in der DDR aus: Für die inhaftierten Kommunisten in den Zuchthäusern und KZs der Nazis war »Anti-Faschismus« – so Antonia Grunenberg – zunächst einmal eine »Überlebensstrategie«. Stalins Einkreisungsdoktrin aus den 30er Jahren, derzufolge große Teile der Außenwelt aus »Feindesland« bestünden, wurde von der SED-Führung unter Walter Ulbricht nahtlos übernommen. Statt einer radikalen Demokratisierung der Gesellschaft im Sinne von Rosa Luxemburg propagierte die Einheitspartei Autoritätsgläubigkeit, Disziplin und seit 1980 zudem eine weitgehende Militarisierung der DDR-Gesellschaft. Vielen Jugendlichen in der DDR wurde damit jeder kritische Zugang zur NS-Geschichte verstellt. Die »antifaschistischen« Feiertage und die KZ-Gedenkstätten in der DDR dienten – so Thomas Hoffmann – jedoch nicht nur der »Selbstfeier« des SED-Staates, sondern wurden von der Einheitspartei auch zum Anlaß genommen, die Bundesrepublik »faschistischer« Tendenzen zu verdächtigen. Kurzum: Die beiden deutschen Teilgesellschaften, die seit 1990 recht und schlecht zusammenwachsen, stehen ihrer jeweiligen Vorgeschichte noch immer ziemlich unkritisch gegenüber.

Ein Areal an der Mauer

Bis Mitte der 80er Jahre lag in Berlin-Kreuzberg ein unmittelbar an der Mauer gelegenes Gelände brach, auf dem sich bis zum Kriegsende 1945 die Terrorzentrale des Reichssicherheitshauptamtes, der Gestapo und der SS befunden hatte. Mitte der 50er Jahre ließ der Westberliner Senat die letzten Fassadenreste »abräumen«, und in den 60er Jahren betrieb dort ein Berliner Original ein »Autodrom«. Erst 1980 machte der Stadthistoriker Dieter Hoffmann-Axthelm auf die einstige Nutzung des Geländes durch SS, SD und Gestapo aufmerksam und rekonstruierte die Geschichte dieses Areals in einem Gutachten für die »Internationale Bauausstellung«. Daraufhin schrieb der Senat einen Wettbewerb aus. Eine Jury vergab im April 1984 einen ersten Preis an Jürgen Wenzel. Der damalige Regierende Bürgermeister, Eberhard Diepgen (CDU), verhinderte jedoch, daß der erste Preis realisiert wurde – ein Vorgang, der sich später noch des öfteren wiederholen sollte.

Anläßlich der 750-Jahr-Feier Berlins im Jahr 1987 baute der Senat unter dem Druck der Öffentlichkeit einen Behelfsbau für die ständige Ausstellung »Topographie des Terrors« über Täter und Opfer im Nationalsozialismus. Wenig später forderte die SPD-nahe Bürgerinitiative »Perspektive Berlin«, an diesem Ort der Täter solle ein unübersehbares Denkmal zum Gedenken an Millionen ermordete europäische Juden errichtet werden. Die Debatte über ein zentrales Denkmal in Berlin nahm hier ihren Anfang. Ich halte es für notwendig, punktuell an die lange Vorgeschichte des Denkmalprojektes zu erinnern, denn sie verdeutlicht, wie groß bis vor kurzem die Gefahr war, daß es in einer qualvollen gesamtdeutschen Dauerdebatte zerredet werden könnte. Erst die Generation der Kriegskinder hat – wie ich noch ausführen werde – diesem Trauerspiel endlich ein Ende gesetzt.

Zentrale Gedenkstätte oder Haus der Erinnerung?

Am 30. Januar 1989, dem 56. Jahrestag der Machtübergabe an Hitler durch Reichspräsident Hindenburg, veröffentlichte die Bürgerinitiative einen Aufruf an den Senat von Berlin, die westdeutschen Länderregierungen sowie die christdemokratisch-liberale Bundesregierung in Bonn, in dem es u. a. hieß: »Ein halbes Jahrhundert ist seit der Machtübernahme der Nazis und dem Mord an den Juden Europas vergangen. Aber auf deutschem Boden, im Lande der Täter, gibt es bis heute keine zentrale Gedenkstätte ...«. Dieser Aufruf fand schon bald die öffentliche Unterstützung von 25 Persönlichkeiten des öffentlichen Lebens aus beiden deutschen Teilstaaten, darunter Willy Brandt, Volker Braun, Margherita von Brentano, Hanns Joachim Friedrichs, Günter Grass, Christoph Hein, Inge und Walter Jens, Udo Lindenberg, Otto Schily, Heiner Müller und Christa Wolf. Die Resonanz, die der Aufruf in der Bevölkerung fand, war beachtlich: Mehr als 10.000 Frauen und Männer aus beiden Teilen Deutschlands unterstützten den Aufruf mit ihrer Unterschrift, nachdem der Text erstmals am 30. Januar 1989 in der »Frankfurter Rundschau« abgedruckt worden war. So ging z.B. noch am selben Tag bei der Bürgerinitiative »Perspektive Berlin« eine Unterschriftenliste aus der ostdeutschen Luther-Stadt Wittenberg ein, die von Mitgliedern der Familie Schorlemmer initiiert worden war.

Seit damals ist jede Menge Wasser die Spree herabgeflossen.

Die Konstellationen in dieser Dauerdebatte veränderten sich im Verlaufe der Jahre mehrfach, doch die Blockadesituation blieb bestehen. Ich hatte damals den Eindruck, daß wir uns in einem kafkaesken »SPIEGEL«kabinett verirrt hatten. Nur eines schien sicher: Der Berliner OB Diepgen führte jedesmal die Front der Verweigerer an.

Nach dem Wahlsieg von Rot-Grün im Herbst 1998 kam es zu einer erneuten Volte: Nun lehnte der von Gerhard Schröder (SPD) als Staatsminister für Kultur ernannte Verleger Michael Naumann das geplante Denkmal in einer Stellungnahme gegenüber dem ZDF ab. Dem Entwurf von Peter Eisenman und Richard Serra attestierte er am 21. Juli 1998 im West-Berliner Tages«SPIEGEL« »etwas bürokratisch, Albert Speerhaft-Monumentales«. Kurz darauf einigte sich Naumann dann jedoch überraschend mit dem New Yorker Architekten Eisenman auf eine Verkleinerung des Stelenfeldes, dem ein erweiterten Holocaust-Gebäudekomplex beigegeben werden sollte: In einem »Haus der Erinnerung« sollten eine riesige Bibliothek, großzügige Ausstellungsräume, das »Leo-Baeck-Institut« und eine Völkermord-Frühwarneinrichtung untergebracht werden. Obwohl die drei Auslober ursprünglich für das Projekt von den drei Auslobern nur 15 Millionen DM veranschlagt hatten, überraschte Naumann nun mit einer fast 12 mal so hohen Summe von insgesamt rund 170 Millionen DM. Doch auch diese Idee aus dem Hause Naumann gehört heute schon längst wieder zur Makulatur dieses Projektes. Übrig sollte schließlich ein kleines »Haus der Stille« bleiben, das Informationen über die zu ehrenden Opfer anbieten soll. In den Tagen unmittelbar vor der Bundestagsdebatte im Juli gehörte der einstige Kritiker Naumann zu den entschiedenen Unterstützern des Projektes. Auch dies gehört zu den Erfahrungen der letzten Jahre, daß sich Gegner zu Befürwortern entwickelten, während aus Befürwortern Gegner wurden. Mittlerweile tritt Naumann erneut für eine Ausweitung der Kosten für den geplanten Zusatzbau ein. Die bisher kursierenden Kostenbegrenzungen des Gesamtprojekts auf höchstens 20 Mill. DM möchte Naumann nun auf das Doppelte erhöhen. Trotz des eindeutigen Beschlusses des Bundestages, das Denkmal den ermordeten Juden Europas zu widmen, spielt der Staatsminister jetzt erneut mit dem Konzept, im »Haus der Erinnerung« allen Opfergruppen zu gedenken.

Warum erst jetzt?

Im Januar 1995 erläuterte der Publizist Henryk N. Broder im West-Berliner »Tages«SPIEGEL«« seine ablehnende Haltung gegenüber dem Denkmal-Projekt. Sein Hauptargument: »Wenn vor 20 oder 30 Jahren jemand auf die Idee gekommen wäre, ein Denkmal zur Erinnerung an die ermordeten Juden zu bauen, hätte dieser Einfall unterstützt werden müssen.« Tatsächlich stellt sich die Frage, warum in den 50er bzw. 60er Jahren in der Bundesrepublik Deutschland niemand auf die Idee gekommen ist, ein solches Denkmal für die ermordeten Juden Europas zu errichten? Broders indirekte Frage ist also durchaus gerechtfertigt. Sie trifft den Punkt, daß in der Bundesrepublik die »kollektiven Verdrängungsenergien« (Michel Friedmann) nach 1949 stärker ausgeprägt gewesen sind als der Wunsch, die jüngste deutsche Vergangenheit selbstkritisch aufzuarbeiten.

Vor 20 oder 30 Jahren – so Broder – hätte ein solches Denkmal noch in einem »aktuellen Kontext« gestanden: Die »Richter, die im ›Dritten Reich‹ Terrorurteile gefällt hatten, waren noch am Leben. Die Erben der arisierten Vermögen hatten noch eine Ahnung, wie ihr Vermögen ursprünglich akkumuliert worden war, Journalisten, die der Propaganda-Maschine der Nazis gedient hatten, saßen, zu Demokraten gewendet, in allen Redaktionen und machten sich« – wie z. B. der Moderator des damals allseits beliebten ARD-Frühschoppens, Werner Höfer – »für die deutsch-jüdische Aussöhnung stark. In einer solchen Situation wäre ein Holocaust-Denkmal eine Herausforderung gewesen...«. Broder hat völlig recht. Ein Denkmal, etwa am Bonner Rheinufer, für die ermordeten Juden Europas hätte in den 50er oder 60er Jahren in der politischen Klasse des westdeutschen Teilstaat zu erbitterten Kontroversen geführt. Deshalb wurde ein solcher Vorschlag damals von niemandem ernsthaft gemacht. Broder übersieht jedoch, daß unser Denkmal-Projekt auch heute noch – und dies seit nunmehr rund zehn Jahren – im neu vereinigten Deutschland eine erbitterte Kontroverse nach der anderen ausgelöst hat. Und er übersieht auch, daß es nicht erst heute, sondern bereits vor 20 oder 30 Jahren engagierte Kritiker der bundesrepublikanischen Verdrängungsunkultur gegeben hat, die den damals erforderlichen Mut besaßen, für eine Aufarbeitung der NS-Vergangenheit einzutreten. Ich denke hier z. B. an Frauen und Männer wie Margherita von Brentano, Reinhardt Strecker oder Erich Lüth.

»Ungesühnte Nazijustiz«

So beschloß z. B. die ordentliche Delegiertenkonferenz des »Sozialistischen Deutschen Studentenbundes« (SDS) bereits am 30. Juli 1959 in Göttingen (damals gegen nur eine Gegenstimme), die von Reinhardt Strecker in West-Berlin vorbereitete »Aktion gegen Nationalsozialistische Juristen«, die zum damaligen Zeitpunkt in der Bundesrepublik erneut Ämter bekleideten, aktiv zu unterstützen. Der sozialistische Studentenbund gab der Aktion den Namen »Ungesühnte Nazijustiz« und forderte seine Hochschulgruppen auf, die Aufklärungsaktion (auch ohne die Billigung der SPD) zu unterstützen. Damals zeichnete sich ab, daß die gesetzlich vorgeschriebene Verfolgungsfrist für einen Großteil der während der NS-Ära von Richtern und Staatsanwälten in »Sonder- und Volksgerichtshöfen« verübten Verbrechen gegen die Menschlichkeit am 31. Dezember 1959 verjährt sein würden. Eine Ausstellung mit Dokumenten über diese schwer belasteten Richter und Staatsanwälte sollte in Karlsruhe, dem Sitz des Bundesverfassungsgerichtes gestartet werden. Nach einigen publizistischen Auseinandersetzungen über die Herkunft der Dokumente – sie kamen nicht nur, wie behauptet, aus der DDR, sondern auch aus Polen und Israel – wurde die Wanderausstellung schließlich in West-Berlin, Tübingen, München, Freiburg im Breisgau, Stuttgart und im westlichen Ausland in Amsterdam, Leyden, Utrecht, Oxford und London gezeigt. Am 25. Januar 1960 stellte Strecker im Auftrag des SDS-Bundesvorstandes Strafanträge gegen 43 schwer belastete bundesrepublikanische Juristen. Kein einziger dieser Juristen wurde übrigens später von der bundesrepublikanischen Justiz rechtskräftig verurteilt. Dennoch war die Aufklärungskampagne des SDS nicht völlig sinnlos. Denn mit durch diese Aktion wurde im parlamentarischen Raum eine Debatte angestoßen, an deren Ende schließlich eine Verlängerung der Verjährungsfristen für NS-Verbrechen stand.

»Friede mit Israel«

Erich Lüth (SPD), Direktor der »Staatlichen Pressestelle in der Freien und Hansestadt Hamburg«, hatte bereits am 1. September 1951 in einem Artikel in der von der britischen Militärregierung herausgegebenen Tageszeitung »Die Welt« die deutsche Studentenschaft zu einer Kampagne unter dem Motto »Wir bitten um Frieden mit Israel« aufgerufen. Hintergrund für diesen Vorstoß war die Weigerung des israelischen Ministerpräsidenten Ben Gurion, sich der Erklärung von 47 Staaten anzuschließen und den Kriegszustand mit der Bundesrepublik Deutschland zu beenden. In einer Erklärung der israelischen Regierung, die im Sommer 1950 durch die

Presse gegangen war, hatte Ben Gurion konstatiert, daß es an konkreten Beweisen für einen kollektiven Gesinnungswandel der Deutschen nach wie vor völlig fehle. Es sei ganz unverkennbar, so schrieb Lüth damals, »daß in deutschen Regierungen, Parlamenten und anderen politisch-geistigen Gremien große Unsicherheit darüber bestehe, wie man sich denn überhaupt zum jüdischen Problem äußern soll.« Um diese schwierige Situation zu überwinden, unterstützten daraufhin sozialistische und liberale Studentengruppen demonstrativ eine Sammelaktion für den Anbau von Ölbäumen in Israel. Eine größere Öffentlichkeit erzielte die Kampagne »Friede mit Israel« aber erst, als die SDS-Hochschulgruppe in Freiburg im Breisgau zusammen mit der dortigen »Katholischen Studentengemeinde« dazu aufrief, die Aufführung des Veit-Harlan-Films »Hanna Amon« mit einer notfalls militanten Blockade zu verhindern. (Harlan hatte im »Dritten Reich« u. a. das antisemitische Machwerk »Jud Süß« gedreht).

Proteste gegen neue Harlan-Filme

Die Freiburger Studenten wurden damals von einer noch immer weit verbreiteten offen antisemitischen Pogromstimmung überrascht. Die meisten Polizisten weigerten sich, gegen Passanten einzuschreiten, die die demonstrierenden Studenten mit Beschimpfungen wie »Ihr Judenlümmel!«, »Heil Hitler« oder »FDJ-Schweine« bedachten und zum Teil sogar tätlich angriffen. Statt die – teilweise kriegsverletzten – Demonstranten vor der aufgebrachten kleinbürgerlichen Menge zu schützen, ging die Freiburger Polizei gegen die Demonstranten vor und verhaftete demonstrativ einige der Studenten und Gewerkschafter. Angesichts dieser antisemitischen Ausschreitungen verbot der badische Staatsminister Leo Wohleb (CDU) schließlich jede weitere Aufführung des Films in Freiburg. Militante Demonstrationen gegen Veit-Harlan-Filme fanden damals auch in Frankfurt am Main, Bonn, Münster, Göttingen und Marburg statt. Durch diese öffentlichkeitswirksamen Aktionen wollten die politischen Studentengruppen eine stillschweigende Rehabilitierung von antisemitischen Propagandisten wie Harlan im bundesrepublikanischen Kulturbetrieb verhindern. Erich Lüth, der damals demonstrativ zu diesen Aktionen aufgerufen hatte, wurde deshalb von der bundesrepublikanischen Justiz rund zehn Jahre lang verfolgt und wegen des Verstoßes gegen die Meinungsfreiheit zu einer hohen Geldstrafe verurteilt. Der Betrag wurde zunächst durch eine Spendensammlung aufgebracht. Schließlich gewann Lüth diese Auseinandersetzung 1958 in der letzten Instanz vor dem Bundesverfassungsgericht. Seit damals sind politisch begründete Boykottaufrufe in der Bundesrepublik Deutschland nicht mehr grundsätzlich verboten und stehen mit den Bürgerrechten in Einklang. Ein Stück bundesrepublikanischer Nachkriegsgeschichte, das heute in Vergessenheit geraten ist.

»Oberländer, Globke...«

Am 18. Januar 1960, während einer Protestkundgebung der ASten der »Freien Universität Berlin« und der »Technischen Universität Berlin« gegen jüngste Hakenkreuz-Schmierereien, kam es zu Handgreiflichkeiten zwischen Polizei und Studenten. Während der Rede des Berliner Innensenators Joachim Lipschitz (SPD) hatten Mitglieder des SDS, des »Liberalen Studentenbund Deutschlands« (LSD), der »Deutsch-Israelischen Studiengemeinschaft« und der Studentenbühne an der FU, Pappschilder und ein großes Transparent mit den Namen »Oberländer, Globke, Schröder« auf den Kundgebungsplatz getragen. Lipschitz (selbst ein Opfer der NS-Justiz) bezeichnete daraufhin die Studenten spontan als »kommunistische Demonstranten«, die »nach Hause in den Ostsektor« geschickt werden sollten. Bereitschaftspolizisten und Beamte der Politischen Polizei gingen mit Gummiknüppeln gegen die studentischen Demonstranten vor und verhafteten zehn Studenten. Zwei Stunden nach der Verhaftung erklärte die Polizei-Pressestelle, daß es sich nicht um kommunistische Provokateure, sondern um immatrikulierte Studenten der »Freien Universität Berlin« handle. Für die Westberliner Polizeiführung habe es allerdings, ebenso wie für die Kundgebungsteilnehmer, den Anschein gehabt, die Studenten seien Kommunisten. Wenige Stunden später zeigte sich Innensenator Lipschitz im Berliner Regionalfernsehen persönlich betroffen: »Was die Studenten haben ausdrücken wollen, hat meine volle Sympathie.«[6] Tragisch an dieser Konfrontation war freilich ein doppeltes Mißverständnis. Im Dritten Reich hatte Joachim Lipschitz, der vor 1933 dem »Sozialistischen Schülerbund« und dem »Jungbanner Schwarz-Rot-Gold« angehört hatte, wegen seiner »nicht-arischer Abstammung« nach dem Abitur nicht studieren dürfen. Nach Beendigung einer Lehre als kaufmännischer Angestellter wurde er 1933 zunächst zum Reichsarbeitsdienst und danach zur Wehrmacht eingezogen. Bei Minsk verlor er seinen linken Arm und wurde bald darauf als dienstuntauglich aus der Wehrmacht entlassen. Im Frühjahr 1945 trat er in die SPD ein und gehörte dort zum entschiedenen antikommunistischen Flügel. Hier hatte also nicht ein ehemaliger Mitläufer der Braunen oder ein rehabilitierter Ex-Nazi, sondern ein engagierter Antinazi geirrt, als er Studenten der »Freien Universität«, die gegen die Wiederverwendung von Dr. Hans-Maria Globke, dem Kommentator der NS-Rassengesetze, als Staatssekretär im Bundeskanzleramt demonstrierten, als vermeintliche »Kommunisten« verhaften ließ.

»Die Überwindung des Antisemitismus«

Aufgeschreckt durch diese Konfrontation und die Hakenkreuz-Schmieraktionen in Westdeutschland im Winter 1959/60, veranstaltete der SDS-Landesverband Berlin zusammen mit der Studentenzeitschrift »Das Argument« und der »Deutsch-Israelischen Studiengemeinschaft« an der FU am 13./14. Februar 1960 ein viel beachtetes politisches Seminar in Kasino des Rathauses Kreuzberg zum Thema »Die Überwindung des Antisemitismus«. Auf der von 140 FU-Studenten besuchten Tagung referierten u. a. die FU-Professoren Helmut Gollwitzer, Wilhelm Weischedel, Ossip K. Flechtheim, Michael Landmann und Dietrich Goldschmidt. Im Schlußbericht der Seminarleitung von Margherita von Brentano und Manfred Rexin hieß es damals u. a.: »Die reinigende Auseinandersetzung mit der nationalsozialistischen Vergangenheit, die ausreichende Aufklärung des Geschehenen und die Unterrichtung der Jugend, auch das Eingeständnis von Irrtum und von Schuld sind versäumt worden. Eindeutige Verbrechen blieben ungesühnt.

Die ideelle und materielle Rehabilitierung der Schuldigen ist schneller und großzügiger betrieben worden als die der Opfer.« Anschließend bildeten die Teilnehmer eine Arbeitsgruppe, die Material über die nationalsozialistische Vergangenheit Deutschlands und ihr Fortwirken sammeln und auswerten sollte, um sie den Parteien, Behörden und der Öffentlichkeit zu unterbreiten. Aus dieser Arbeit entstand im Wintersemester 1960/61 am »Philosophischen Seminar« der »Freien Universität« eine von Margherita von Brentano und Peter Furth geleitete Seminarübung zum Thema »Antisemitismus und Gesellschaft«. Später erarbeitete eine kleine Forschungsgruppe einen umfangreichen Bericht zur Geschichte des Antisemitismus. Ich erwähne die Aktivitäten von Margherita von Brentano auch deshalb, weil die mittlerweile verstorbene Philosophin Ende der 80er Jahre mit zu denen gehört hat, die den »Förderkreis zur Errichtung eines Denkmals für die ermordeten Juden Europas« initiiert haben. Insofern zeigt sich durchaus eine personale Kontinuität zwischen der damaligen Kritik an der westdeutschen Vergangenheitspolitik und dem jetzigen Denkmalprojekt.

Generationsblockaden

Der Umgang mit der NS-Vergangenheit zwischen den Jahren 1945 und 1968 wurde in Westdeutschland im wesentlichen durch drei Alterskohorten[7] geprägt: Die »Weimarer Generation« (vor 1910 geboren); die »Kriegs- bzw. Front-Generation« (ca. 1910-1925 geboren); die »Flakhelfer- bzw. Hitlerjugend-Generation« (nach 1925 geboren). Diese drei Generationen haben es m. E. allesamt mehrheitlich versäumt, eine selbstkritische Aufarbeitung ihrer generationsssspezifischen NS-Prägung und -vergangenheit anzugehen. Die Gründe für diese kollektive Verdrängung liegen auf der Hand: Schließlich mußten die Alliierten die Massenloyalität der übergroßen Mehrheit der Deutschen gegenüber Hitler mit Gewalt von außen zerschlagen. Der Widerstand gegen die Nazis hatte spätestens ab 1935 in weiten Teilen der Bevölkerung immer weniger Unterstützung gefunden.

Zur Vorgeschichte des Denkmals

Der deutsch-amerikanische Politikwissenschaftler Franz L. Neumann war bereits Anfang der 40er Jahre der Auffassung, der Sturz der Hitler-Clique könne nicht automatisch allein, sozusagen durch eine militärische Niederlage der Wehrmacht, sondern nur durch das »bewußte politische Handeln« von Bevölkerungsteilen erfolgen. Diese Einschätzung hat sich nach der Kapitulation der 6. Armee in Stalingrad (Anfang Februar 1943) als scharfsinnig erwiesen. Als z. B. am 20. Juli 1944 für einen kurzen Moment eine Chance zum kollektiven Handeln bestand, verharrten die Deutschen mehr oder weniger abwartend, obwohl der Krieg bereits zu diesem Zeitpunkt offensichtlich verloren war. Doch die nach wie vor vorherrschende »Teil-Loyalität« (Joachim Perels) gegenüber dem Regime war stärker als alle moralischen Vorbehalte gegenüber dem entfesselten »SS-Herren-und Sklaven-System« (Eugen Kogon).

Aus dieser »Teil-Loyalität« der Deutschen gegenüber dem braunen Unrechtssystem konnten oder wollten sich viele Menschen in Deutschland nach 1945 erst ganz langsam lösen. Den schwierigen Bewußtwerdungsprozeß schilderte unter anderem Günter Grass (Jg. 1927) in seiner Berliner Rede vom 25. Februar 1990: Zunächst erinnerte er sich an den Schock, den er erlebte, als er 1945 als 17-jähriger Flakhelfer in amerikanische Gefangenschaft geriet und dort, mit den Bildern des Grauens aus den Konzentrationslagern konfrontiert, zunächst mit »vertrotzter Stärke an Unbelehrbarkeit« reagierte. Erst nachdem sein früherer HJ-Chef, Baldur von Schirach, die »Hitler-Pimpfe« über Rundfunk von ihrem Eid entbunden hatte, ließ er sich nach und nach auf die Wahrheit ein. Selten hat ein Angehöriger der Flakhelfer-Generation so ehrlich über seine früheren psychologischen Gefühls- und Denkblockaden Auskunft gegeben.

Die Kategorie der Generationen – 1928 von Karl Mannheim in die Soziologie eingeführt – bezieht sich auf die relative Gleichartigkeit, die in einer Generation aufgrund gemeinsamer »Tatsachenerfahrungen« (Theo Pirker) ausgeprägt wird. Ein und dasselbe historische Ereignis wird, so die Beobachtung von Karl Mannheim, von unterschiedlichen Generationen aufgrund ihrer gemeinsamen Sozialisationsgeschichte oft völlig unterschiedlich wahrgenommen bzw. emotional verarbeitet. Mannheims Beobachtung beruhte in den 20er Jahren – so Sibylle Hübner-Funk – vor allem auf seiner »persönlichen Erfahrung zweier zusammenhängender Umbruchsereignisse in Deutschland«: des Ersten (modernen) Weltkrieges und des darauf folgenden militärischen und gesellschaftlichen Zusammenbruchs des wilhelminischen Kaiserreichs im November 1918. Mit anderen Worten: Eine gemeinsam erlebte »Generationenlage« (Karl Mannheim) prägt – sozusagen additional zur Klassensituation, zur Zugehörigkeit zu einer Religionsgemeinschaft oder zu einer spezifischen Kulturlandschaft – das kollektive Fühlen und Denken einer bestimmten Alterskohorte.

Die »Hitlerjugend- und Flakhelfer-Generation«

Am Beispiel der »HJ- und Flakhelfer-Generation« möchte ich hier erläutern, wie eine bestimmte Generationenlage nach 1945 einen Beitrag zur Verdrängung des Nationalsozialismus geleistet hat. Nicht der moderne Massenkrieg oder der Vernichtungsantisemitismus hatte das Verhalten und Denken dieser Altersgruppe geprägt, sondern die Erziehungsmethoden und Rituale des »Jungvolks« bzw. der »Hitlerjugend«. Ziel der NS-Erlebnispädagogik war unter anderem der »volksgebundene« Jugendliche als ideologisch zuverlässiger »Gefolgsmann« bzw. »Gefolgsfrau« gewesen. Die Trennung von Staat und Gesellschaft sollte im Nationalsozialismus in allen Lebenslagen – so Ulrich Hermann 1985 in seiner Studie über die völkische Erziehung – aufgehoben werden.

Peter Schneider erinnerte 1987 in seinem ZEIT-Essay »Im Todeskreis der Schuld« daran, daß auch die kritischen Köpfe dieser HJ-Generation die Jahre in den Zeltlagern der Nazis keineswegs nur als »Schreckensjahre« erlebt hatten: »Es waren Jahre, in denen Jugendliche erwachsen spielen durften, Jahre der Kameradschaft, der Geborgenheit in der Gruppe, des Abenteuers. Diese Spätgeborenen hatten, sofern sie nicht durch ein antifaschistisches Elternhaus davor bewahrt wurden, eine schöne Jugend in all den Jahren ... Diese Generation mußte nicht, wie die damals Erwachsenen, für ihre Begeisterung (für Hitler, T.F.) büßen. Selbstverständlich waren sie zu jung, um die Schrecken des Winterfeldzuges zu erfahren, zu jung für die Jahre der Gefangenschaft in Sibirien, zu jung für die Schmach der Entnazifizierung. Diejenigen, die als Flakhelfer im 'Volkssturm' das letzte Kriegsjahr erlebten, konnten das Ende des (nationalsozialistischen, T.F.) Traums kaum anders als Naturkatastrophe begreifen.« Das galt vor allem für die Jugend in den westlichen Teilen des Deutschen Reiches, weniger für jene, die in Flüchtlingstrecks aus Ost-, Südost- oder Mitteleuropa, aus Ostpreußen, Hinterpommern, Schlesien, Böhmen oder woher auch immer Richtung Westen geflohen sind. Es kam also im Grunde darauf an, wo und unter welchen Umständen man 1944/45 gelebt hatte. Insofern kann man bei der gesamten Alterskohorte der »HJ- und Flakhelfer-Generation« nicht per se immer und überall gleiche Erfahrungen voraussetzen. Die Prägekraft generationsspezifischer Eindrücke kann in Umbruchsituationen oft durchaus verschieden ausfallen. Dennoch trifft Schneiders Charakterisierung für den größeren Teil der »Hitlerjugend- und Flakhelfer-Generation« in Westdeutschland zu: Ihr Generationsbewußtsein war häufig jahrzehntelang durch eine nicht hinterfragte glückliche Jugend in den Zeltlagern des »Jungvolks« bzw. der »Hitlerjugend« oder des »Bundes Deutscher Mädel« geprägt worden.

Die »HJ-Generation« wird Deutschland und vor allem sich selbst diesen generationsspezifischen Makel einer glücklichen, kaum bewältigbaren NS-Jugendzeit nie verzeihen. Zudem hat das Gros dieser Alterskohorte – so schrieb der Ex-Flakhelfer Erhard Eppler (Jg. 1926) in einem offenen Brief an seine Enkelin – das »Autoritäre« nie ganz ausgeschwitzt: Was »demokratische Macht« eigentlich sein könne, habe er erst in der Regierungsarbeit der sozial-liberalen Koalition bei dem Ex-Emigranten Willy Brandt (Jg. 1913) gelernt, der ihm dies vorgelebt habe. Seine Generation – so der Sozialdemokrat Eppler im Zusammenhang des 1995 ausgefochtenen Streits darüber, ob die Zäsur des Jahres 1945 als »Befreiung« oder als »Niederlage« zu bezeichnen sei – sollte man »vielleicht gar nicht fragen, ob wir für oder gegen das NS-Regime gewesen seien. Wir sind in den NS-Staat hineingewachsen, wußten nicht was vorher war, was Demokratie, freie Wahlen oder Menschenrechte seien und konnten uns etwas ganz und gar anderes nicht vorstellen«.

Die »Weimarer Generation«

Im Unterschied zur Flakhelfer- und HJ-Generation konnte sich die Alterskohorte der »Weimarer Generation«, die den kampflosen Untergang der Ersten Republik in Deutschland im Frühjahr 1933 noch bewußt miterlebt hatte, etwas anderes als den NS-Alltag durchaus noch vorstellen. Die zwei dominierenden Persönlichkeiten in den beiden Volksparteien SPD und CDU nach 1945 waren zweifellos Kurt Schumacher (1895-1952) und Konrad Adenauer (1876-1967). Beide Politiker hatten nie irgendwelche Sympathien für die Nazis gehegt: Doch Schumacher, schwer gezeichnet durch seine Verwundung im Ersten Weltkrieg und die rund 11 Jahre lange Gefängnis- und KZ-Haft, war immer mit seinem Leben für seine politischen Ziele eingetreten; während Adenauer die NS-Jahre in seinem Rhöndorfer Haus schlecht und recht ausgesessen hatte. Die beiden ungleichen Parteiführer setzten Anfang der 50er Jahre das sogenannte »Wiedergutmachungsgesetz« gegen eine Mehrheit in der CSU (angeleitet von dem Finanzminister Fritz Schäffer) und eine Minderheit in der FDP unter der Führung des damaligen Justizministers Thomas Dehler durch. Obwohl der Begriff »Wiedergutmachung« auch heute noch ein verbales Ärgernis ist – schließlich können wir Deutsche den Mord an sechs Millionen europäischer Juden nie wieder gutmachen – stellte das komplexe Gesetzeswerk indirekt eine Anerkennung der deutschen Schuld dar. Andererseits besaß die »Weimarer Restelite« nach der Verabschiedung des »Wiedergutmachungsgesetzes« am 18. März 1953 nicht mehr die Kraft für eine kritische Aufarbeitung der jüngsten Vergangenheit. Die Vorgänge in Freiburg und anderen Universitätsstädten im Januar 1952 zeigten blitzlichtartig, wie massiv die Abwehrmechanismen gegen eine weitere Aufarbeitung der Nazi-Verbrechen in Teilen des Kleinbürgertums damals gewesen sind. Nur 11 Prozent der Bevölkerung Westdeutschlands hätten damals – so der frühere israelische Botschafter Avi Primor – dem Gesetzwerk der »Wiedergutmachung« zugestimmt.

Parallel zur »Wiedergutmachungsdebatte« im Bundestag bildete sich an der Frankfurter Johann-Goethe-Universität nach der Rückkehr von Theodor W. Adorno und Max Horkheimer aus dem amerikanischen Exil ein neuer selbstbewußter Focus für eine kritische Sozialforschung im westdeutschen Nachkriegsteilstaat heraus – das »Café Max«, wie die antiautoritären Studenten es schon bald nannten. Jedenfalls hatte die nach Deutschland zurückgekehrte »Kritische Theorie« in den 60er Jahren auf die »neue linke« jenseits der SPD eine außerordentliche intellektuelle Wirkung. Hier ist besonders an die Analysen des NS-Staates von Franz L. Neumann, Otto Kirchheimer, Arkady Gurland und Paul Massing zu erinnern. Bereits Anfang der 40er Jahre war Neumanns Studie über »Struktur und Praxis des NS-Systems« in New York entstanden. Sie blieb jedoch diesseits und jenseits der Mauer lange ein Geheimtip: Erst 1977 erschien der Text in einer deutschen Übersetzung unter dem Titel »Behemoth«. Eine zweite wichtiges Buch, das das Denken der nach 1935 geborenen antiautoritären »Kriegskinder-Generation« stark beeinflußte, waren sicherlich die Studien von Max Horkheimer und Theodor W. Adorno über den »Autoritären Charakter« bzw. den »Funktionswandel der Familie im Sozialisationsprozeß«. Auch diese Autoritätsstudien waren in der etablierten Politik der beiden deutschen Teilstaaten nach 1949 so gut wie unbekannt.

Jenseits des herrschenden Meinungsklimas entstanden in den 50er Jahren also an der »Freien Universität Berlin«, an der »Johann-Goethe-Universität« in Frankfurt am Main, an der Göttinger »Georg-August-Universität« oder an der »Philipps-Universität« in Marburg universitäre Nischen, in denen die NS-kritischen Studien der aus Nazi-Deutschland emigrierten sozialwissenschaftlichen und philosophischen Intelligenz – oft jenseits des offiziellen Wissenschaftsbetriebes – in kleinen neomarxistischen SDS-Zirkeln bzw. in Lesegruppen, wie dem West-Berliner »Argument-Club« rezipiert und diskutiert wurden.

Die Hakenkreuz-Schmierereien vom Dezember 1959 und Januar 1960 in Köln, Hamburg, Bremen, Dortmund, Nordbayern, Rheinland-Pfalz, Braunschweig oder Coburg stießen die Bundesregierung unter Konrad Adenauer in Bonn dann plötzlich in eine Glaubwürdigkeitskrise, die durch den Eichmann-Prozeß in Jerusalem (1961) noch weiter verstärkt wurde. Jenseits der finanziellen »Wiedergutmachung« hatte die Union unter Adenauers Führung nämlich jede grundsätzliche Auseinandersetzung mit den Wurzeln des nationalsozialistischen Vernichtungsantisemitismus Jahre hindurch strikt gemieden. Im Kern vertrat Konrad Adenauer übrigens die Auffassung, die Deutschen seien unfähig, ihre kollektive Schuld im Nationalsozialismus zu begreifen. Sein Schweigen war also nicht zufällig, sondern durchaus überlegt. Die Hakenkreuz-Schmierereien trugen jedoch dazu bei, daß die christdemokratisch-liberale Politik von der verdrängten NS-Vergangenheit eingeholt wurde. Die Regierungsparteien CDU/CSU und FDP führten deshalb fast über Nacht das Pflichtfach »Gemeinschaftskunde« in den Schulen ein und riefen nach Politologen und Soziologen im Schuldienst. In Bonn hoffte man jetzt, die kritische Intelligenz, die mittlerweile in West-Berlin, Frankfurt am Main oder in Göttingen herangewachsen war, könne der etablierten Politik die schwierige Aufgabe der »Vergangenheitsbewältigung« und der demokratischen Aufklärung der jungen Generation abnehmen – und zwar auf der vorpolitischen Ebene der Schule, also jenseits der etablierten politischen Öffentlichkeit.

Die »Kriegsgeneration«

Ich möchte hier einige Überlegungen zur »Kriegs- bzw. Frontgeneration« und ihrer generationsspezifische Rolle in den kollektiven Verdrängungsprozessen nach 1945 hinzufügen. Das Denken dieser Generation war wesentlich durch die Kriegserfahrungen geprägt. Stalingrad, nicht Auschwitz, hatten das politische Denken und Fühlen dieser Alterskohorte beeinflußt. In seiner Abschiedsrede vor dem Deutschen Bundestag am 10. September 1986 erinnerte der frühere Bundeskanzler Helmut Schmidt (SPD, Jg. 1918) noch einmal, quasi stellvertretend für seine Generation, an die spezifischen Kriegs- und Nazismuserfahrungen seiner – übrigens im Krieg stark dezimierten – Altersgruppe: »Als der Krieg zu Ende war, ist es mir gegangen wie Millionen deutscher Soldaten auch. Wir haben mit großer Erleichterung gesagt: Gott sei Dank, es ist vorbei! Im Krieg hatten wir Millionen deutscher Soldaten uns zuallermeist in einem schizophrenen Zustand befunden. Tagsüber haben wir gekämpft, teils weil wir das für unsere Pflicht hielten, teils um unser eigenes Leben zu bewahren, teils um nicht in Kriegsgefangenschaft zu fallen; aber des Nachts wünschten wir uns sehnlichst das Ende des Krieges und der Nazi-Diktatur herbei, schizophren!« Auch wenn diese Sichtweise nur für eine politisch bewußte Minorität dieser Frontgeneration zutreffen mag, so zeigt das Zitat doch die Langzeitwirkung des Kriegserlebnisses für Helmut Schmidts Altersgenossen. Die Erfahrungen von Nationalsozialismus und Krieg, von Angriff, Rückzug, Sieg, Niederlage und schließlich der bedingungslosen Kapitulation, produzierten bei vielen Soldaten eine Überlebensmentalität jenseits eines politischen Verantwortungsbewußtseins. Die Diskrepanz zwischen der Landsermentalität und ihren tradierten politischen Grundüberzeugungen führte nicht selten zu einem unauflösbaren Konflikt, der manchen auch heute noch nicht losläßt.

Stellt man die weit verbreitete Fixierung der »Kriegsgeneration« auf das eigene Fronterlebnis in Rechnung, so verwundert es m.E. auch nicht, daß Helmut Schmidt in den vergangenen zehn Jahren nie große Sympathien für das geplante zentrale Denkmal für die ermordeten Juden Europas gezeigt hat. Vielmehr befürchtete er – wie kürzlich im SPIEGEL zu lesen war – , auf dem Gelände des zukünftigen Denkmals könne in Berlin-Mitte ein »sozialer Brennpunkt« entstehen. Weil – so der Alt-Bundeskanzler – »Beschmierungen, Verstecke für Penner und neonazistische Frechheiten« drohten, sei eine dauernde Überwachung des Ortes durch Polizisten unausweichlich. Es fällt mir nicht leicht, zu diesen Äußerungen einen ersthaften Kommentar abzugeben. Festzuhalten bleibt, daß das Sowjetische Ehrenmal nahe dem Brandenburger Tor seit nunmehr zehn Jahren nie mit Graffitis beschmiert worden ist. Mit anderen Worten: Die Berliner haben die Aura des Denkmals zu Ehren der gefallenen Rotarmisten geachtet und Bundeswehrsoldaten säubern seit einigen Monaten den Platz vor dem Ehrenmal.

Ich könnte mir durchaus vorstellen, daß verschiedene Jugendgruppen oder Ausbildungseinheiten der Bundeswehr eines Tages die Pflege des Eisenman-Denkmals für eine gewisse Zeit, z.B. für eine Woche, zu ihrer Sache machen. Der Deutsche Bundestag, der

Senat von Berlin und der »Förderkreis« könnten z. B. Gruppen der Sportjugend, der katholischen Landjugend, der evangelischen Pfadfinder, der sozialistischen Falken, der Autonomen aus einem Wohnprojekt oder Kiez, der »deutschen jungenschaft vom 1.11.« oder Rekruten der Bundeswehr, der Bundesmarine bzw. der Bundesluftwaffe dazu einladen. Während ihres Aufenthaltes wären die Jugendlichen dann Gäste der Stadt Berlin und des Deutschen Bundestages. Eventuell könnte darüber hinaus die Stiftung »Topographie des Terrors« die historische Beratung dieser Jugendlichen übernehmen. Wo ein politischer Wille ist, finden sich auch Wege aus der Verdrängung.

Negative Sinnstiftung?

Als im Herbst 1989 – für die meisten Bundesbürger völlig überraschend – die DDR implodierte und die Demonstranten in Leipzig, Karl-Marx-Stadt (Chemnitz), Potsdam oder Dresden die deutsche Einheit forderten, befürchtete in der Bundesrepublik nicht nur Günter Grass, die Parole »Deutschland einig Vaterland!« könne das Holocaust-Thema künftig an den Rand der Diskussion abdrängen. Tatsächlich hat aber – wie gerade die Debatte um das zentrale Denkmal zeigt – die Auseinandersetzung mit der NS-Vergangenheit im neuvereinigten Deutschland einen »neuen Stellenwert« erhalten, wie kürzlich auch Miryam Schomrat, die langjährige Berliner Generalkonsulin Israels, konstatierte.

Gleichzeitig läßt sich jedoch in einer von mir bereits als »Hitlerjugend- bzw. Flakhelfer-Generation« bezeichneten Generationskohorte eine etwas andere Grundstimmung ablesen. Einer der prominentesten Vertreter dieser Generation, der Schrifsteller Martin Walser, erklärte vor diesem Hintergrund in seiner Frankfurter Rede im Oktober 1998, daß es zwar heute keinen ernstzunehmenden Menschen mehr gebe, der »Auschwitz« leugne. Er warnte jedoch zugleich auch vor einer »Dauerpräsentation unserer Schande«. In eben dieser Rede, die tags darauf von der Frankfurter Allgemeinen Zeitung unter der Schlagzeile »Die Banalität des Guten« abgedruckt wurde, grenzte sich Walser polemisch von den Initiatoren des Berliner Denkmals ab. Er berief sich ausdrücklich auf den an der Humboldt Universität lehrenden Historiker Heinrich August Winkler und warf den Befürwortern des Eisenman-Entwurfs einen ausgeprägten »negativen Nationalismus« vor. Nur zwei Monate zuvor hatte Winkler in einem »SPIEGEL«-Essay zum Thema »Lesarten der Sühne« seinem Lieblingsfeind – nämlich der deutschen Linken – eine »Holocaust-Fixierung« unterstellt, die sich von einem »negativen Nationalismus« kaum mehr unterscheide und letztlich auf eine »negative Sinnstiftung«[8] hinauslaufe. Nun sei Deutschland aber – so Winkler (Jg. 1938) – seit 1990 wieder ein »Nationalstaat«: wenn auch kein »klassischer, souveräner Nationalstaat nach Art des Deutschen Reiches, sondern ein europäisch und atlantisch fest eingebundener, mithin postklassischer Nationalstaat wie andere Mitgliederstaaten der EU« auch. Die »westdeutschen Intellektuellen« seien indes vor 1989 angeblich alle »fest davon überzeugt« gewesen, daß »sie die Sache mit der Nation endgültig hinter sich« gelassen hätten, und versuchten nun mit Hilfe der ihnen von Winkler unterstellten »Holocaust-Fixierung«, das gesamte deutsche Volk in die Nähe des »absolut Bösen« zu rücken. Gegen einen solchen »Deutschen Sonderweg mitsamt dem dazugehörigen Sonderbewußtsein« gelte es jetzt – so Winkler in seiner abenteuerlich anmutenden geschichtsphilosophischen Unterstellung – energisch vorzugehen. Winklers Warnung vor einer intensiven Beschäftigung der Intellektuellen in beiden Teilgesellschaften des wiedervereinigten Deutschlands mit den Ursachen des Holocaust speist sich m. E. aus der Furcht, daß sich in einer solchen selbstkritischen Auseinandersetzung ein republikanisches deutsches Sonderbewußtsein herausbilden könne, das der problemlosen Integration dieser Intelligenz in einen projektierten europäischen Gesamtstaat im Wege stehen würde.

Der Historiker Winkler, der der westdeutschen Linken darüber hinaus anlastete, sie habe »die Teilung« jahrzehntelang als »Strafe« für »Auschwitz« gerechtfertigt, vergaß aparterweise hinzuzufügen, daß er selbst noch im Februar 1988 in einem Essay in der »Neuen Gesellschaft/Frankfurter Hefte« die SPD ausdrücklich aufgefordert hatte, eventuelle »Illusionen über eine Wiedervereinigung« möglichst schnell aufzugeben⁹. Damals zielte seine Polemik übrigens gegen eine Reihe von westdeutschen Linken im Umfeld von Peter Brandt, die im Gegensatz zu ihm selbst noch immer am Ziel der nationalen Einheit festhielten. Sei's drum: Um seine These von der »negativen Sinnstiftung« der westdeutschen Linken glaubhaft entfalten zu können, übersah Winkler seinen damaligen Appell an die SPD, endlich »aus dem Schatten Bismarcks« zu treten. Das hieß für ihn damals, die Legitimität des SED-Regimes dauerhaft anzuerkennen. Als Dank dafür erwartete der Historiker im Frühjahr 1988 von der SED freilich, daß sie künftig eine »Demokratisierung« des ostdeutschen Teilstaates zulasse. Durch den Fall der Mauer erübrigten sich jedoch derartige Schattenspiele.

Die Kriegskinder-Generation

Im Kontrast zu Winklers Annahme hat sich die »westdeutsche Linke«, soweit sie mit diesem Selbstverständnis heute überhaupt noch politisch agiert, nie mehrheitlich für das Denkmal-Projekt in Berlin engagiert. Vielmehr haben die verschiedenen linken Kulturen in West-Berlin bzw. Westdeutschland dieses Projekt entweder nie zur Kenntnis genommen oder, mit den unterschiedlichsten Begründungen, sogar abgelehnt. Dies galt – von der spontanen Zustimmung des Ex-Emigranten Willy Brandt einmal abgesehen – geraume Zeit auch für die sozialdemokratische Traditionskompanie. Erst Hans-Jochen Vogel (Jg. 1926) korrigierte Mitte der 90er Jahre die parteioffiziöse Zurückhaltung; er gehört übrigens noch heute zu den zuverlässigsten Unterstützern des Denkmal-Projektes. Zwar hatten 1989 auch Oskar Lafontaine, Anke Martiny, Klaus Staeck und Peter Glotz zu denen aus dem SPD-Spektrum gehört, die den zweiten Aufruf unterzeichnet hatten; doch in den folgenden Jahren haben sie das Projekt im Unterschied zu Vogel nie aktiv unterstützt. Vogels Engagement macht übrigens deutlich, daß einzelne auch ganz bewußt und ohne falsches Pathos mit ihren generationsspezifischen Erfahrungen im NS-Staat umgehen können.

Ähnlich kompliziert wie mit der tradierten Sozialdemokratie gestaltete sich auch die Zusammenarbeit des »Förderkreises« mit der undogmatischen Linken jenseits der SPD. Sieht man einmal von der langjährigen Unterstützung des heutigen Innenministers Otto Schily ab – er war früher ein bekannter linksliberaler Anwalt im Umfeld der »Außerparlamentarischen Opposition« (APO) – so war die Unterstützung der antiautoritären Linken für das Denkmalprojekt in den vergangenen zehn Jahren unerheblich. Auch aus dem grünen Spektrum kam lange Zeit nur eine bestenfalls symbolische Unterstützung. Zwar hatten 1989 Rudolf Bahro, Gert Bastian, Petra Kelly, Ossip K. Flechtheim, Gerhard Häfner und Antje Vollmer den zweiten Aufruf unterzeichnet; eine Zusammenarbeit zwischen der Bürgerinitiative »Perspektive Berlin« bzw. dem späteren »Förderkreis« und der Grünen Partei kam jedoch erst im letzten Drittel der 90er Jahre zustande.

Noch größere Vorbehalte gegen das Denkmalprojekt zeigten sich im Umfeld des westdeutschen bzw. westberliner Parteikommunismus – sei es aus mangelndem Interesse, sei es, daß die Vertreter der DKP bzw. SEW gar vermuteten, durch die Denkmalinitiative solle nachträglich eine »Hierarchisierung der Opfer« erfolgen[10]. Im Umfeld verschiedener »antifaschistischer« Museumsprojekte bzw. Kulturvereine wurde dies ganz offen ausgesprochen. Erst die winzige intellektuelle, reformkommunistische Führungsgruppe in der Berliner PDS-Zentrale, dem Rosa-Luxemburg-Haus, stellte sich, übrigens erst nach jahrelangem Zögern, mehrheitlich hinter das Projekt eines zentralen Denkmals für die ermordeten Juden Europas. Winklers Skandalon einer Linksverschwörung zur Propagierung eines deutschen »Sonderbewußtseins« im Schatten des geplanten Denkmals ist m. E. eher eine Angstfigur aus der Vorstellungswelt eines westdeutschen Geschichtsprofessors, dessen Anti-Linksposition noch aus der Kampfzeit der rechten Sozialdemokratie im Kalten Krieg stammt.[11] Durchgesetzt wurde das Denkmal im Bundestag schließlich von Angehörigen der Kriegskinder-Generation (der nach 1935 Geborenen) bzw. der Nachkriegskinder-Generation (bzw. der nach 1945 Geborenen). Zwei Alterskohorten, deren Erfahrung, Denken und Fühlen hauptsächlich durch den ökonomischen Wiederaufbau des westdeutschen Teilstaates, die Adenauer-Periode und die sozialliberalen Brandt-Jahre, die antiautoritäte Revolte von 1967/68, die nicht enden wollende

Kohl-Ära und die Implosion des Poststalinismus in Mittel- und Osteuropa geprägt worden sind.

Die ursprünglich eher pro-israelische Grundstimmung in der Generation der Kriegskinder war übrigens nach dem Junikrieg von 1967 in relevanten Teilen dieser Alterskohorte in eine eher pro-arabische Parteinahme umgeschlagen. So ging z. B. der vormals pro-israelische SDS während des Sechstagekrieges im Jahr 1967 auf eine mehr oder weniger vorsichtige Distanz zum jüdischen Staat. Da diese Wende im Denken der SDSler keineswegs untypisch für die Generation der Kriegskinder war, zitiere ich hier eine längere Passage aus der internen SDS-Debatte auf der Delegiertenkonferenz des Jahres 1967: »Wir Sozialisten der BRD, die wir von Anfang an den Kampf gegen den Antisemitismus nicht nur unter moralischen, humanitären oder gar anti-rassistischen Gesichtspunkten betrieben haben, (dürfen) in der jetzigen Situation unsere Gefühle für das israelische Volk nicht verwechseln (...) mit der rationalen (...) Analyse der Position des Staates Israel im internationalen Konfliktsystem zwischen den hochindustrialisierten Ländern und den Ländern der Dritten Welt«.[12] Ähnlich vorsichtig pro-arabische Positionen verbreiteten sich in den folgenden Jahren in Teilen der damaligen bundesrepublikanischen Studentengeneration. Nach dem Libanon-Krieg im Jahr 1982 konnte man bei manchen bundesrepublikanischen Linken dann durchaus auch handfeste anti-israelische Vorurteile hören.

Eine der Konsequenzen der Abkehr größerer Teile der westdeutschen Linken von Israel schlug in den 80er Jahren in gerade diesen Kreisen oftmals in einen schmerzhaften und selbstquälerischen Diskurs über die nationale Verantwortung der Deutschen für den nazistischen Judenmord um. Im nachhinein wurde die vorherrschende Wahrnehmung des Palästinakonflikts (z.B. in der »taz« oder im »Pflasterstrand«) hinterfragt; und auch die Frage, wie eine kritische Solidarität der westdeutschen Linken mit Israel künftig aussehen könnte, wurde kontrovers diskutiert.[13] Solche Themen haben übrigens auch in der Bürgerbewegung in der DDR eine durchaus nicht unwesentliche Rolle gespielt. Insofern war es dann auch folgerichtig, daß der aus Ost-Berlin stammende Bundestagspräsident Wolfgang Thierse (SPD, Jg. 1943) im Verlauf der Bundestagsdebatte er-

Zur Vorgeschichte des Denkmals

klärte, das Parlament der Deutschen müsse sich »mit Anstand aus diesem schrecklichen Jahrhundert verabschieden.«

In der Debatte um das zentrale Denkmal für die ermordeten Juden Europas in Berlin waren die Auseinandersetzungen aus den 70er und 80er Jahren über die historische Verantwortung der Deutschen ständig zu spüren. Als Rudolf Augstein (Jg. 1923) im »SPIEGEL« 1995 Lea Rosh (Jg. 1936) als »Dampfwalze« und als »Wunschjüdin« beschimpfte, weil sie für den Denkmal-Entwurf der Künstlergruppe Jackob-Marks/Rolfes/Scheib/Stange eingetreten war, da verlor der »SPIEGEL«-Herausgeber auch in jenen linken Kreisen, die sich bisher nicht für das Denkmal engagiert hatten, seinen guten Ruf als hartnäckiger Aufklärer, den er sich in den 50er Jahren unter dem Pseudonym »Daniel« in zahlreichen »SPIEGEL«-Kommentaren erworben hatte[14]. Ähnlich erging es dann auch Günter Grass (Jg. 1927) und Walter Jens (Jg. 1923), die noch im Januar 1989 zu den Erstunterzeichnern des Aufrufs gehört hatten, dann aber Anfang Februar 1998 in einem offenen Brief an den Bundeskanzler und die Präsidentin des Deutschen Bundestages ihre Unterstützung demonstrativ aufkündigten – Günter Grass übrigens ohne jeden Bezug auf sein ursprüngliches Engagement. M.E. »SPIEGEL«t sich in dem widersprüchlichen Verhalten von Augstein, Grass und Jens die Ambivalenz in zwei politischen Generationen, die mit ihrem NS-Trauma nicht wirklich zu Rande gekommen sind. Nicht zufällig haben erst die Generationen der Kriegskinder bzw. der Nachkriegskinder den Beschluß im Bundestag gefaßt, das Denkmal-Projekt für die ermordeten Juden Europas in Berlin zu verwirklichen.

Anhand der Entscheidung für den Serra/Eisenmann-Entwurf läßt sich die engagierte Rolle dieser beiden Generationen überzeugend dokumentieren. Ein Blick auf den von Gert Weisskirchen (SPD/Jg. 1944), Rita Süssmuth (CDU/Jg. 1937), Volker Beck (Bündnis-Grüne/Jg. 1960), Sabine Leutheusser-Schnarrenberger (FDP/Jg. 1951) und anderen eingebrachten Antrag[15] macht deutlich, daß die Generationen der Kriegskinder bzw. der Nachkriegskinder keine Angst vor einem Ort der Stille empfinden, an dem der Opfer des antisemitischen Rassenwahns der Nationalsozialisten gedacht werden kann.

»Die Juden, das sind doch die anderen«

Die »Weimarer Restelite«, die eigentlich nach 1945 ein Denkmal für die ermordeten Juden Europas hätte errichten müssen, hat diese Chance ungenutzt verstreichen lassen. Die »Kriegs- und Frontgeneration« war zu sehr mit der Verarbeitung ihres Kriegserlebnisses und dem Wiederaufbau beschäftigt und sieht in ihrer Mehrheit noch heute nicht ein, warum wir Deutschen ein solches Denkmal bauen sollten. Die »HJ- und Flakhelfer-Generation« war in dieser Frage von Anfang an hin- und hergerissen und hat sich letztlich als nicht entscheidungsfähig gezeigt. Erst die Generation der Kriegskinder und Nachkriegskinder hat sich dazu durchgerungen, einen Beschluß zu fassen, das überfällige Denkmal trotz aller Bedenken zu errichten.

1   Martin Walser, Die Banalität des Guten. Erfahrungen beim Verfassen einer Sonntagsrede aus Anlaß der Verleihung des Friedenspreises des Deutschen Buchhandels, In: Frankfurter Allgemeine Zeitung vom 12. Oktober 1998 S. 15
2   Walter Jens, In letzter Minute. Mein Widerruf zum Holocaust-Mahnmal, In: Frankfurter Allgemeine Zeitung vom 7. Februar 1998, S. 33
3   Vgl. Staatsbriefe, 10 Jg., II 6-7/99, S.3 ff.
4   Dan Diner, Israel und das Trauma der Massenvernichtung. Über Elemente jüdischer Deutungsmuster im Palästinakonflikt, In: Die Verlängerung von Geschichte. Deutsche, Juden und der Palästinakonflikt, Hrsg. Von Dietrich Wetzel, Frankfurt am Main 1983, S. 33
5   Vgl. Heinz Bude, Bilanz der Nachfolge. Die Bundesrepublik und der Nationalsozialismus, Frankfurt am Main 1992, S. 33.
6   Prof. Dr. Dr. Theodor Oberländer – zunächst im »Block der Heimatvertriebenen und Entrechteten« (BHE) organisiert, später CDU –, ehemaliger Offizier der Spionage-Abwehr, Mitglied des Bataillons »Nachtigall«, das für die Ermordung von ungefähr 5000 Juden in Lemberg verantwortlich sein soll, war von 1954 bis 1955 Bundesvertriebenen-Minister in der Regierung von Konrad Adenauer und gehörte dem Bundestag bis 1965 als CDU-Abgeordneter an. Dr. Hans-Maria Globke war bis 1945 Beamter des Reichsinnenministeriums, und hat in dieser Eigenschaft den Kommentar der nationalsozialistischen Nürnberger Rassengesetzgebung geschrieben. Nach 1945 wurde Globke als katholischer »Widerstandskämpfer« entnazifiziert, da er Vertrauensmann des Vatikans und des politischen deutschen Katholizismus gewesen sein soll. Von 1949 bis 1963 war Globke Ministerialdirektor bzw. Staatssekretär im Bundeskanzleramt. Der dritte Name bezog sich auf den damaligen CDU-Bundesinnenminister Dr. Gerhard Schröder, der zum damaligen Zeitpunkt die innerparteiliche Debatte in der Union über die Notstandsgesetze initiierte.
7   Begriff für eine nach bestimmten Kriterien (z.B. Geburtsdaten) ausgewählte Personengruppe, deren Entwicklung und Veränderung in einem bestimmten Zeitablauf soziologisch untersucht wird.

Zur Vorgeschichte des Denkmals

8   Der Begriff »negative Sinnstiftung« wurde erstmalig von Steffen Reinecke in der taz verwendet. Auf diesen Artikel bezieht sich übrigens auch Heinrich August Winkler.

9   Vgl. Heinrich August Winkler, Bismarcks Schatten. Ursachen und Folgen der deutschen Katastrophe. In: Neue Gesellschaft/Frankfurter Hefte, Februar 1988.

10 Es ist zwar richtig, wenn von orthodoxen Linken immer wieder darauf hingewiesen worden ist, daß von den Nazis sowohl die Juden als auch die Sinti und Roma aus rassistischen Gründen verfolgt worden sind. Trotzdem ist es m. E. gerechtfertigt, der Toten beider Bevölkerungsgruppen getrennt zu gedenken, denn sie verkörpern ganz zweifellos zwei völlig unterschiedliche Kulturen und haben den deutschen Tod in Auschwitz und den anderen Todeslagern in Polen in den Jahren 1940 bis 1944 gemeinsam.

11 In seiner Polemik gegen die Linke im »SPIEGEL« bezog sich Heinrich August Winkler auf die Schriften und politischen Aktivitäten des FU-Professors für Neuere Geschichte, Wolfgang Wippermann (Jg. 1945). Ursprünglich hatte Wippermann Anfang der 70er Jahre als Assistent von Prof. Ernst Nolte seine wissenschaftliche Laufbahn begonnen. Heute gehört er zweifelsohne zum intellektuellen Umfeld der ANTIFA-Gruppierungen. Wippermann ist m. E. jedoch ein »Pappkamerad«, denn er hat nie zur demokratischen Linken bzw. zur antiautoritären Linken in der Bundesrepublik gehört. Sein Weg von Prof. Nolte zum DKP-Umfeld stellt eher einen skurrilen Sonderfall dar.

12 Vgl. Martin W. Kloke, Israel und die deutsche Linke. Zur Geschichte eines schwierigen Verhältnisses, Frankfurt a.M.1990, S. 69 f.

13 Vgl. den Sammelband »Verlängerung von Geschichte«. Dieses Buch erschien 1983 im früheren SDS-Verlag »neue kritik«. Vgl. auch Fußnote 4

14 Vgl. Rudolf Augstein, Dampfwalze Lea. In: DER »SPIEGEL« 28/1995.

15 Die weiteren Antragsteller dieses Antrages waren: Gila Altmann (Bündnis-Grüne/Jg. 1949), Eckhardt Barthel (SPD/Jg. 1939), Marieluise Beck (Bündnis-Grüne/Jg. 1952), Angelika Beer (Bündnis-Grüne/Jg. 1957), Matthias Berninger (Bündnis-Grüne/Jg. 1971), Hans-Werner Bertl (SPD/Jg. 1944), Lothar Binding (SPD/Jg. 1950), Eberhard Brecht (SPD/Jg. 1950), Annelie Buntenbach (Bündnis-Grüne/Jg. 1955), Ekin Deligöz (Bündnis-Grüne/Jg. 1971), Andrea Fischer (Bündnis-Grüne/Jg. 1960), Winfried Herrmann (Bündnis-Grüne/Jg. 1964), Michaele Hustedt (Bündnis-Grüne/Jg. 1958), Ilse Janz (SPD/Jg. 1945), Angelika Köster-Loßack (Bündnis-Grüne/Jg. 1947), Steffi Lemke (Bündnis-Grüne/Jg. 1968), Helmut Lippelt(Bündnis-Grüne/Jg. 1932), Lothar Mark (SPD/Jg. 1945), Klaus Wolfgang Müller (Bündnis-Grüne/Jg. 1971), Winfried Nachtwei (Bündnis-Grüne/Jg. 1946), Volker Neumann (SPD/Jg. 1942), Christa Nickels (Bündnis-Grüne/Jg. 1952), Claudia Roth (Bündnis-Grüne/Jg. 1955), Christine Scheel (Bündnis-Grüne/Jg. 1956), Irmingard Schewe-Gerigk (Bündnis-Grüne/Jg. 1948), Dagmar Schmidt (SPD/Jg. 1948), Ernst Schanhold (SPD/Jg. 1948), Bodo Seidenthal (SPD/Jg. 1947), Christian Simmert (Bündnis-Grüne/Jg. 1972), Cornelie Sonntag-Wolgast (SPD/Jg. 1942), Christian Sterzing (Bündnis-Grüne/Jg. 1949), Hans-Christian Ströbele (Bündnis- Grüne/Jg. 1939), Jörg Tauss (SPD/Jg. 1953), Jürgen Trittin (Bündnis-Grüne/Jg. 1954), Heino Wiese (SPD/Jg. 1952) und Helmut Wilhelm (Bündnis-Grüne/Jg. 1946). Aufgrund dieses Antrages entschied sich dann der Bundestag mit 314 Stimmen gegen 209 Stimmen bei 14 Enthaltungen für die Errichtung des Denkmals in Berlin. Mit der Ausnahme von Helmut Lippelt gehörten sämtliche Antragsteller entweder zur Generation der Kriegskinder bzw. zur Generation der Nachkriegskinder.

Jakob Schulze-Rohr
Denkmal für die ermordeten Juden Europas

Dokumentation prämierter Entwürfe
des bundesoffenen Wettbewerbs 1994/95
und des »Engeren Auswahlverfahrens«
Juli/Oktober 1997

Wir brauchen das Denkmal

Igal Avidan, israelischer Journalist in Berlin, berichtete am 24. August 1998 im Berliner Tagesspiegel folgendes: Moshe Stern, erkennbar orthodoxer Jude, befindet sich in Berlin, um in der jüdischen Gemeinde Geld zu sammeln für ein schwerkrankes israelisches Kind.

Auf seinem Weg über den Kurfürstendamm wird Stern »*gestoßen, geschlagen, beschimpft und angespuckt*«.

Avidan, der mit Stern den selben Weg von der Passauer Straße bis zum Olivaer Platz wiederholt, weil er diese Geschichte kaum glauben möchte, erlebt nun selbst, wie die Berliner Moshe Stern anstarren, sich umdrehen, glotzen, als ob er ein Außerirdischer wäre. Ein Mann, der auf einer Bank am Olivaer Platz sitzt, beschimpft Stern als »*dreckigen Juden*«; die Polizei erklärt hierzu, sie würde nichts unternehmen.

Schließlich berichtet Igal Avidan von einer Debatte mit Stern über dessen fremdartiges, osteuropäisches, orthodoxes Aussehen, das für manche Berliner offensichtlich eine Provokation sein könnte. Stern will das nicht gelten lassen, denn er bekleide sich immer so und habe deshalb noch nie Probleme gehabt, nicht in Paris, London, Amsterdam, Rom, Madrid oder sonstwo.

Abgesehen von einer gegenwärtigen gewissen Berliner Provinzialität, die trotz aller Beschwörung der vergangenen und nun wieder werdenden Weltstadt Berlin nicht zu übersehen ist, scheine der einzige plausible Grund für dieses Verhalten Berliner Spaziergänger das Aussehen Sterns zu sein, das an die osteuropäischen Opfer des Holocaust erinnere. »*Und diese Erinnerung wollen sie (die Berliner) am Ku-Damm nicht sehen*« (Avidan). Für diese Begründung spricht viel, aber dabei bewenden lassen können wir es nicht.

In einer Presseerklärung sagte der damalige Berliner Senator für Bau- und Wohnungswesen Wolfgang Nagel am 5. Mai 1994:

»Das Denkmal für die ermordeten Juden Europas – ein Denkmal im Land der Täter – kommt spät. Fast ein halbes Jahrhundert ist vergangen – mit Schweigen, Verdrängen, Vergessen; aber auch mit

dem Engagement Einzelner, zähem Ringen und harten Auseinandersetzungen um die Errichtung dieses Denkmals.
Zu spät kommt das Denkmal nicht, denn die Verpflichtung zur bewußten Auseinandersetzung mit der historischen Verantwortung für die Verbrechen des nationalsozialistischen Deutschland ist uns Deutschen auferlegt und vergeht nicht.
So ist es unabdingbar für uns, die Bürde der Erkenntnis zu tragen, Reue und Trauer zu bekunden, sowie aus der Vergegenwärtigung der Vergangenheit Lehren für Gegenwart und Zukunft zu ziehen. Der künstlerische Wettbewerb zum Denkmal für die ermordeten Juden Europas ist ein wichtiger Schritt, uns diesem Ziel zu nähern.«

Nach Ansicht des Bausenators ist dieser der

»*...wichtigste Wettbewerb in Deutschland seit 1945. Selbstverständlich ist die Aufgabe dieses Wettbewerbs schwierig, selbstverständlich sind die Erwartungen hoch gesteckt, denn es geht nicht darum, sich einer Pflicht zu entledigen und auch nicht darum, mit einem imposanten Zeichen ein für alle Mal einen Schlußstrich unter die Vergangenheit zu setzen.*
Im Gegenteil: Mit diesem Denkmal wollen wir fortwährend die Geschichte erzählen, die erzählt werden muß, der Wahrheit so gut wir können ins Auge schauen, die Mahnung für die Zukunft wachhalten und Trauer, Schmerz und Ehrung räumlich fassen.
Es war nicht leicht, die unterschiedlichen Ziele und Inhalte der Auslober in Übereinstimmung zu bringen. Nach langen kontroversen Diskussionen haben wir jetzt aber eine Entscheidung getroffen, zu der alle Beteiligten stehen sollten, der Entscheidung, daß dieses Denkmal ausschließlich für die ermordeten Juden Europas zu errichten sei.
Mit Blick auf den Mord an anderen Völkern füge ich allerdings hinzu: Als nächstes werden wir die politische Entscheidung für ein Denkmal zur Erinnerung an die in Europa ermordeten Sinti und Roma voranzutreiben haben. Für den vorgeschlagenen Standort – im Tiergarten südlich des Reichstages – sollte der Senat noch vor der Sommerpause ein Votum abgeben.

Dokumentation prämierter Entwürfe

Ich hoffe nun, daß es gelingt, die Vielschichtigkeit der Aufgabe auf behutsame Weise künstlerisch umzusetzen. Möge es auch gelingen, mit diesem Denkmal Gewissen und Gefühl dauerhaft anzurühren. Im Angesicht neuer rassistischer Gewalt ist es höchste Zeit, die Lehren aus der Vergangenheit zur Bewältigung der Gegenwart zu nutzen«.

Das Denkmal hat heute und in Zukunft dauerhafte Aktualität. Zeitgleich zu den Erlebnissen von Moshe Stern im August 1994 auf dem Berliner Weltstadtboulevard Kurfürstendamm wird die Überarbeitung (»Eisenman II«) des ersten Entwurfs von Richard Serra und Peter Eisenman (»Eisenman I«) veröffentlicht.

Der damalige Bundeskanzler Kohl und der Berliner Regierende Bürgermeister Diepgen verschieben jedoch die Realisierungsentscheidung auf einen Zeitpunkt nach der Bundestagswahl am 27. Sept. 1998.

Der Verdacht entsteht, daß der Bundeskanzler, auch stellvertretend für die Deutschen, das schwierige Denkmalsthema auf diese Weise loswerden will, falls er nicht wiedergewählt würde und Eberhard Diepgen das unerwünschte Projekt über eine neue Diskussion, einen neuen Wettbewerb erst mal verschieben, am Ende gar ganz zu Fall bringen könnte. Hermann Rudolph, Mitherausgeber des Tagesspiegels, verweist auf die Debatte um den ersten öffentlichen Denkmalswettbewerb 1994/95 mit über 500 Entwürfen, hinter denen an die 2000 Künstler stehen. Jeder müsse »*sich fragen lassen, ob er das Vorhaben wirklich will*«, wenn er weiter Nachdenken, Vertagen, neue Verfahren und ein Ergebnis fordert, »*das jedem wohl und keinem wehe tut*«.

Solche Forderungen, zusätzlich beschwert mit dem Einwand, der Mord an den europäischen Juden könne ohnehin nicht angemessen künstlerisch dargestellt werden, versuchen damit unüberwindbare Schranken aufzubauen, hinter denen man sich gut verstecken kann.

Dabei wird von Gegnern des Denkmalprojekts andauernd und offensichtlich übersehen, daß die Initiatoren des Projekts, der Förderverein und zuvor die Bürgerinitiative Perspektive Berlin e.V., von Anbeginn diesen Kunst-Anspruch nie erhoben haben, genausowenig wie sie angesichts bestehender Informations-Institutionen in Berlin ein weiteres Dokumentationszentrum zusammen mit dem Denkmal konkurrierend etwa zur Wannsee-Villa, zur »Topographie des Terrors«, zum Jüdischen Museum und dieses noch als »zentrale, nationale Gedenkstätte« entstehen lassen wollten.

Es ging und geht dem Förderkreis nie um die Frage, *»wie sich Horror ästhetisch darstellen läßt«*[1]. Im Gegenteil favorisiert der Förderkreis Entwürfe, die sich von künstlerischen Deutungs- und Nachempfindungsversuchen des Holocaust entfernt halten (z. B. Gruppe Jackob-Marks, z. B. Serra/Eisenman).

Dr. Volkhard Knigge, Leiter der Arbeitsgemeinschaft der KZ-Gedenkstätten, erklärte in der Sitzung des Bundestags – »Ausschusses für Kultur und Medien« am 20.4.1999 im Berliner Reichstag, die Errichtung des Denkmals als normatives, nationales Zeichen sei wichtiger als die Frage der Kunst – Ethik sei wichtiger als Ästhetik.

In der Hauptstadt des Landes der Täter soll ein erinnerndes Denkmal für die Opfer des jahrtausendealten Antisemitismus' in Europa entstehen, – nichts mehr aber auch nichts weniger als dieses fordert und fördert der Förderverein.

Es soll ein Ort des mahnenden, ehrenden Gedenkens sein, *»ein Ort, an dem man sich erinnern kann, Respekt zeigen kann, schweigen kann,«* ein *»Mahnmal mitten in der Stadt«* (Steven Spielberg im September 1998 in Berlin), das Anstoß zur Nachfrage gibt, auch zur Nachfrage, was hinter den Erlebnissen Moshe Sterns im Berlin von 1998 steht.

Die seit 10 Jahren anhaltenden Debatten, Kontroversen, die bereits in der Literatur dokumentierten Diskussionen werden von vielen als das Denkmal an sich bezeichnet, das ein gebautes Denkmal, unübersehbar im Zentrum der Hauptstadt, überflüssig machen könnte.

Übersehen wird hier, daß jede Diskussion ihr Ende findet und die Geschichte der Vernichtung der jüdischen Kultur in Europa, die Ermordung der europäischen Juden dann entgültig zurückgezogene Sache allein von Wissenschaft, Archiven und Wochenend-Seminaren würde.

Dokumentation prämierter Entwürfe

Die Einzigartigkeit der Shoah, dieses einzigartige Jahrtausendverbrechen, bleibt dauerhafter Bestandteil unserer Nationalgeschichte, unausweichliche Wahrheit und ständiger Stein des Anstoßes nicht nur im fernen Wald von Treblinka, nicht nur in Sachsenhausen vor den Toren Berlins, nicht nur am Stadtrand in der Wannsee-Villa, sondern im Zentrum Berlins, weil wir sonst zu einer Banalität des Alltags gelangen könnten, die einem empfindlichen Verlust an mühsam gewonnener nationaler Identität gleichkäme.

Die zehnjährige Diskussion hat zu einer Bewußtseinsbildung in diesem Land geführt, die sicherlich ungewöhnlich ist. *»Keine andere Nation (hat) je versucht, sich auf dem steinigen Untergrund der Erinnerung an ihre Verbrechen wiederzuvereinigen oder das Erinnern an diese Verbrechen in den geographischen Mittelpunkt ihrer Hauptstadt zu rücken ... So schwer es für Deutsche zu glauben sein mag: die Berliner Debatte über die Zukunft des öffentlichen Erinnerns an den Holocaust hat anderen Nationen ein Beispiel dafür gegeben, wie sie mit ihren eigenen Denkmalsdämonen ringen können«.*[2]

Wir brauchen das Denkmal, damit Leute wie Moshe Stern sich gefahrlos in diesem Land bewegen können.

Wir brauchen dieses Denkmal im Zentrum der alten neuen Hauptstadt Berlin neben den »authentischen Orten«, neben den fernen Vernichtungslagern in Polen, neben der Wannsee-Villa.

Wir brauchen das Denkmal um unseres eigenen besseren Selbstverständnisses willen.

Entsprechend appellierte der »Förderkreis zur Errichtung eines Denkmals für die ermordeten Juden Europas« e.V. erneut zum 9. November 1998 an die Abgeordneten des Deutschen Bundestages, *»daß der in 50 Jahren gewachsene Konsens eines großen Teils der deutschen Bevölkerung, die Schuld des zweiten Weltkriegs anzunehmen, nicht aufgegeben wird.«*

Das Denkmal müsse auf der Grundlage des Ergebnisses des »Engeren Auswahlverfahrens« verwirklicht werden.

Der Denkmalsstandort Behrenstraße Ecke Ebertstraße

Das Denkmalsgrundstück, Teil der sogenannten historischen Ministergärten, die zu den früheren Minister-Palais entlang der Wilhelmstraße gehörten, liegt ca. 200 Meter südlich des Brandenburger Tores und wird westlich zum »Großen Tiergarten« von der Ebertstraße begrenzt. Südlich und östlich sind die bis heute nicht realisierte »Mittelallee« (verlängerte Französische Straße) bzw. die »Allee auf den Ministergärten« geplant. Die nördliche Begrenzung des Grundstücks bildet die Anfang der 90er Jahre verlängerte Behrenstraße, an deren Nordseite auch das Grundstück der amerikanischen Botschaft am Pariser Platz endet.

Das Grundstück ist mit ca. 145 m x 140 m etwa 20.000 m^2 groß. 1998 sind bei der Enttrümmerung und Ausschachtung der gesamten Ministergärten in der Nordostecke an der Behrenstraße die Überreste des Privatbunkers von Joseph Goebbels freigelegt worden, dem Ort, wo er 1945 am Ende des Zweiten Weltkriegs seine Familie und sich umgebracht hat.

Im südlichen Bereich der Ministergärten, begrenzt von der Voßstraße (Standort von Hitlers Reichskanzlei) und der bis heute nicht ausgeführten Mittelallee sind Vertretungen deutscher Bundesländer in Berlin geplant. Hier befanden sich zahlreiche Dienstgebäude und Anlagen der Alten und der Neuen Reichskanzlei, die Albert Speer für Hitler entworfen hat. Dazugehörige Bunker, die zu DDR-Zeiten großenteils in historischer Verdrängung beseitigt wurden, sind durch Plattenwohnungsbau an der Grotewohlstraße (heute wieder Wilhelmstraße) überbaut worden, soweit die meterstarken Stahlbetonteile nicht mehr gesprengt werden konnten. Da in diesem Bereich die Berliner Mauer aus einer westlichen und einer östlichen, quasi einer Doppelmauer bestand, bildeten die dazwischenliegenden Ministergärten eine terra intacta, die als unberührbares Sicht- und Schußfeld 30 Jahre lang ein stadtfunktionales Unikum waren.

Nach 45 Jahren Schweigen und Totenstille, wurde das Gelände 1990 entmunitioniert, weil im Juni die Rockgruppe Pink Floyd mit zehntausenden von Zuhörern das Rockfestival »The Wall« veranstaltete.

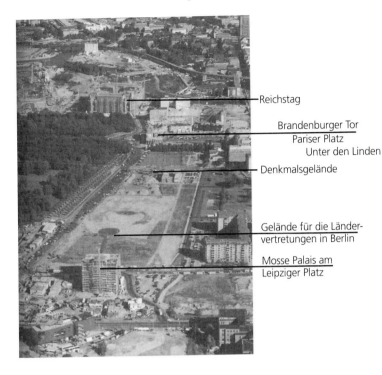

Neben unterirdischen Gängen aus der Nazizeit (als Fluchtmöglichkeiten von der DDR zugehalten) sind heute nur noch Bunkerreste vorhanden, die aber gleichwohl die Bauabsichten der bundesdeutschen Vertretungen stören könnten. Der Hitlerbunker, tief genug gelegen, daß er überbaut werden konnte, hat den massiven Sprengarbeiten der Sowjetarmee in Teilen standgehalten. In diesem Bunker verfaßte Hitler vor seinem Selbstmord ein letztes Testament, in dem er die Ermordung und Vernichtung des europäischen Judentums als eins seiner politischen Ziele feierte, während er das deutsche Volk dem Untergang bestimmte, weil es im Kampf um den sogenannten Lebensraum im Osten und damit die Verwirklichung des Großgermanischen Reiches das »slawische Untermenschentum« nicht besiegt hatte.

Komplett erhalten, wegen der neonazistischen Wallfahrer allerdings mit zugeschüttetem Eingang, ist der Fahrerbunker von Hitlers SS-Leibstandarte Voß- Ecke Ebertstraße, so wie er 1945 verlassen wurde. Auf den Wänden befinden sich noch heute in feuchter Kellerluft gut erhaltene übermannshohe Graffiti von SS-Helden, Siegfried- und hehren Bauerngestalten nach damaligen Wahnvorstellungen.

Angesichts solcher historischer Merkmale ist es seltsam genug, von der angeblichen Beliebigkeit des geplanten Denkmalsgeländes zu reden.

Es ist der Ort der Täter, mit Hitlers Bunker und Reichskanzlei, mit Goebbels Bunker, Propagandaministerium, dem Volksgerichtshof, Himmlers Gestapo und SS-Hauptquartier in der Nähe, all diesen zentralen Orten der Nazi-Ideologie, Führungs- und Vernichtungsorganisation.

Christoph Stölzl, der Direktor des Deutschen Historischen Museums Berlin, verweist noch auf einen ganz anderen aktuellen Bezug:

»Der geplante Standort ist anders, als es sowohl Kritiker wie Befürworter gemeint haben, keine (schlechte oder gute) Antwort auf die Denkmalsidee. Er ist vielmehr eine Frage an den urbanistischen Mut Berlins. Der Ort bietet die einmalige Chance, für das Denkmal einen ganz neuen, das Stadtgefüge verwandelnden Platz zu schaffen – eine Veränderung der Mitte Berlins, die dem Denkmalsgedanken jene Deutlichkeit geben könnte, die von allen eingefordert wird.«[3]

Die Bürgerinitiative Perspektive Berlin e.V., in der Denkmalsidee Vorläuferin des Förderkreises, wandte sich im April 1990, 45 Jahre nach Hitlers Testament und Selbstmord, an den damaligen Ministerpräsidenten der DDR, Hans Modrow, mit der Bitte, an diesem Ort der Täter in gesamtdeutscher Verantwortung das Denkmal zum Gedenken an die europäischen Juden errichten zu dürfen. Am 16. Oktober 1993 bestätigte der Berliner Senator für Bau- und Wohnungswesen (Abteilung IIID, Protokoll v. 19.10.1993), daß das Bundesministerium Bau in Abstimmung mit dem Bundesministerium Justiz das Grundstück für den geplanten Wettbewerb bereitstellt. Nach Abschluß des Wettbewerbs solle der Eigentumsträger bestimmt werden.

Ausschreibung des »Künstlerischen Wettbewerbs Denkmal für die ermordeten Juden Europas«

Dieser erste Wettbewerb für das Denkmal wurde im April 1994 ausgeschrieben. Teilnahmeberechtigt waren bildende Künstler und Künstlerinnen, auch verwandter Sparten, die seit mindestens sechs Monaten in der Bundesrepublik wohnen und arbeiten.

Eine Findungskommission, bestehend aus Prof. Dr. Hugo Borger, Köln, Prof. Dr. Eberhard Roters, Berlin und Dr. Peter Raue, Berlin, benennt folgende zwölf Künstler, die zusätzlich eingeladen und mit jeweils DM 50.000 honoriert werden: Magdalena Abakanovic, Warschau, Christian Boltanski, Malakoff, (Paris), Rebecca Horn, Berlin, Magdalena Jetelova, Bergheim-Erft, Dani Karavan, Paris, Fritz Koenig, München, Jannis Kournellis, Rom, Gerhard Merz, Köln, Karl Prantl, Wien / Pöttsching, David Rabinovic, New York, Günther Uecker, Düsseldorf, die bis auf Boltanski ihre Teilnahme zugesagt haben.

»Thema und Bezug« und »Aufgabenstellung« werden im Kapitel »Wettbewerbsaufgabe« der Ausschreibung folgendermaßen beschrieben:

– *»Das Gelände für das geplante Denkmal – zwischen Brandenburger Tor und Potsdamer Platz – steht für Extreme der vergangenen 60 Jahre deutscher Geschichte. Seine Nähe zur Reichskanzlei, dem Amtssitz Hitlers, verweist auf die Täter, aber auch auf ihre Unterwerfung und Entwaffnung. Schließlich markiert dieser Ort nahezu 40 Jahre der Trennung zwischen den beiden Deutschland. Nahe der eingeebneten Trümmern dieser Ereignisse soll das Denkmal für die ermordeten Juden Europas entstehen. Heutige künstlerische Kraft soll die Hinwendung in Trauer, Erschütterung und Achtung symbiotisch verbinden mit der Besinnung in Scham und Schuld. Erkenntnis soll erwachsen können, auch für künftiges Leben in Frieden, Freiheit, Gleichheit und Toleranz.*

– *Das Thema und das Ziel dieses Wettbewerbs sind damit beschrieben. Die künstlerische Aufgabenstellung bleibt offen, dabei ist die Möglichkeit der Verbindung von Skulptur mit gebautem*

Raum gegeben. Die Kunst soll ihre Form der Auseinandersetzung selbst bestimmen. Es wird nicht der Versuch unternommen, das Resultat vorab zu definieren. Den Auslobern ist bewußt, daß die Offenheit schwierig und keine Garantie für ein gutes Ergebnis ist. Sie wird aber für notwendig erachtet, um die Chance zu bewahren, Substantielles, Eigenständiges und Nachhaltiges zu erreichen.« [4]

In der Knappheit und Offenheit dieses Programms sahen die drei Auslober, der Förderkreis, das Land Berlin und die Bundesrepublik Deutschland nach langer Vorbereitungsdiskussion die beste Chance für das Gelingen des Wettbewerbs, wenn auch keine Garantie dafür. Die Ergebnisse, wie auch immer man sie einzeln bewertet, haben den Auslobern recht gegeben, abgesehen davon, daß den Beteiligten klar sein mußte, das Denkmal, das allen Ansprüchen genüge, könne es nie geben.

Fünfzehn Preisrichter und Preisrichterinnen aus den Bereichen Künste, Architektur, Geschichte, Politik und Öffentlichkeit, zu je einem Drittel von den drei Auslobern benannt, sowie deren Stellvertreter in gleicher Anzahl, die nach GRW (Wettbewerbsrichtlinien) gefordert sind, fanden im Januar und März 1995 ihr Urteil (17.3.1995), assistiert von weiteren 30 Sachverständigen, Vorprüfern und Gästen.

Die Jury prämierte mit je einem ersten Preis die
- Künstler- und Architektengruppe Christine Jackob-Marks, Hella Rolfes, Hans Scheib, Reinhard Stange, Berlin,

und
- die Gruppe Simon Ungers, Christiana Moss, Christina Alt, Köln.

In der Presseerklärung zur Vorstellung des Wettbewerbsergebnisses am 17.3.1995 erklärte der damalige Senator für Bau- und Wohnungswesen Wolfgang Nagel:

»Der künstlerische Wettbewerb für das ›Denkmal für die ermordeten Juden Europas‹ ist entschieden. Die Beratungen der Jury unter Vorsitz des Präsidenten der Akademie der Künste, Walter Jens, dauerte insgesamt fünf Tage. So erfreulich es ist, jetzt ein Ergebnis

zu haben, besteht dennoch kein Grund zur Selbstzufriedenheit. 50 Jahre nach Kriegsende, 50 Jahre nach dem Zusammenbruch der Herrschaft der Täter, sind wir nun endlich soweit, an die Verwirklichung dieses Denkmals gehen zu können – ein Schritt, der unmittelbar nach 1945 notwendig gewesen wäre.
Weder mit diesem Wettbewerb noch mit der Vollendung des Denkmals werden wir Schuld abtragen können. Hüten wir uns auch vor dem selbstgefälligen Gedanken, hier ein Stück Wiedergutmachung zu betreiben. Wir tun allein das, was unsere Pflicht ist, in beschämend kleinen Schritten. Und die Pflicht besteht darin, insbesondere diesen Abschnitt unserer Vergangenheit immer wieder neu ins Bewußtsein zu bringen, die Erinnerung daran wachzuhalten und das Wissen um diese Vorgänge zu präzisieren, um es an unsere Kinder weiterzugeben.
Das Denkmal wird ohne uns, ohne unser aktives Mittun nichts sein. Das heißt: Hier wird ein Ort der Besinnung, ein Ort der Erinnerung entstehen, wenn wir bereit sind, uns zu besinnen. Wenn wir uns aufrichtig erinnern wollen. Dabei ist jeder einzelne für sich gefordert – nach wie vor. Ich danke allen, die über Jahre für dieses Denkmal gekämpft haben. Denen, die sich überzeugen ließen und mit Engagement und Durchsetzungskraft das Projekt bis hierher gebracht haben. Es war gut, zu erfahren, daß viele Künstler bereit waren, sich ernsthaft mit der Aufgabe auseinanderzusetzen. Ungeachtet der Einsicht, daß letzten Endes auch der beste künstlerische Vorschlag der Ungeheuerlichkeit des Themas nicht gewachsen sein würde. Trotzdem ist dieses Denkmal unverzichtbar. Es schafft die Voraussetzung, damit wir unsere Unfähigkeit zu ehrlicher Erinnerungsarbeit überwinden.«

Weiter heißt es in der gleichen Presse-Erklärung zu den Empfehlungen der Jury:
»Die beiden Arbeiten stellen trotz ihrer Gegensätzlichkeit eindrucksvolle Lösungen, besonders für den Umgang mit dem ungegebenen Thema dar. Die Jury empfiehlt den Auslobern, die beiden mit dem ersten Preis ausgezeichneten Arbeiten hinsichtlich ihrer finanziellen und technischen Machbarkeit überprüfen zu lassen. Mit

den Verfassern gemeinsam ist zu klären, ob nicht eine Kostenminimierung herbeizuführen ist, ohne dabei das künstlerische Erscheinungsbild des vorgestellten Konzeptes zu verändern. Die Jury überläßt es den drei Auslobern, nach Abschluß der Überprüfung der Entwürfe sich für den nach ihrer Meinung besten zu entscheiden. Mit weiteren Preisen zu je 50.000,– DM wurden folgende sechs Arbeiten bis zum Rangplatz 8 ausgezeichnet:
- *Fritz Koenig, Christof Hackelsberger, München*
- *Arno Dietsche, Anna Simon-Dietsche, Berlin*
- *Josée Dionne, Berlin*
- *Georg Seibert, Berlin*
- *Rolf Storz, Schiltach/Schwarzwald*
- *Klaus Madlowski, Mathias Gladisch, Hannover*
- *Die Rangfolge 9 bis 17 erfolgte ohne Dotierung:*
- *Rudolf Herz, Reinhard Matz, München, Köln, Berlin*
- *Stefan Pfaff Hösch, Aachen*
- *Renata Stih, Frieder Schnock, Berlin*
- *Günter Kobusch, Berlin*
- *Marlene Berthold D. und Partner, Unterschleißheim*
- *Andrew Thomas Ortwein, Frankfurt/Main*
- *Paul Fuchs, Peterskirchen*
- *Burkhard Graßhorn, Manon Hoof, Oldenburg«*

Die beiden ersten Preise des
bundesoffenen Wettbewerbs 1994/95

Entwurf Gruppe Jackob-Marks, Rolfes, Scheib, Stange, Berlin

Entwurfsbeschreibung

Die Künstlergruppe äußert sich in einem Tagesspiegel-Interview mit Peter von Becker und Bernhard Schulz am 29.10.1997 zu den wichtigsten Aspekten ihres Entwurfs (Auszug).

»*Künstlergruppe (KG): ... Begriffe wie Grabplatte, Betonplatte oder gar Judenplatte haben wir nie verwendet. Wir sind auch nie davon ausgegangen, daß es eine »Auferstehungstafel« sei, sondern wir haben unsern Entwurf als »Platz der sechs Millionen« gekennzeichnet. Weil man unseren Entwurf nicht genau gelesen hat, hat sich dann eine falsche Darstellung in den Köpfen festgesetzt.*

Tagesspiegel (Tsp.): Das Wort »Namenstafel«, das in der Öffentlichkeit kaum benutzt wurde, ist Ihr innerer Verständigungsbegriff?

KG: Ja, sie war geplant als eine Gedenktafel, die umgekippt im märkischen Sand lag. Sie ragte vor der Überarbeitungsphase aus dem märkischen Sand heraus. Man konnte auf die Tafel gehen, es gab Lesewege und Gehwege, breit angelegt. Man sollte auch nie auf die Namen treten. Das wurde uns ja immer vorgeworfen. Der Gedanke einer Grabplatte lag uns regelrecht fern.
Tsp: Wie steht es mit dem Vorwurf der Monumentalität?
KG: Unsere Überlegung war, daß ein Mensch im Stehen einen Namenszug lesen können sollte. Und die Aneinanderreihung von diesen etwa sechs Millionen Namen wäre dann auf diese Größe gewachsen ...
KG: ... Wir sind nur von der ursprünglichen Ausschreibung und unseren Inhalten ausgegangen. Dabei haben wir uns an den Gegebenheiten orientiert. Es handelt sich einmal darum, sechs Millionen ermordeter Juden zu gedenken. Also haben wir nach einem faßlichen Begriff für die Zahl von sechs Millionen gesucht, einem sinnlichen Verständis dafür. Die andere Sache ist, daß dieser Platz angeboten war und wir durchaus annehmen mußten, wollten und auch angenomen haben, daß dieser Platz richtig gewählt war. Also haben wir uns auch zu diesem Platz bekannt. Daraus ist die Form entstanden, die den Ort hervorhebt, die nicht glatt ist, sondern aneckt.
Tsp: Ein großer Stolperstein.
KG: Ja. Mit zunehmendem Prozeß war uns klar, daß dieser Entwurf immer radikaler wurde, auch in der Größe. Wir haben uns die Planungsunterlagen angesehen und festgestellt, daß ringsum viele Gebäude entstehen werden, mit riesigen Baumassen und drumherum Straßen mit einem ernormen Autoverkehr. Da ist natürlich der Vorwurf der Monumentalität ein relativer. Uns ging es darum, daß wir wirklich die Dimension sichtbar machen konnten, was sechs Millionen Namen bedeuten. Wobei für uns eine ästhetisierende Lösung nicht in Frage kam: weder eine figurliche noch eine symbolische Geschichte.
TG: Sie haben gesagt, daß Sie keine ästhetisierende Lösung wollten. ...

*KG: Es ging vor allem darum, nicht in die Abstraktion zu gehen, sondern etwas sinnlich Wahrnehmbares zu schaffen. Es ist nicht unsere Generation, sondern die unserer Kinder und Kindeskinder, die nachfragen sollten. Es ging uns darum, ein Mahnmal zu schaffen, das gleichzeitig dem Bürger auch eine Verantwortung übergibt.
Tsp: Inwiefern?
KG: Verantwortung für das, was die Täter gemacht haben ...
Durch unseren Entwurf wurde eine der größten Debatten ausgelöst, die in der letzten Zeit stattgefunden haben. Wieso haben die anderen Entwürfe keine gleichrangige Rolle in der Diskussion gespielt? Also muß doch unser Entwurf an eine Wunde gestoßen sein, muß etwas dargestellt haben, was viele nicht wollen...«*

Vorprüfertext

»Das Mahnmal will den Bezug zur unvorstellbaren Dimension Völkermord herstellen durch die Nennung aller vorhandenen Namen von ermordeten Juden auf einer überdimensionalen Gedenktafel, die (nach der Dokumentation in Yad Vashem) 6 Millionen Einzelschicksale trägt. Für ca. 1,5 Millionen nicht bekannter Namen Ermordeter, vor allem aus der früheren SU, bleibt der Platz frei. Die Gedenktafel ist als 7m dicke Betonplatte ausgebildet, das zur Verfügung stehende Gelände bedeckend. Sie »eckt« an den Grundstückskanten an und ragt schräg aus dem Boden, disharmonisch zur historisch belasteten Umgebung: an der östlichen Seite der Erschließungsstraße / Ecke Mittelallee 11 m hoch, Ecke Behrenstraße 7 m hoch, an der Seite Ecke Ebert- / Behrenstraße 1 m hoch, Ecke Mittelallee / Ebertstraße minus 30 cm. Die Namen sind auf sechs Feldern eingraviert, unterteilt durch fünf Hauptwege, die sich von 8 m auf 2 m verjüngen. Jedes Feld ist durch schmalere Wege gegliedert, um das Lesen der Namen zu ermöglichen, ohne sie zu betreten. Die Namensfelder sind 10 cm erhaben, Buchstabenhöhe ca. 1 cm. 18 gebrochene Steine aus dem Nationalpark Massada, auf der Gedenktafel aufgestellt, symbolisieren die europäischen Länder, in denen Deportation und Mord erfolgten, und gleichzeitig die mehr als 2000jährige Geschichte des Widerstands und der Verfolgung der

Juden. Die Tafel ist von der Tiergartenseite zu betreten. Sie ist zu umschreiten oder auf den vorgegebenen Wegen zu begehen.«

Preisgericht

»Der Entwurf hat einen besonders starken Bezug zum Thema. Die Opfer werden aus der Anonymität geholt, das Problem der Auswahl stellt sich nicht. Einzelne Mitglieder der Jury empfanden den mit Herkunft der Steine hergestellten Bezug zu Massada/Israel als sinnvoll. Umstritten ist die Neigung der Platte. Sie wird teils als unbegründet, teils als unentbehrlich empfunden. Problematisch erscheint einigen der Raum unter der Platte, auch die Höhe der Kante, sie seien städtebaulich ein Ärgernis und ästhetisch mißlungen. Es wurde auch eingewandt, daß die Großform der Gedenkplatte einen zwanghaften und bühnenbildartigen Eindruck vermittle. Andererseits wird die Platte als ein »genialer« Einfall angesehen, sie rühre am meisten Emotionen an. Sie vermittle auf faszinierende Weise Beklommenheit und sei die richtige Form zum Thema; sie vermittle die Gesamtzahl der sechs Millionen und sei doch individuell. Die Namen sollen nach und nach angebracht werden. Dieses wird nicht als Nachteil, sondern eher als Vorteil empfunden.«[5]

Stellungnahme des Förderkreises

Yad Vashem, der Name der Gedenk- und Forschungsstätte zur Shoah in Jerusalem, bedeutet »Denkmal und Name«. Nach Meinung des Förderkreises ist der Künstlergruppe Jackob-Marks mit ihrem Entwurf der nach wie vor deutlichste und zutreffendste Beitrag in den beiden Denkmalswettbewerben gelungen:

- Der Entwurf versucht, den Ermordeten ihre Namen wiederzugeben. Die Bewahrung der Namen durch Aufschreiben ist in der Kultur der Totenehrung und des Totengedenkens seit alters her verbreitet und bedarf keiner weiteren Erläuterung. Moishe Waks, Mitglied der Repräsentanten Versammlung der Jüdischen Gemeinde Berlin, hält die Idee der Namensnennung »für sehr gut«, auch die sich zwangsläufig ergebende Mehrfachnen-

Dokumentation prämierter Entwürfe

nung gleicher Vor- und Nachnamen. Dies zeige sich bei der jährlichen Lesung der Namen der Berliner Juden am Shoah-Gedenktag.
Bekannte Gedenkstätten wie z. B. die Gräberfelder in der Normandie oder die Namenslesung der toten Kinder in Yad Vashem, die jährliche Lesung der etwa 50.000 Namen deportierter und ermordeter Berliner Juden am 12./13. April, dem Yom Hashoah, die aufgeschriebenen Namen im ungarischen Teil der Auschwitz-Gedenkstätte, der einzelne Name, die Vielzahl einzelner Namen, nichts ist eindrücklicher als dies, niemand käme auf die Idee, diese Vielzahl der Namensnennung zu kritisieren.

- Der Entwurf ist am weitesten entfernt von Versuchen, dem Thema Shoah mit untauglichen, künstlerischen Mitteln gerecht werden zu wollen.
- Weitere Informationen zu den Ermordeten sollten in einem Raum unterhalb der Namenstafel auf Datenträgern, die jederzeit korrigiert und ergänzt werden können, untergebracht werden, sowie mit den bestehenden Einrichtungen in Berlin vernetzt werden (Wannsee-Villa, Bendler-Block, Topographie des Terrors, Jüdisches Museum, Einrichtungen außerhalb Berlins).
- Die ästhetische Wirkung der Gravur von etwa vier Millionen derzeit bekannter Namen spricht für sich.
- Die Größe der Namenstafel ist nicht, wie oft unterstellt, willkürlich, sondern entspricht der Millionenzahl der Namen, die lesbar aufgeschrieben die Fläche von 20.000 m^2 eher noch überschreiten würde.

Das Modell von 1994 mit der städtebaulichen Umgebung zeigt erhebliche Gebäudemassen im Norden, Süden und Osten des Denkmalsgeländes und zwei zusätzliche Straßen (»Mittelallee«, »Allee auf den Ministergärten«), die dessen urbane Qualität verändern werden. Wenn auch der Bau dieser »Alleen« zur Zeit von der Stadtplanung nicht verfolgt wird, ist die Zunahme des Verkehrs schon heute bemerkbar, der bauliche Maßstab ändert sich bereits durch die Neubauten auf der Nordseite der verlängerten Behrenstraße, die im Modell dargestellten geplanten Neubauten im Osten und Süden des Geländes fehlen noch. Die Künstlergruppe bezeichnet deshalb den Vorwurf der Monumentalität als relativ und weist darauf hin, daß sich die Größe der Tafel aus dem Konzept der Namensnennung ergab und nicht, wie oft unterstellt, das Verbrechen durch Monumentalität symbolisiert werden sollte. Eine einfache Rechnung ergibt, daß die durchschnittliche Größe eines lesbaren Namens (Vorname, Familienname, Alter zum Zeitpunkt der Deportation) multipliziert mit sechs Millionen ziemlich genau dem vorgesehenen Platz für das Denkmal entspricht, sozusagen ein zutreffender Zufall. Folglich hätte die Ablehnung nicht wegen der Größe der Tafel, sondern wegen der Nennung der Millionen Namen der Ermordeten erklärt werden müssen.

Die Diskussion um die angemessene Größe eines Holocaust-Denkmals hält bis heute an, ohne daß sich dadurch hätte klären lassen, welche Größe dem Anlass angemessen wäre. In DIE ZEIT v. 13.8.1998 ist in einem Beitrag von Jeffrey Herf eine Karrikatur eingeschoben, in der zwei Spaziergänger an einer Baugrube meinen, »*am besten wäre ein Holocaust-Denkmal, das man nicht sieht*«. Jede Größe kann richtig sein, u.a. bestimmt durch das Votum einer vielköpfigen, kompetent besetzten Jury, die den Wettbewerb in einem ausführlichen Prozess entschieden hat. Es gehört zu den Merkwürdigkeiten dieses Wettbewerbs, daß eine in wochenlanger Arbeit entstandene Jury-Entscheidung von Politikern gekippt werden konnte und daß dies ohne nennenswerten Widerstand der beteiligten Fachleute vonstatten ging.

Dokumentation prämierter Entwürfe

Entwurf Gruppe Simon Ungers, Christiana Moss, Christina Alt Köln

Entwurfsbeschreibung

Vorprüfertext:

>»Ein erhabenes, monumentales Mahnmal. Zu einem 85 x 85 m großen, um 2,50 m angehobenen Plateau, das nord-süd-gerichtet in dem zu allen Seiten hin offenen Gelände liegt, führen umlaufend breite Stufen. Das Plateau wird von einer Stahlwand aus Corten-Stahlträgern, 6 m hoch, umschlossen. Aus der Substanz des Stahls sind die Namen der Konzentrations- und Vernichtungslager herausgeschnitten. Die Stufen liegen innerhalb der Stahlwand; unter ihr hindurchgehend (Kopfhöhe ca. 3 m) erreicht man das Plateau.«

Preisgericht:

»*Das Denkmal wird gebildet aus einer 85 x 85 m großen Stahlskulptur aus überdimensionalen Doppel-T-Trägern, die ein Quadrat bilden, welches an den Ecken auf vier Betonblöcken aufliegt. Dieses Quadrat umschließt einen Platz im Inneren, der über eine Treppenanlage, die direkt unter den Stahlträgern liegt, erreichbar ist. In die Stahlträger sind die Orte der Vernichtungslager perforiert. Es ist ein monumentaler Entwurf, der im Stadtraum unübersehbar präsent ist, zugleich aber durch seine Konstruktion leicht und unaufdringlich wirkt. Positiv wurde bewertet, daß die Annäherung an das Denkmal frei wählbar ist, das heißt, kein Weg vorgeschrieben ist. Das Denkmal besitzt in seiner offenen Form ein Innen und Außen, der Besucher kann sich entscheiden, ob er »draußen« bleiben oder sich nach »innen« bewegen will. Erst von dem inneren Plateau aus kann er die Namen der Vernichtungslager richtig lesen, außen erscheinen sie spiegelbildlich. Auf dem Weg nach innen muß er unter der Last der 6 m hohen Stahlträger hindurch. Das Sonnenlicht wirft die Namen der Lager auf die Treppen, die zum Plateau führen. Es spricht für das Denkmal, daß es sowohl offiziellen Anlässen als auch der individuellen Begegnung Raum bietet und ohne Erklärungen, Führungen und Interpretationen auskommt. Die Kritik beschränkte sich auf die Auswahl der Lagernamen.*«[6]

Im Gegensatz zum 1. Preis der Gruppe Jackob-Marks, die mit dem Konzept der Namensnennung eine einfache, direkte, allgemeinverständliche Art des Gedenkens verwendet, stellt sich der Ungers'sche Entwurf abstrahiert dar und müßte dem Besucher zuerst erklärt werden, um eine allgemeine Belanglosigkeit zu verlieren.

Der Besucher geht in einem riesigen Stahlquadrat, begrenzt durch wandhohe Stahlträger, gleichsam verloren. Kein Künstler war gezwungen, das gesamte Gelände zu nutzen. Die Wettbewerbsausschreibung ließ dies offen. Während aber der konkurrierende 1. Preis der Gruppe Jackob-Marks die gesamte Größe des Denkmalsgeländes wegen der Anzahl der Namen konzeptionell benötigt, erklärt sich die Größe des Entwurfs Ungers ungleich schwerer. Die Entwurfsverfasser haben in der Überarbeitung das Stahlrahmenquadrat denn auch ohne weiteres deutlich verkleinert.

Dokumentation prämierter Entwürfe

Die sechs Meter hohen Stahlträgerstege sind mit den Namen von Konzentrations- und Vernichtungslagern perforiert, die erst vom Inneren des Stahlgeviert lesbar werden, denn von außen wären sie nur spiegelverkehrt wahrnehmbar. Diese zufällige Irritation bleibt unerklärt.

Auf die innere Fußgängerfläche des Stahlquadrats, freischwebend mit Kantenlängen von 85 Metern, sollen die Lager-Namen projiziert werden, was nicht bei Nacht und nur bei Sonnenlicht und tageszeitlich unterschiedlich funktionieren könnte, abgesehen von den Streueffekten, die die Projektion schwerlich lesbar machen dürfte.

Der überzeugende Sinn dieser Entwurfsgedanken, auch nach der Ausschreibung als Denkmal für die Juden gefordert, bleibt jedenfalls dunkel.

Stellungnahme des Förderkreises

Die Jury bewertete positiv die ›frei wählbare Annäherung‹ an das Denkmal, die ›offene Form des Innen und Außen‹, von innen könne der Besucher ›die Namen der Vernichtungslager richtig, von außen spiegelbildlich lesen‹ (warum?). In diesen Qualitäten liegt jedoch eine Beliebigkeit, die für ganz andere Zwecke und Gelegenheiten auch geeignet sein könnte. Ein solches Denkmal hat fraglos einen viel abstrakteren Bezug zur Shoah als der 1. Preis der Gruppe Jackob-Marks. Das vorherrschende Stahlmaterial, die Übermächtigkeit der Proportionen (drei Meter Durchgangshöhe, sechs Meter Stahlträgerhöhe, tempelartig vierseitig ansteigende Stufen, vier gewaltige Betoneckpfeiler zur Abstützung des gewaltigen Rahmens), dies alles standfest zu erstellen, die 85 Meter langen Stahlträger zu transportieren und zu montieren, verlangen eine beachtliche Ingenieurbauleistung.

Auch die von der Jury sogenannte Leichtigkeit der insgesamt etwa 12m haushohen Anlage erscheint fraglich. Schon aus geringer Entfernung, etwa von den Fußwegen der umgebenden Straßen, dürften die spiegelbildlich angeordneten Namen der Lager kaum noch lesbar sein. Das Ganze könnte vielleicht eher ein Monument für die deutsche Stahlbauindustrie und Ingenieurkunst sein.

Ablehnung des Ergebnisses des Wettbewerbs
von 1994/95

Die im März 1995 gefundene Entscheidung der Jury des Denkmalswettbewerbs wird im Juni von der zuständigen Senatsverwaltung für Bau- und Wohnungswesen präzisiert – der Entwurf der Künstlergruppe Jackob-Marks, die Namenstafel, wird zur Ausführung bestimmt.

Gleichzeitig findet eine dauerhafte, kontroverse und polemisierende Debatte um das Denkmal und die erstplazierten Entwürfe statt, die schließlich Ende Juni zum Veto von Bundeskanzler Kohl gegen die Namenstafel führt, – die Öffentlichkeit müsse einbezogen, ein größerer Konsens herbeigeführt werden – wobei zu fragen ist, zu welchem Veto hier Berechtigung besteht. Der Bund war von Anbeginn am Verfahren und an allen Entscheidungen beteiligt; er hat die Verantwortung überdies in die Hände der Jury gelegt. Ein Veto könnte, da Deutschland keine Oligarchie ist, weder von Helmut Kohl noch von Eberhard Diepgen, sondern nur von parlamentarischen Gremien ausgesprochen werden.

Bedenken bestanden außerdem von jüdischer Seite in zweifacher Hinsicht gegen den Entwurf der Namenstafel: einmal wegen des sogenannten »Ablaßhandels« (in die Tafel gravierte Namen Ermordeter sollten durch persönliches finanzielles Engagement der Besucher finanziert werden, was nie im Entwurf beabsichtigt war, aber bis heute ständig weiter behauptet wird).

Zum anderen: der Förderkreis betonte von Anfang an, die Errichtung des Denkmals müsse Sache nichtjüdischer Deutscher sein. Zur ebenso bis heute ständig wiederholten Behauptung, die Juden brauchten dieses Denkmal nicht: Die Vertreter jüdischer Organisationen (Jüdischer Weltkongress in den USA, Zentralrat der Juden in Deutschland, Jüdische Gemeinde Berlin) sind vom Förderkreis deshalb zwar ständig über den Stand der Dinge informiert, aber nie um Unterstützung gebeten worden.

Die damals zuständigen Berliner Senatoren Wolfgang Nagel (Bau) und Ulrich Roloff-Momin (Kultur) als Jurymitglieder sowie der Juryvorsitzende Walter Jens befürchteten wegen der ablehnenden Haltung von Bundeskanzler Kohl Schaden am deutschen Ansehen im Ausland, sowie »nationale Schande« und fragten, ob man »die Opfer wirklich ehren wolle« (Frankfurter Allgemeine Zeitung v. 08.7.1998). Die drei genannten Jurymitglieder haben inzwischen ihre Meinung zu ihrer Wettbewerbsentscheidung vom 17.3.1995 geändert. Die Frage nach der Ernsthaftigkeit eines eindeutigen und sichtbaren Zeichens zur Ehrung der Shoah-Opfer bleibt jedoch solange berechtigt, solange das Denkmal nicht realisiert ist.

Der zweite Wettbewerb, das sogenannte »Engere Auswahlverfahren« Oktober/November 1997

Das Veto des Bundeskanzlers zum Ergebnis des ersten Wettbewerbs und die darauf folgende kontroverse öffentliche Diskussion führte zu drei öffentlichen Kolloquien, die im Januar/Februar und April 1997 im ehemaligen Staatsratsgebäude der DDR am Berliner Schloßplatz stattfanden. Thematische Schwerpunkte waren:
- braucht Deutschland ein solches Denkmal?
- der Standort für das Denkmal?
- Typologie und Ikonographie des Denkmals.

Als Ergebnis bekräftigen die Auslober nochmals:
- das Denkmal soll gebaut werden, – Grundsteinlegung geplant für den 27. Januar 1999
- die Baukosten bleiben im vorgesehenen Rahmen von DM 15 Millionen
- drei Standortvarianten werden untersucht, (Ministergärten, Reichstag (Platz der Republik), Topographie des Terrors) wobei der Standort Ministergärten seitens der Auslober auch in der Folge nie ernstlich in Frage gestellt wird.

Eine Findungskommission soll diese zweite Stufe des Wettbewerbs, also das »Engere Auswahlverfahren«, im Auftrage der Auslober organisieren. Mitglieder sind: Prof. Dr. Werner Hofmann, Hamburg, Kunsthistoriker, Prof. Josef Paul Kleihues, Berlin, Architekt, Prof. Dr. Dieter Ronte, Kunstmuseum Bonn, Prof. Dr. Christoph Stölzl,

Deutsches Historisches Museum Berlin, Prof. James E. Young, Judaist, University of Massachusetts/USA.

Diese Findungskommission bestimmt die Teilnehmer am Verfahren. Von 25 eingeladenen haben 19 Künstler und Künstlerinnen zugesagt: Arno Dietsche / Anna Simon-Dietsche, Todtnau, Josée Dionne, Berlin, Prof. Peter Eisenmann mit Richard Serra, New York, Jochen Gerz, Paris, Mathias Gladisch, Berlin / Klaus Madlowski, Hannover, Zvi Hecker mit Eyal Weizmann, Berlin – Tel Aviv, Dr. Rudolf Herz, München / Reinhard Matz, Köln, Prof. Hans Hollein, Wien, Prof. Rebecca Horn, Bad König-Zell, Christine Jackob-Marks / Dipl.- Ing. Hella Rolfes / Reinhard Stangl, Berlin, Dani Karavan, Tel Aviv, Daniel Libeskind, Berlin, Prof. Markus Lüpertz, Düsseldorf, Gerhard Merz, Berlin, SCALA Stuttgart / Rolf Storz, Schiltach / Hans-Jörg Wöhrle, Berlin, Hans Scheib, Berlin (gehörte im ersten Wettbewerb zur Gruppe Jackob-Marks), Georg Seibert, Berlin, Simon Ungers, New York, Gesine Weinmiller, Berlin.

Deutlicher als zuvor werden für das »Engere Auswahlverfahren« für den Standort Ministergärten städtebauliche Kriterien und Zielvorstellungen vom Senator für Wissenschaft, Forschung und Kultur[7] formuliert.

Der Denkmalsort wird als künftig wichtiges Gelenk zwischen Innenstadt und dem zentralen Park Berlins, dem Tiergarten, gesehen, als zusätzliche stadträumliche Ost-West-Verbindung und zwischen den benachbarten Potsdamer Platz und Pariser Platz gelegen.

»Ohne den urbanistischen Zwischenfall, der sich aber auch als Meditationszone ins Stadtbild prägt, wäre der atemlose Sprung vom Brandenburger Siegestor zum neuen Parlamentsviertel und den Explosionen des Kommerzes (am Potsdamer Platz) nicht zu verkraften« (Eduard Beaucamp, FAZ 12.08.1998).

Das Denkmalsgelände soll die Funktion eines Stadtplatzes erhalten – was möglicherweise Bundeskanzler Schröder veranlaßt, sich ein dort plaziertes Denkmal vorzustellen, ›zu dem man gerne geht‹ oder auch György Konráds Idee, statt eines Denkmals sich einen *»Garten der Freuden«* vorzustellen, ein *»Geschenk der vernichteten Juden an die Berliner«* (FAZ 26.11.1997).

Betont wird die freiräumliche Erweiterung des Tiergartens nach Osten in die Stadt hinein, als ›neuer Vorort des Tiergartens‹ im Stadtbezirk Mitte.

Für das Denkmal selbst sind aus solchen Gründen Kriterien abzuleiten, z. B. hinsichtlich der ›Ausdehnung, Ausrichtung, der Nebeneinrichtungen wie Parkplätzen, Zugängen‹, die von den Grundstücksecksituationen an der Ebert- /Behren-/evtl. Französische Straße als nicht denkbar erscheinen und eine Fußgänger-Orientierung stark nach Osten zum Stadtzentrum hin verursachen würde.

Das Denkmal selbst wird als Ergänzung vorhandener »*historisch, politisch und kulturell bedeutender Orte*« gesehen und erstmals von der politischen Seite Berlins in einen Bedeutungsrang erhoben, der in bemerkenswertem Gegensatz zu Verhinderungsversuchen z. B. des Regierenden Bürgermeisters Diepgen stehen.

Bedeutungsvolle Orte dieser Art sind nach den zitierten »Aufgabenbeschreibungen und Rahmenbedingungen«:

— *»Das Schloß Bellevue, Sitz des Bundespräsidenten, ist über die Diagonale der Bellevue-Allee durch den Tiergarten hindurch mit dem Potsdamer Platz und dem Kulturforum verbunden.*
— *Das Kanzleramt, die Gedenkstätte Deutscher Widerstand in der Stauffenbergstraße und die Westseite der Staatlichen Museen verbindet die Große Querallee.*
— *Das Sowjetische Ehrenmal steht durch die Trasse der ehemaligen preußischen ›Siegesallee‹ in Verbindung mit dem Kemperplatz am Kulturforum.*
— *Das Kulturforum (Philharmonie, Matthäikirche, Staatliche Museen) soll entsprechend seiner ursprünglichen Planung über eine Verlängerung der Matthäikirchstraße in den Tiergarten hinein angebunden werden.*
— *Die Kongreßhalle/Haus der Kulturen der Welt wird mit dem Kanzleramt und dem Bundestag über die Südallee des ›Bandes des Bundes‹ verbunden sein. Von Süden öffnet sich zum Haus der Kulturen der Welt eine tiefe Lichtung des Tiergartens.*
Am Tiergarten und östlich des Denkmal-Standortes versammeln sich auch die Botschaften vieler europäischer Länder ... Aus den meisten dieser Länder kamen die Opfer des Mordes an den europäi-

schen Juden. Das Denkmal gilt ihren von Deutschen planmäßig ermordeten jüdischen Bürgern. Damit ist der Standort auch zu betrachten im Hinblick auf die ›europäische‹ Topographie, die es in der deutschen Hauptstadt am Tiergartenrand und in östlich anschließenden Bereichen geben wird. Der Standort ist jedoch in dem historisch entwickelten topographischen Zusammenhang mit diesem nahegelegenen staatlich-politischen Bezirk um das Reichstagsgebäude und dem Brandenburger Tor zu sehen. Neue Elemente werden unter den gewandelten Bedingungen der künftigen Stadtentwicklung die Zentralität des Ortes weiter verstärken, so vor allem die Südbebauung des Pariser Platzes mit der US-Botschaft und der Akademie der Künste und die Vertretungen der Bundesländer im südlichen Anschluß.«[8]

Aufgabe und Gestalt des Denkmals

Hierzu steht in den erwähnten Rahmenbedingungen zu Grundsatzfragen wie ›Denkmal ausschließlich für die Juden‹, ›Hierarchisierung der Opfergruppen‹, ›Denkmal und/oder Gedenkstätte‹, ›Ikonographie‹, ›Dimensionen und Maßstab des Denkmals‹ folgendes:

»Die Einzigartigkeit des Mordes an den Juden Europas ist der Grund für ein gesondertes Denkmal. Dem Verbrechen an anderen Opfergruppen, ihrem Leiden und Sterben wird mit diesem Denkmal kein nachgeordneter Rang zugewiesen. Auch den Sinti und Roma als Opfern des Völkermordes wird ein zentrales Denkmal errichtet werden.«[9]

»Es ist wichtig, das Denkmal nicht mit zu vielen Aufgaben zu belasten, die eine überzeugende Entwurfslösung eher behindern würden. Das Denkmal kann und soll zum Beispiel nicht die Aufgabe einer Gedenkstätte wahrnehmen, sondern soll die vorhandenen Gedenkstätten an historischen Orten der NS-Verbrechen ergänzen und ihnen zusätzliche öffentliche Aufmerksamkeit verschaffen. Gegenüber der Informations- und Dokumentationsaufgabe einer Gedenkstätte richten sich das Denkmal und der Ort der Erinnerung an die kontemplative und emotionale Empfänglichkeit des Besuchers.«

»Die Gestalt des Denkmals sollte eine Antwort auf die Konzeption sein und zugleich die Frage beantworten, welche Fassung das Areal

als ein zukünftiger neuer Platz im Stadtgefüge Berlins erhalten soll. Angesichts der gestalterischen Fragen, die die Ergebnisse des Wettbewerbs von 1995 aufgeworfen haben, ist festzuhalten, daß Größe keine absolute Setzung ist, sondern viel entscheidender die Frage nach der Maßstäblichkeit innerhalb der städtischen Struktur bleibt. Das heißt nicht, daß das Denkmal sich unauffällig machen oder auf störende, ja verstörende Elemente verzichten müßte, wenn diese Teil einer überzeugenden künstlerischen Konzeption sind.«[10]

Ergebnis

Die Beurteilungskommission bestimmt am 31.10.1997 eine engere Wahl mit acht Entwürfen aus dem Wettbewerb. Am 14/15.11. 1997 werden unter Vorsitz von Prof. James E. Young nach Vorstellung dieser Arbeiten durch die einzelnen Künstler vier Entwürfe in die Endauswahl genommen:

Richard Serra / Peter Eisenman, New York, Jochen Gerz, Paris, Daniel Libeskind, Gesine Weinmiller, beide Berlin. Die Entwürfe von Zvi Hecker / Eyal Weizman, Rebecca Horn, Dani Karavan, Markus Lüpertz scheiden aus. Die nun einsetzende öffentliche Diskussion führt dazu, daß Jochen Gerz seine Arbeit aus dem Wettbewerb nimmt. Eine förmliche Mitteilung an die drei Auslober bleibt jedoch aus, und dem Förderkreis gegenüber erklärt er schließlich, daß er seinen Entwurf in der Konkurrenz beläßt.

Die FAZ teilt am 3.7.1998 mit, »*Richard Serra (habe) sich vom Wettbewerb um das Berliner Holocaust-Mahnmal zurückgezogen und zwar aus persönlichen und professionellen Gründen*«, wobei betont wird, daß die Grundidee des Entwurfs ohnehin von Eisenman stamme, der allein im Wettbewerb verbleibt.

Serra betont in einem Brief an Bundeskanzler Kohl, er stehe nach wie vor zu dem Entwurf und dem Projekt[11], aber er bezweifle mittlerweile grundsätzlich die Realisierungs-Chancen für ein Denkmal in Berlin. Im übrigen hat man zu konzedieren, daß der Architekt Eisenman von berufswegen eher im Sinne seines Auftraggebers zu weiterführenden Variationen eines Entwurfs bereit sein muß, als der Bildhauer Serra, der die beste seiner Entwurfsideen präsentiert hat und bewahren will.

**Die vier endplazierten Preise
des Engeren Auswahlverfahrens 1997**

Entwurf Serra/Eisenman (Eisenman I und Eisenman II)

Entwurfsbeschreibung (»Leitidee der Verfasser«, Eisenman I)

»In unserem Monument/Denkmal gibt es kein Ziel, kein Ende, keinen Weg sich hinein- oder hinauszubahnen. Die Zeit der Erfahrung durch das Individuum, den Besucher, gewährt kein völliges Verstehen – denn ein allumfassendes Verstehen ist nicht möglich. Die Zeit des Monuments, seine Dauer zwischen seiner Oberfläche und seinem Grund ist getrennt von der Zeit seiner Erfahrung. In diesem Zusammenhang gibt es keine Nostalgie, keine Erinnerung,

kein Gedenken der Vergangenheit, es gibt lediglich eine lebendige Erinnerung, nämlich die der individuellen Erfahrung – des Erlebens des Denkmals/Monuments. Denn heutzutage können wir die Vergangenheit nur durch eine Manifestation in der Gegenwart kennen und verstehen«.

Wie manches Mal, ist auch hier der erste Entwurf der beste Wurf und dies in städtebaulicher, architektonischer und thematischer Angemessenheit.

Die Ermordung und Zerstörung des europäischen Judentums sprengt jeden bekannten historischen Rahmen. Die Anfüllung des Grundstücks von einem bis zum anderen Ende mit über 4000 Pfeilern, so wie im Entwurf »Eisenman I« vorgesehen, die Über-Dimension der Pfeiler bis zu 7 m Höhe, symbolisiert das Ungeheuerliche dieser Vernichtung. Fußgänger sind gezwungen, auf die gegen-

»Die Juden, das sind doch die anderen«

künftige Amerikanische Botschaft am Pariser Platz

überliegende Straßenseite auszuweichen, wenn sie am Denkmal vorbeigehen wollen, denn der »Rahmen« ist überschritten.

Die Unübersehbarkeit des Denkmals als Stein des Anstoßes zur alltäglichen Erinnerung, dies zu erreichen war oberstes Ziel des Förderkreises. Deshalb und nach der Ablehnung des Ergebnisses aus dem ersten Wettbewerb 1994/95 favorisiert der Förderkreis den Entwurf Serra/Eisenman (»Eisenman I«).

Anders als der Entwurf der Gruppe Jackob-Marks aus dem ersten Wettbewerb, aber in seiner Abstraktion von künstlerischen Mitteln verwandt, wirkt dieser Entwurf in der vieltausendfachen Verwendung vorfabrizierter Betonstelen-Elemente dem Thema Shoah auf eindringliche Art entsprechend, weil er nicht den Versuch macht, festgelegte und eindeutige Wirkungen, Reaktionen bei den Besuchern hervorzurufen. Er überläßt die Besucher sich selbst, ihrer individuellen Fähigkeit, sich ansprechen zu lassen.

Die Besucher verbleiben in Ratlosigkeit, Desillusion, Verstörung. Herrmann Schreiber nennt diesen Ort das »*Irritationsfeld ohne Ein- und Ausgang*« (Diskussion am 8.11.1998 im Thalia Theater Hamburg). Werner Hofmann zitiert in der gleichen Diskussionsveranstaltung Serra/Eisenman, die ihren Entwurf als ‚Sprache bezeichnen, die in sich selbst Ausweglosigkeit bedeutet'.

Werner Hofmann schreibt weiter im November 1997 an die Beurteilungskommission zur Problematik, dem Thema Shoah bildlich, künstlerisch, didaktisch gerecht werden zu können:

»Das Mahnmal kann nicht nach den herkömmlichen Denkmalkriterien entschieden werden, denn seine Aussage gilt nicht bloß einem Gedenken, also einem Auftrag des Bewahrens und Nicht-Vergessens, sondern schließt auch die grundsätzliche Frage ein, ob künstlerische Mitteilungsformen überhaupt angemessen imstande sind, die Massenvernichtung in eine anschaubare Form zu bringen.

Wer diesen Zweifel thematisiert, wird alle Versuche, die sich dem Auftrag mittels ästhetischer Bemächtigung nähern, als untauglich erkennen.

Nur eine zurückgenommene (anonymisierte) Formensprache ist geeignet, das ganze Desaster zu evozieren, das mit dem Nazi-Regime über die antik-jüdisch-christliche Zivilisation hereinbrach. Nicht nur alle Übereinkünfte des Humanismus, auch alle formalen (und inhaltlichen) Grundlagen der Künste wurden damit fragwürdig, die Beschädigung des Menschen übertrug sich auf den Kunstbegriff, der davon nachhaltig verletzt wurde.

Dem ist Rechnung zu tragen. Deshalb sind m.E. alle Entwürfe problematisch, in denen so oder so die Bemächtigung des Themas mit offenkundig künstlerischen Sprachmitteln versucht wird.

Die einzige Ausnahme stellt das Projekt Eisenman/Serra dar. Die Gründe dafür liegen auf der Hand. Die 4000 Stelen führen jeden nur-ästhetischen Maßstab ad absurdum. Sie vollführen eine Gratwanderung zwischen Destruktion und Konstruktion, Widerstand und Verfall. Es handelt sich um KONKRETE ABSTRAKTION. Das bewirkt der Rückgriff auf den Prototyp des Grabmals, der jedoch nicht schlicht zitiert wird. Im Gegenteil: wie das »Denkmal« genannte Kunstgebilde wird auch der Topos »Friedhof« dekonstru-

iert und damit in einen MEDITATIONSRAUM geöffnet, der jenseits festgelegter religiöser Riten (und Erwartungen) jedem zugänglich ist.«

In ähnlichem Sinn äußert sich James E. Young, Vorsitzender der Beurteilungskommission, zu den Möglichkeiten, dem Mord an den Juden mit den Mitteln künstlerischer Darstellung zu entsprechen:
»... der Entwurf von Eisenman und Serra richtet sich gegen die Idee der Erlösung: Für den Holocaust kann es keine Erlösung durch Kunst oder Architektur geben, und in der Tat, dieser Entwurf widersteht der Versuchung, dieses Ereignis auf irgendeiner Ebene wiedergutmachen zu wollen. Vor diesem Hintergrund ist der Entwurf von Eisenman und Serra eine kühne Herausforderung für die Vorstellung eines Denkmals per se, für die Annahme, es sei möglich, den Massenmord mit den Konventionen individueller Trauer darzustellen. Eisenman und Serra schaffen einen neuen, überwältigenden Raum, der sich formal auf einen jüdischen Friedhof bezieht – speziell den in Prag, wo die Grabsteine als dicht gedrängte Masse zusammenstehen – wobei die Form eines solchen Friedhofs vergrößert und soweit übersteigert wird, bis sie sich gegen sich selbst wendet. Die viertausend Pfeiler formen ein wogendes Feld von Grabsteinen, 92 cm voneinander entfernt, ½ m bis 5 m hoch. Ein solches Feld von vertikalen Elementen verwandelt sich in dieser Massierung in eine horizontale Ebene ...
Das Gelände zwischen den Pfeilern schwankt und verändert sich, die Pfeiler sind bis zu 3° aus der Vertikalen geneigt: Diese Erinnerung macht uns nicht sicher, versöhnt uns nicht mit dem Massenmord an Millionen, sondern raubt uns die Orientierung. Ein Teil dessen, was Eisenman »Unheimlichkeit« nennt, rührt genau von diesem Gefühl der Gefahr her, was durch ein solches Feld erzeugt wird.«[12]

Stellungnahme des Förderkreises

Das störende Element, das Denkmal Serra/Eisenman, wie auch immer man sich diesem Stadtbereich nähert, zu Fuß, mit dem Auto, es überfliegt, es fällt aus dem vertrauten Berliner Blockbebauungsmuster und wäre gewiss kein »Ort, zu dem man gerne hingehen möchte« (Bundeskanzler Gerhard Schröder). Es wäre ein Ort, sichtbar von überall her. Die Gewohnheit des Alltags in der alten neuen Hauptstadt würde uns, den Bewohnern dieser Stadt, Nachfahren und Erben der NS-Zeit, den Umgang mit diesem Teil unserer Kulturgeschichte besser ermöglichen als zuvor: wir öffnen unsere Wohnzimmer- und Parlaments-Bürofenster und müssen uns erinnern.

Die Beschäftigung mit dieser unserer Geschichte, bislang eher Büchern, Archiven oder abgelegenen Institutionen vorbehalten, ist mit Sicherheit dort in berufenen Händen, aber ebenso sicher aus dem öffentlichen Blickfeld genommen. Das Serra/ Eisenman'sche Stelenfeld hingegen macht die Erinnerung an den Holocaust auf äußert subtile Art unausweichlich und dies gleichermaßen für den einzelnen Besucher als auch in städtebaulicher und stadträumlicher Dramatik. Eduard Beaucamp schreibt hierzu:

»In der Kritik am Projekt der Amerikaner (Serra/Eisenman) ist viel die Rede von der abstoßenden Monumentalität, ja dem Schrecken dieses Denkmals. Doch monoton und abstoßend ist ihr rauher »Hain« keineswegs. Die Modulationen im Bodenrelief und die wechselnden Höhen der Pfeiler verleihen Serras »Wald« Rhythmus und wellenhafte, pulsierende Bewegung. Der enge Abstand zwischen den viertausend Stelen (jeweils knapp ein Meter) ergibt ein Dickicht, aber keinen klaustrophobischen Dschungel, da die planvolle Anlage klare Durchblicke und Orientierungen erlaubt. Ihre Enge ist notwendig – nicht um Angst und Grusel zu erzeugen, sondern um den Rummelplatz zu verhindern, und die Besuchermassen aufzulösen. Das Denkmalgelände ist nicht abweisend, sondern nach allen Seiten offen und durchsichtig. Doch es duldet kein Gruppen- und Massenerlebnis, es erschließt sich nur dem einzelnen, der beim Durchwandern des Stelenfelds auf sich allein gestellt sein wird. Er wird von einem Ozean von Totensteinen, einem Wald voller Erinnerungsmale umgeben sein. Diese begrenzte Grenzenlosigkeit beschwört die Masse der Opfer, das grenzenlose Morden. Serras erste Entwurfsfassung differenzierte dies Erlebnis noch höchst subtil. Eine

einzige Säule war weiß markiert und pointierte damit das Schicksal des einzelnen Opfers im anonymen Meer der Massenvernichtung. Serras plastischer Zugriff ist ingeniös. Er verhindert das unangemessene kollektive Trauerritual, die öffentliche Manifestion, damit auch das Staatsdenkmal und den repräsentativen Staatsakt. Dieser Mahnmalpark spricht nur den Einzelbesucher an, isoliert und fordert ihn und zwingt ihn zur Stellungnahme, zur Entwicklung und Verarbeitung eigener Erinnerung und Gefühle. Noch einmal: Von diesem lichten Stelenhain dürfte kein niederschmetternder Schock, keine menschenfeindliche, abstoßende Gewalt ausgehen.«[13]

Deshalb bedeutet die Reduzierung in der Überarbeitung (»Eisenman II«) eine deutliche Abschwächung des ersten Entwurfs von Serra/Eisenman. Es ist der Beginn einer Diskussion, an deren Ende ein quasi nicht mehr sichtbares Denkmal stehen könnte. Eine weitere Verflachung des Entwurfs bedeutet das jetzt geplante camouflierende Straßengrün, ein hilfloses, weil viel zu dünnes Mittel, wenn es zur Lärmreduzierung gedacht ist. Am Ende dieser Entwicklung könnte in der Tat eine Art Wald unter der Überschrift »Erweiterung des Tiergartenparks« stehen, in dessen Mittelpunkt versteckt z. B. die Idee Richard Schröders, ein Stein mit dem Fünften Gebot – in welcher Sprache auch immer – aufgestellt wäre: als dauerhafte Provokation nicht nur der jüdischen Opfer des Nazi-Terrors, sondern auch der überfallenen Polen, Russen, Franzosen, Holländer und vieler anderer, in deren Sprachen das Mordverbot ausgerechnet im Land der Hitler-Erben aufgeschrieben werden soll.

Dahin würden dann einige Leute sicher gerne gehen, zum Radfahren und eventuell auch noch Grillen. Über die wichtige Rolle solchen camouflierenden Grüns in der Stadt zur Abgrenzung wertunterschiedlicher Zonen, zur Abschirmung, Verdeckung und Distanzierung, hat die Stadtplanerin Heide Berndt vor Jahren einschlägig geschrieben[14].

Man darf vermuten, daß der Wunsch, das leidige und schwierige Thema Holocaust-Denkmal, wenn man es schon nicht loswerden kann, doch wenigstens zu, zum Überarbeitungsauftrag des Serra/Eisenman Entwurfs geführt hat, versuchsweise legitimiert durch

Dokumentation prämierter Entwürfe

das Parkproblem für Autos: Hier gäbe es unauffällige und billige Möglichkeiten, z.B. die durchaus übliche Wechselnutzung auf den östlich anschließenden Grundstücken mit vorhandenen und noch geplanten Gebäuden und Parkmöglichkeiten.

Entwurf Jochen Gerz

Entwurfsbeschreibung (»Leitidee des Verfassers«)

> »... Der Standort ist als Chance zu verstehen, da er die naive Gleichung »Genozid, Stille, Diskretion und Würde« umkehrt. Es ist eine Leistung des Auftrags, daß er ein säkulares, ja »störendes« Umfeld zur Bedingung der künstlerischen Auseinandersetzung macht (siehe auch Standortwahl beim »Mahnmal gegen Faschismus, Harburg«, gegen Standortvorgabe im Park). Außerdem ist die Größe des Platzes – als Metapher für eine Weltverletzung, die Shoah –

»Die Juden, das sind doch die anderen«

eine weitere »richtige« Vorgabe des Auftrags, weil sie die Maßlosigkeit zum Maßstab des Auftrags macht.
Die Verwirklichung: Die Frage »Warum ist es geschehen – Why did it happen?« steht im Mittelpunkt des Denk- und Mahnmals, weil sie den Ansatz zum Denken und Leben nach der Shoah verkörpert. Jeder Besucher des Denkmals für die ermordeten Juden Europas ist eingeladen, auf diese Frage zu antworten.
Das Gemeinschaftswerk der Antworten – die in den Belag des immensen, anfangs leeren Platzes im Laufe der Zeit eingemeißelten Gedanken und Reaktionen jedes Besuchers – wird ein permanenter Teil des Denk- und Mahnmals....
... Das Denk- und Mahnmal teilt das Areal in zwei Teile: Den ersten Teil bildet der ca. 15.000 qm große Platz, der beschriftet wird mit den Antworten der Besucher auf die Frage »Warum ist es geschehen?«. Den zweiten Teil bildet ein Gebäude, das sogenannte Ohr. Das Ohr stellt allen Besuchern die Frage, bereitet sie auf ihre Autorenrolle vor und begleitet sie bis zum eigenen Beitrag.

Dokumentation prämierter Entwürfe

... *Die Beleuchtung des Platzes bilden 39 Lichtpole aus Edelstahl mit einem Durchmesser von 60 cm und einer Höhe von 16 m. Sie sind auf den Kreuzungspunkten eines Parallelogrammrasters über den Platz verteilt.*
Entlang der Behrenstraße wird der Platz durch ein Wasserbecken begrenzt. Von den übrigen drei Seiten aus ist er, teilweise über flache Treppenstufen, zugänglich. Die Besucher betreten den Platz, um die Antworten im Boden zu lesen. Sie werden über die Beschriftung laufen. ...
... Die Frage: Im oberen Bereich der 39 Lichtpole steht in Handschrift senkrecht das Wort Warum geschrieben, realisiert in illuminierenden Lichtwellenleitern. Das Wort erscheint in den Sprachen der verfolgten Juden Europas. Dem Auftrag des Denkmals folgend, werden nur die Landes- und Regionalsprachen der verfolgten Juden Europas (und jiddisch und hebräisch) auf den Lichtpolen verwendet, z.B. weder Englisch noch Spanisch. Auf der Rückseite der 39 Lichtpole läuft eine senkrechte Lichtlinie aus Lichtwellenleitern von

oben nach unten und endet 3 m über dem Boden. ...
... Neben dem Tiergarten entsteht ein zweiter Wald – ein Wald aus Wörtern, Fragen und Antworten. Es geht nicht so sehr darum, die Frage, auf die es keine Antwort gibt, zu überwinden, vielmehr darum, das Singularische der Frage durch das Pluralische der Menschen zu ergänzen, die die Frage hören und dennoch Antwort suchen.
Die Nähe des Denk- und Mahnmals zu verkehrsreichen Straßen erlaubt kontinuierliche Entdeckung. Das Licht der vielsprachigen Frage »Warum« wird Anwohnern und Passanten vertraut werden, zugleich aber auch ein Signal für das immer Ungewöhnliche, für die vor Ort unaufhörlich wachsende Zahl der Antworten sein. ...
... Das Ohr ist ein Gebäude, das die iranische Architektin Nasrine Seraji entworfen hat. Es dient der Beziehung zwischen Menschen, der Beziehung zur eigenen Spur (die Antwort) und der Beziehung zwischen Menschen und ihrer Geistigkeit zum Abwesenden.
Das Ohr führt die Besucher vom Raum der Erinnerung in den Raum der Antworten und durch diesen hindurch in den Raum der Stille. ...
... Der erste Raum: Erinnerung. Dieser Raum ist konzipiert als der erste europäische von bisher fünf Aufbewahrungsorten von der Shoah Foundation des amerikanischen Filmregisseurs Steven Spielberg. Diese Stiftung plant die Interview-Sammlung aller noch lebenden jüdischen KZ-Überlebenden auf Video.
Dank dieses Bild- und Tonarchivs wird ein »Gedächtnis der Shoah« existieren, das sich ausschließlich auf die Erinnerungen der Opfer des Genozids selbst stützt...
... Der zweite Raum: Antworten. Das Thema des Denk- und Mahnmals – die Frage: Warum ist es geschehen? – ist der Gegenstand des Raums. Die Besucher treffen sich hier zum Gespräch und zur Diskussion mit Stipendiaten der Denk- und Mahnmal-Stiftung. Die Stipendiaten, die für die Dauer eines Studienaufenthalts in Berlin volontieren, kommen aus Israel, von internationalen jüdischen Universitäten oder Institutionen. Ihr Aufenthalt in Berlin und ihre Auseinandersetzung mit den Besuchern des Denk- und Mahnmals, den »Nachgeborenen« aus Deutschland und aller Welt,

ist ein Dienst an der Erinnerung der Shoah. Die Kultur des Gesprächs als Anathema von Rassismus ist ein zentrales Anliegen dieses Raums. Das Denk- und Mahnmal muß der Diskussion dienen und sich deshalb als ein Teil davon verstehen ...
... Die Gegenwart der ausländischen jüdischen Stipendiaten, vor allem aus Israel, soll dem intellektuellen Austausch dienen. Intellektualität ist auch heute die Zielscheibe jeden rassistischen Übergriffs. Lehrer und Studenten, Schriftsteller, Philosophen, Politiker, Historiker, Soziologen, Künstler und alle anderen, die das Umfeld der Frage positiv beeinflußt haben, laden Besucher zu Gesprächen ein. Dieser Austausch, zusammen mit regelmäßigen Veranstaltungen der Denk- und Mahnmal-Stiftung, machen diesen Raum zu einer internationalen Referenz für den zeitgenössischen Stand von Erinnerungsarbeit und -Forschung.
Der dritte Raum: Stille. Zu dem runden Raum im Zentrum des Gebäudes kommt man durch den Raum des Gesprächs. Er ist so dunkel, daß es zunächst unmöglich ist, seine Dimension auszumachen, oder zu erkennen, ob man allein ist. Langsam wird der Himmel in der lichtdurchlässigen Raumdecke (aus smart-glass) sichtbar. Zu hören ist »eternal e«, eine Komposition des amerikanischen Komponisten La Monte Young. Der Raum ist leer mit Ausnahme einer Bank, die der Außenwand folgt.
»eternal e« besteht aus einem einzigen Ton, der vom Zuhörer nicht durchgehend als solcher gehört werden kann. Er scheint sich im Verlauf der Komposition zu ändern, zu verstärken oder abzuschwächen: die Zuhörer wissen nicht, ob sie eine vorgegebene Musik hören oder eine einmalige, die eine, deren Autoren sie sind.« ...

Rachel und Gideon Freudenthal, Angehörige der ersten israelischen Nachkriegsgeneration mit Eltern aus Russland und Deutschland, kamen Ende der 70er Jahre nach Berlin. Sie lebten hier über zehn Jahre, studierten an der Freien Universität. Wir waren ihre ersten deutschen Freunde, die Freundschaft dauert bis heute. Es muß in unseren allerersten gemeinsamen Tagen gewesen sein, als sie in deutlicher Anspannung die Frage nach der Shoah stellten, warum das geschehen sei, und mich in Ratlosigkeit versetzten, weil zu dieser Frage damals noch weniger als heute gesagt werden konnte.

Jochen Gerz machte diese Frage WARUM? zum Thema seines Entwurfs und sagte am 13. November 1997 anläßlich der Präsentation seines Entwurfs:

»Diese Frage ist die gleiche für Menschen unterschiedlicher Erziehung, Herkunft, Nationalität, unterschiedlichen Alters und Geschlechts. Es ist auch die gleiche Frage für die Erben der Opfer und der Täter. Niemand wird sie beantworten und gerade deshalb ist sie zur Frage schlechthin geworden, gerade deshalb muß sie stehen bleiben, und das geschieht, dieses Stehenbleiben der Frage, dank der Millionen Antworten, die sie in der Arbeit finden wird. Gerade darum ist diese Arbeit auch als ein immer neuer Versuch, ein vergebliches Anrennen und immer neues Versprechen für mich schlußendlich denkbar und auch machbar geworden.«[15]

Gerz' Aufruf, durch Antworten auf diese Frage sich seinem Konzept zu stellen, birgt immerhin die Möglichkeit des Scheiterns in sich, da für viele die Frage immer unbeantwortbar bleibt.

Wer dann wird dieses Denkmal aufsuchen, um sich einer solchen hilflosen Situation auszusetzen? Ein deshalb verlassenes, nicht benutztes Denkmal, das mit der Zeit verrotten oder zuwachsen könnte, wäre sicherlich auch ein bedeutsamer Ort, – der Ort des künstlerischen Scheiterns angesichts eines kaum erklärbaren Phänomens.

Im Gerz'schen Entwurf muß der Besucher sich gleichsam vor dem Betreten des Geländes, vor der Annäherung an das Denkmal entscheiden, ob er sich dem Thema überhaupt stellen kann und will.

Im Serra/Eisenman-Entwurf könnte diese Entscheidung sogar ausbleiben. Auch das Unvermögen des Einzelnen ist Bestandteil des Eisenmanschen Entwurfs.

Gerz ist sich dieses Problems bewußt – er sagt:

»Es wäre eine unglückliche Antwort auf die Geschichte, wenn gerade diese Stelle den Besuchern die eigenen Leistung verweigert. Die

»zentrale« Arbeit kann nur der eigene Beitrag, die Antwort sein. Niemand kann das stellvertretend tun für den Besucher des Berliner Denkmals, kein Künstler, Politiker, kein Auslober.«[16]

Der Denkmalsplatz hat nach Gerz'schen Angaben Raum für 165.000 Antworten von Besuchern, die auf die Frage WARUM? gegeben werden sollen. *»Nach vollständiger Beschriftung des Platzes weitere Sammlung der Antworten im Dokumentationsgebäude (»Ohr«).«*

Es ist Konzept des Entwurfs, die Besucher durch eine komplizierte Prozedur der Meinungsäußerungen, durch »Gespräche«, »Diskussionen«, »Pulte (mit) offenen Büchern«, durch mechanische und computergesteuerte Einfräsung der Besucherantworten, durch die Nutzung von Steven Spielbergs Interview-Sammlung und durch andere Mittel zu einem Bildungs- und Bewußtseinsprozeß zu veranlassen, der, wenn er gelingen und nicht am Desinteresse des zufälligen Passanten scheitern würde, die didaktische Komponente erfüllen könnte, die viele für ein Holocaust-Denkmal fordern.

Das Gerz'sche Konzept des Besucherengagements müßte mit den Programmen vorhandener Forschungseinrichtungen und Gedenkstätten in und um Berlin abgestimmt werden, um Duplizitäten zu vermeiden.

Der Förderkreis hat – das muß hier wiederholt werden, – auch aus solchen Gründen immer betont, daß das Denkmal der Ort der Ehrung und des Gedenkens sein soll und nicht der Studien oder der Forschung.

Stellungnahme des Förderkreises

Die Demonstration der weithin sichtbaren 39 »Lichtpole«, der Mastenwald, der das Denkmalsgelände prägt, stellt sich mit seiner Pathetik in deutlichen Kontrast zum Tiergarten und zur umgebenden Bebauung, der vorhandenen, der noch zu erwartenden. Das Raster der Pole ist gleichförmig und neutral, der Zugang zum Gelände offen von drei Seiten, während die vierte Seite (Behrenstraße) durch ein Wasserbecken getrennt ist, über das eine Beobachtungsbrücke führt.

Die abgesenkte, begehbare Betonfläche ist das Beschriftungsfeld für die Antworten der Besucher. In der Süd-West-Ecke des Geländes steht das Dokumentationsgebäude (»Ohr«), das die signifikante Leere und Weiträumigkeit des Platzes stört. Der Platz wird durch Einbezug der Ebertstraße bis zum Tiergarten optisch erweitert.

Gerz stellt sich vor, daß durch den dort unmittelbar tangierenden Stadtverkehr der Platz »ein urbanes, pulsierendes Zentrum« wird.

Die zur Beurteilungssitzung im November 1997 vorgelegten Illustrationen vermitteln einen sportiven Eindruck: Bilder eines Fahnenwaldes, eines bei Nacht durch Flutlicht erleuchteten Platzes, die Besucherbrücke wirkt wie eine Bootsanlegestelle, die Beschriftungsfläche könnte zu Skating und Radfahren verleiten.

Möglicherweise gehört das zum Charakter eines ‚urbanen, pulsierenden Zentrums', das Gerz erreichen will, »*möglichst vielfältig angeschlossen an die reale Stadt. Es soll keine verschämte Ecke im Park für Holocaust-Spezialisten sein. Das hieße, den Auftrag verschenken.*«

Die Frage ist aber, ob eine Art olympisches Fahnengelände mit aller intendierten, zentralen Umtriebigkeit dem Anspruch der Auslober, der ermordeten Juden zu gedenken und sie zu ehren, gerecht werden kann.

Dokumentation prämierter Entwürfe

Entwurf Daniel Libeskind

Entwurfsbeschreibung (»Leitidee des Verfassers«)

»*Das Denkmal für die ermordeten Juden Europas ist ein geweihter Ort in den Leerräumen dieses ebenso gegenwärtigen wie unfaßbaren Berlin. Das ausgelöschte und verschüttete Berlin und zum anderen seine Ansichten und Projektionen, diese Gleichzeitigkeit von Präsenz und Abwesenheit, setzen die Zukunft des Denkmals in Beziehung zu seiner Vergangenheit, inmitten der entleerten Brachflächen, die es dauerhaft miteinander verbindet. ...*

... Die außerordentlich schwierige und problematische Aufgabe, ein Denkmal für die ermordeten Juden Europas in Berlin zu entwerfen wirft ethische, philosophische und ästhetische Fragen auf, die das herkömmliche Verständnis von Denkmalen weit übersteigen. Diese abgrundtiefe Aporie sollte für die Öffentlichkeit erkennbar werden in

einem Denkmal, dessen unabänderliche Leere und zugleich unabweisbare Notwendigkeit strukturell miteinander verknüpft sind. ...
... Steinatem besteht aus der Überlagerung horizontaler Betonschichten, die, nach einem strengen System angeordnet, hervorbringen, was nicht dazugehört, nämlich die Lücke, das Void: Ein System, das seine eigene Auflösung in das Sichtbare einschreibt. In massiver Form wiederholt es genau das Volumen des Hohlkörpers (void), der sich durch das Berlin Museum mit Jüdischem Museum zieht.
Die Durchbrüche sind wie Alt-Berliner durchbrochenes Porzellan, zerbrechlich und zugleich Konstruktion der eigenen Zerbrechlichkeit. Auf der Innenseite der Wände sind die Texte des Denkmals angebracht. Diese sollten, schlage ich vor, mehr als bloß Fakten und Zahlen zum Holocaust enthalten. In solche Texte sollte auch eine Weltkarte aufgenommen werden, die in ständiger Aktualisierung entstehende Konflikte und Völkermorde zeigt, als Warnung für die Gegenwart und die Zukunft.
Der Beton materialisiert Licht und Schatten, Präsenz und Abwesenheit, Tag und Nacht. Das Bauwerk ist rhythmisch gegliedet duch senkrechte Lücken, die sich auf die Schlitze beziehen, die Himmel und Luft in die umgebende Stadtraumkulisse reißen. Durch die scharf umrissenen Öffnungen im Steinatem hindurch sieht man das Menschengewimmel der Stadt. Man sieht die Zukunft als durchlässiges Gebilde im Gegensatz zur Abgeschlossenheit der Geschichte. Bei Regen wie bei Sonnenschein, bei grauen Winter wie unter blauem Sommerhimmel atmet das Denkmal den Atem der Geschichte ein und aus.«

Vorprüfertext

»Auf einer konkaven Fläche, mit Kies bestreut, schreiben die Schritte der Besucher Zeichen ein – »Kieselschrift«. In dieser Fläche von der Größe des Reichstagsgrundrisses, um den Mittelpunkt der Quadriga gedreht, erhebt sich eine vielfach durchbrochene Mauer – »Steinatem«. Die aus fünf Segmenten bestehende Mauer steht in einem Einschnitt – »Kanal«, dessen Richtung zur Wannseevilla hinweist. Die Unterbrechungen der Mauer entsprechen der gedachten, durch sie hindurchgeführten Grundrißfigur des jüdischen Mu-

seums, so daß die dortigen Leerräume hier materialisiert werden und umgekehrt (solidified voids). ...

... Die eigentliche Denkmalfläche, die konkav gewölbte Platte, wird zur Flucht der Ebertstraße um ca. 45° gedreht und ragt grundstücksübergreifend mit einer Ecke über die Ebertstraße bis in den Tiergarten hinein, so die »historische Mitte Berlins mit dem Tiergarten verbindend.«

Der Zugang auf die Fläche ist von allen Seiten frei, der Zugang in den »Kanal« erfolgt von der nordöstlichen Grundstücksecke.

Die übrige Grundstücksfläche wird Parkfläche mit verpflanzten Bäumen aus dem Tiergarten. Sie ist mit gerichteten Strukturen versehen, die auf historische Orte des Holocaust innerhalb und außerhalb Berlins hinweisen.

Die Grundstücksfläche außerhalb der rechteckigen Fläche wird Park.

Stellungnahme des Förderkreises

Daniel Libeskind beschreibt im Erläuterungsbericht die axiale Ausrichtung seines Entwurfs zum Reichstag einerseits und andererseits zum Jüdischen Museum beim Berlin Museum. Seine Denkmalswand, nach Paul Celan »Steinatem« genannt, bezieht sich bis hin zu formalen Ideen und Details auf die Architektur des Jüdischen Museums. Die Wand besteht aus fünf doppelwandigen, beidseitig beschrifteten Segmenten, 115 m lang, und ist mit etwa 20 m so hoch wie das Brandenburger Tor. Sie kann in einem als »Kanal« bezeichneten Fußweg mittig begangen werden. Fußweg und Wand sind auf die Wannsee Villa ausgerichtet, *»wo der Mord an 6 Millionen Juden zu Protokoll gegeben wurde«*.

Die Ausrichtung der »Steinatem«-Wand parallel zu den Seiten des Areals wiederum bestimmt die axiale Ausrichtung des gedrehten weißen Kies- und Betonareals, auf dem sie steht.

Das Denkmalsareal sprengt durch die Drehung seinen vorgegebenen Rahmen, greift über die Ebertstraße in den Tiergarten ein. Der Tiergarten wiederum wird in die Stadt einbezogen, Autofahrer auf der Ebertstraße sollen zum »Anhalten«, zu einer veränderten

Fahrweise gebracht werden. Eine ähnliche Idee liegt dem Entwurf von Rudolf Herz und Reinhard Matz zugrunde, die auf der Autobahn 7 südlich von Kassel durch Kopfsteinpflasterung die Fahrgeschwindigkeit so reduzieren, daß Texttafeln gelesen werden können. Es soll angehalten und nachgedacht werden.

Diese komplizierte Aufzählung von komplizierten Gedanken, gedrehten Bezügen und abstrahierten Zusammenhängen werden sich dem unbefangenen, uninformierten und zufälligen Besucher schwerlich vermitteln, – sie bleiben, das ist zu befürchten, überwiegend Gedankengut des Entwerfers. Es gibt weitere Bezugslinien, die auf das nahe Goethedenkmal im Tiergarten, auf Orte innerhalb und außerhalb Berlins verweisen und von Bedeutung für die Geschichte des Holocaust sind.

Libeskind gelingt vielleicht mit solchen Assoziationen zu seinem Entwurf für das Jüdische Museum zweifaches:
- die vielfältigen Beziehungen und Bedeutungen lassen dem Besucher, wenn er nicht verwirrt zurückbleibt, genügend Raum und Gelegenheit, sich intellektuell und emotional an der richtigen Stelle, am richtigen Denkmal zu befinden,
- die Akzeptanz des Denkmals könnte angesichts der breiten öffentlichen Anerkennung seines Museums leichter vorausgesetzt werden, – ohne das Museum wäre der Denkmalsentwurf noch schwieriger zu verstehen.

Dank dieser Affinität wird das Jüdische Museum mittlerweile oft als das bereits existierende Denkmal diskutiert, mit dem man das ganze Problem bereits erledigt hätte.

Seit das Museumsgebäude im Bau war, wie ein Blitz vom Himmel in die Nachbarschaft des beschaulichen Berlin Museums eingeschlagen, seit die beeindruckende, vorläufige Leere des Rohbaus und auch des jetzt fertiggestellten Gebäudes kongenial den Verlust beschreibt, der die Ermordung der Juden in Europa hinterlassen hat, wird das Museum als *das* Denkmal gesehen.

Das Museum, ursprünglich nur als Abteilung des Berlin Museums für die Geschichte der Berliner Juden gedacht, hat den historischen Hauptbau an Volumen und Prominenz längst überflügelt. Die Architektur ist über den simplen Funktionszweck der

Dokumentation prämierter Entwürfe

Jüdischen Abteilung längst hinausgewachsen, auch deshalb, weil das Raumprogramm für den Neubau nie explizit festgelegt war.

Übersehen wird dabei, daß die Einrichtung und Ausstattung des Gebäudes bislang fehlt, daß der Alltag mit Forschungs- und Besucherbetrieb noch nicht eingesetzt hat. Dadurch kommt die beziehungsvolle Leere, die so vorherrschend nicht beabsichtigt ist, zur Wirkung. Dieses Museum mit der ihm eigenen didaktischen Aufgabe, Vergangenheit, Gegenwart und Zukunft jüdischer Kultur zu thematisieren, entfernt sich aber vom Anspruch des Denkmals als einem Ort des Gedenkens und der Ehrung von sechs Millionen Ermordeten. Das Museum ist ein Wissenschaftsbetrieb, aber kein Denkmal.

Mit Ausnahme der USA, Israels, vielleicht Englands, gibt es wohl kaum ein anderes Land, das sich wissenschaftlich und aufklärerisch mit dem Holocaust mehr beschäftigt als Deutschland. Dies führt aber ebenso zu einem neutralisierend-distanzierendem Effekt auf die Bewohner dieses Landes, die sich daran gewöhnen, daß quasi stellvertretend für sie Wissenschaftler, Archivare, Veranstalter von Podiumsdiskussionen und Seminaren tätig sind und die unmittelbare, emotionale Konfrontation mit dem Holocaust erübrigen.

Die Belastung eines Wissenschafts- und Forschungsbetriebs mit den emotionalen Ansprüchen eines Denkmals wird daher auch eher als unvereinbar betrachtet; das Museum als Denkmal wird von den Leitern der Gedenkstätten abgelehnt (Dr. Volkhard Knigge, Arbeitsgemeinschaft der KZ-Gedenkstätten bei der Anhörung zum Denkmal am 20.4.1999 im Reichstag).

So klar und zutreffend die Architektur des Jüdischen Museums auch in seinem städtebaulichen Kontext erscheint, so unklar und schwer verständlich bleibt die Doppelwand des Libeskindschen Denkmalskonzepts. Dem im Erläuterungsbericht vertretenen komplexen Anspruch steht der städtebauliche, brachiale Charakter der Denkmalswand entgegen. Solange man es nicht mit Destruktivisten halten will, die zur Bestrafung der Deutschen das Brandenburger Tor teildemontieren oder gar zerbröseln wollen (z. B. Horst Hoheisel) hängt dieser Riesenkulisse und zwanzig Meter hohen städtebaulichen Sichtblende und ihrer unverständlichen Schrägstellung etwas übermäßig Willkürliches an.

»Die Juden, das sind doch die anderen«

Der Förderkreis würde eine Entscheidung für diesen Entwurf nicht mittragen.

Entwurf Gesine Weinmiller

Entwurfsbeschreibung (»Leitidee der Verfasserin«)

- *»Die Schrecken des Holocaust sind unmöglich in einem Denkmal darzustellen. Es geht vielmehr darum, einen Raum der Stille zu schaffen, in dem jeder Besucher, ... zu seiner Trauer Assoziationen und Bilder erzeugen kann und somit zu seinem eigenen Gedenken findet.«*

Vorprüfertext

»Innerhalb einer dreiseitigen Auftreppung mit 5 Stufen, wird auf der gesamten verbleibenden Grundstücksfläche eine schiefe Ebene geschaffen, die vom Niveau an der Ebertstraße nach Osten hin um ca. 5 m zu einer Stirnwand von 7 m Höhe abfällt. Auf ihr stehen

lose verteilt 18 als »Steinblöcke« bezeichnete Wandscheiben, die den hinabgehenden Besucher mit steigender Höhe der Wände bzw. Tiefe der Ebene zunehmend vom Verkehrslärm der umgebenden Straßen abschotten sollen. Die Ebene kann über eine Treppe hinter der partiell durchbrochenen Stirnwand verlassen werden.
Der Zugang soll von der Ebertstraße erfolgen. Die Auftreppung endet hier mit einer Brüstungsmauer im Abstand von 7 m parallel zur Grundstücksgrenze. Die 18 Wandscheiben werden »als Bild für das versprengte und ermordete Volk wie zufällig verstreut« positioniert, sollen sich jedoch dem Besucher bei einem Blick vom oberen Ende der Ausgangstreppe über die Gesamtanlage in ihrer perspektivischen Verzerrung als abstrahierter Davidstern darstellen; ähnlich dem optischen Effekt beim schrägen Betrachten des Totenschädels im Bild 'Die Botschafter' von Hans Holbein.
Die Stirnwand ist in ihrem südlichen Teil mit 18 wandhohen Öffnungen durchbrochen, durch die der Besucher die Ausgangstreppe in Richtung Westen erreicht. Im Bereich der Öffnungen ist zwischen der Stirnwand der schiefen Ebene und der hinteren Wand des Treppenraums eine Überdachung vorgesehen.« ...

Ungefähr 70 von insgesamt etwa 550 Entwürfen beider Wettbewerbsverfahren verwenden den Davidstern in vielen Variationen als Ideen-Grundmuster. Nicht gerechnet die zahlreichen weiteren Entwürfe, die bis heute immer noch eingehen. Aufrechte Eingangsteile, Grundrisse, Dachformen, Grünanlagen und Blumenbeete, Wege und Plattenflächen – die Symbolik des Davidsterns findet in den Entwürfen verbreitete Anwendung. Die Jury des ersten Wettbewerbs 1994/95 hat solche Entwürfe abgelehnt mit der Begründung, daß bedeutsame jüdische Symbole wie Menora, David-Stern, als Gestaltungselemente eines Denkmals für die ermordeten Juden im Land der Täter als blasphemische Anbiederung nicht verwendet werden sollen. Alle derartigen Entwürfe wurden deshalb im ersten Wettbewerb ausgeschieden.

Der in diesem Fall bis zur Unkenntlichkeit zerborstene Davidstern ist auch die Grundidee des Entwurfs Weinmiller.

Die Aufgabenbeschreibung des »Engeren Auswahlverfahrens« (1997) verweist auf den

... »*Massenmord an den Juden (als dem) Verbrechen sui generis. Es steht nicht nur für die Vernichtung von annähernd 6 Millionen Juden, darunter 1,5 Millionen Kinder; er riß auch eine 1000-jährige Kultur aus dem Herzen Europas. Jede Auffassung dieses Verbrechens, die es auf den Horror der Zerstörung allein reduziert, verkennt den enormen Verlust und die Leere, die es hinterließ. Die Tragödie des Massenmords an den Juden ist nicht nur, daß Menschen auf so schreckliche Weise umkamen (viele Millionen andere Menschen kamen ebenfalls auf schreckliche Weise ums Leben), sondern daß so viel unwiederbringlich verloren ging. Ein angemessener Denkmalsentwurf wird die zurückgebliebene Leere berücksichtigen und sich nicht nur auf das Gedenken an Terror und Zerstörung beschränken. An das, was verloren ging, muß ebenso erinnert werden wie daran, wie es verloren ging.*

Das Deutschland von heute gedenkt mit dem Denkmal der Opfer, der Taten und des ungeheuren, unwiederbringlichen Verlustes, der bleibenden Leere, die sie auf dem Kontinent hinterlassen haben.«[17]

Stellungnahme des Förderkreises

Im Gegensatz zu solchen Erwartungen der Auslober setzt der Entwurf Weinmiller deutlich auf ästhetische Werte: farbige Steine, »*weiß, beige, grau bis hin zu einem Sandton, Gräser und Moose*« die sich in die Fugen der Mauerblöcke setzen, »*Besucher können zu ihrem eigenen* (!?) *Gedenken Steine und Kerzen hinlegen*« (aus der Verfassererklärung). Mit einem »*Blick zurück*« fügen sich für den Besucher die »*riesigen Steinblöcke*« von einer bestimmten Stelle aus zu einem »*sehr abstrahierten Davidstern zusammen*«. James Young beschreibt die ›auffällige Stärke‹ des Entwurfs:

»*Auf Gesine Weinmillers offenem Platz müssen die Besucher in die Erinnerung hinabschreiten und sich ihren Weg zwischen 18 Wandscheiben aus riesigen Sandsteinblöcken bahnen, die scheinbar zufällig auf der Ebene angeordnet sind. Die das Gelände dreiseitig einfassenden Wände schaffen einen Horizont, der ansteigt, je weiter man sich hinabbegibt. Sie lassen die umliegenden Gebäude langsam verschwinden und dämpfen den Verkehrslärm. Der Platz ist Teil der Stadt und gleichzeitig von ihr abgetrennt. Erst nach und nach wird die Bedeutung dieser Formen, Gebilde und Räume dem Besucher klar: Die 18 Steinblöcke stehen für »Leben« in der hebräischen Zahlensymbolik (chai); das Hinabsteigen in den Erinnerungsraum ist die Gegenbewegung zum möglichen Aufsteigen der Erinnerung und gemahnt an eine aus der Erde gegrabene Höhlung, eine Wunde. Die Aufschichtung von großen Steinblöcken erinnert an das erste Denkmal in der Genesis, die Sa'adutha, ein Steinhaufen, der Zeugnis ablegt, ein Hügel der Erinnerung. Die rauhe Textur und der Zuschnitt der Steine erinnern an die Steine der Klagemauer, an die Ruine des zerstörten Tempels, die Grobheit der Fugen zeigt die Nähe der Konstruktion. Der Kies, auf dem wir langsam voranschreiten, läßt unsere Schritte zu Klängen werden und zu Spuren, die wir hinterlassen.«*[18]

Young betont Assoziationen zur Klagemauer, zum Tempel in Jerusalem, zur hebräischen Zahlensymbolik.

Diese biblisch-historischen Ereignisse stehen für sich. Sie aber mit der Brutalität des 6 millionenfachen Mordes in diesem Jahrhundert in Beziehung zu setzen, Besucher des Denkmals in diesen Kontext einzubeziehen, bedarf sicher einer detaillierteren Gebrauchsanweisung, die vor Betreten des Denkmals zu studieren wäre.

Der Anspruch der Verfasserin, ‚nicht nur des Terrors und der Zerstörung zu gedenken, sich nicht nur daran zu erinnern, was verloren ging, sondern auch, wie es verloren ging', dieser Anspruch ist nicht umgesetzt.

Möglicherweise wären Trauerdenkmale solcher Art vorstellbar in den 18 Ländern, aus denen Juden in die Ermordung deportiert wurden, 18 Länder, die ihre Landsleute als Opfer der Nazis zu beklagen haben. 18 bedeutet in der hebräischen Symbolik aber auch »Leben« – absurd wäre es, aus solchen Zufällen eine Bedeutung herzuleiten, aus Zitaten der alten Stadtgeschichte von Jerusalem ein Klagedenkmal in 300 m Entfernung zu Hitlers Bunker für die Nachkommen der Täter zu errichten.

Das Denkmal im Land der Täter kann nicht der Trauer der Täter über ihre eigenen Verbrechen dienen – auch nicht der Trauer der Nachkommen dieser Täter. Das Denkmal kann die Täter nur mahnen.

Schlußbemerkung

Prof. James E. Young, Mitglied der Findungs- und Beurteilungskommission der Auslober im Engeren Auswahlverfahren für das Denkmal in Berlin, sagte im März 1999 in der öffentlichen Anhörung vor dem »Ausschuß für Kultur und Medien« des deutschen Bundestags in Bonn: *»Die Debatte Berlins über die Zukunft eines öffentlichen Holocaust-Denkmals ist zum Musterbeispiel für andere Völker geworden.«* Wie auch immer man zu solchen Vergleichen stehen mag, der bisherige Prozess zur Realisierung des Denkmals in Berlin und die zehnjährige Debatte dazu haben das öffentliche Bewußtsein und das nationale Selbstverständnis in Deutschland beeinflußt. Sie haben sicherlich dazu beigetragen, mit dem dunkelsten Kapitel der deutschen Geschichte differenzierter umgehen zu lernen und sich aus einer jahrzehntelangen Verdrängung des Themas zu lösen.

Dieser mühselig gewonnene Vorteil könnte verloren gehen. Ebenso auch das Denkmalsprojekt, wenn die Entscheidung immer weiter vertagt wird.

Da die 669 Abgeordneten des Bundestages nicht kompetent über einen Realisierungsentwurf befinden können – man stelle sich eine Entscheidung vor, die unter Fraktionszwängen entstehen würde –, sollen sie nur über Ja oder Nein zum Denkmal und den Standort entscheiden. Mitzuentscheiden wären außerdem Umfang, Finanzierung, Trägerschaft.

Kein anderes Gremium hat sich so ausführlich mit dem Thema beschäftigt, wie die Beurteilungskommission der Auslober. Es gibt keinen vernünftigen Grund, diese Kommission, erweitert um den Kulturausschuß des Bundestages, nicht auch über den Realisierungsentwurf entscheiden zu lassen, solange man davon auszugehen hat, daß ein völlig neues Konzept (wie etwa Eisenmann III) nicht tragbar ist, weil eine erhebliche Programmerweiterung einen neuen, dritten Wettbewerb erfordern würde.

Auch immer neue Empfehlungen führen nicht weiter. Erst kürzlich wieder im April 1999 hat der Präsident des Bundes Deutscher Architekten (BDA) mit dem Anspruch, es diesmal richtig zu machen, eine neue »Zielrichtungs«-Diskussion im Bundestag, einen »neuerlichen Disput« und einen neu auszuschreibenden Wettbewerb gefordert.[19]

Das erinnert an Franz Kafkas Geschichte vom Pferderennen, in dem die Verlierer am Ziel so tun, als ob das eigentliche Rennen erst noch stattfände. Auch der BDA war seit zehn Jahren aufgefordert, sich am Denkmalsprojekt in Berlin zu beteiligen.

Ignoriert wird hier die intensive, sorgfältige Arbeit der Verfasser von Ausschreibungen, die Arbeit der Vorprüfer, Juroren, der Sachverständigen in Kolloquien und Anhörungen des Bundestages, ignoriert wird die lange Debatte, an der sich Historiker, Künstler, Politiker und viele Bürger beteiligt haben. Auch hier gilt, daß BDA-Präsident Hempel sich gegebenenfalls ein neues Volk suchen müßte.

Das Zeichen, das vom Scheitern des Denkmalprojekts ausgehen würde, wäre für den Beginn der sogenannten Berliner Republik fatal. Das Scheitern des öffentlichen Gedenkens, zeitgleich zum Regierungsumzug in die Stadt, in der die Ermordung der Juden geplant und organisiert wurde, wäre eine historische Hypothek, die sich kaum noch abtragen ließe.

Volker Müller äußert sich am 17.5.1999 in der Berliner Zeitung hierzu: wann immer eine Entscheidung zum Denkmal ansteht (zur Zeit die geplante Lesung im Bundestag Ende Juni 1999) wird eine Denkpause, diesmal von Ministerpräsident Biedenkopf, gefordert. Zusammen mit einer Denkpause von ›fünf Jahren und einer neuen Grundsatzdebatte‹, unter Einbezug der Bundesländer.

Der Förderkreis hat von Anbeginn, also vor über zehn Jahren, die Länder zur Unterstützung aufgerufen und bis heute keine Antwort erhalten.

Jetzt findet Ministerpräsident Biedenkopf Beifall für sein Votum von seinem Kollegen aus Thüringen und vom Berliner Regierenden Bürgermeister. Hierzu Volker Müller weiter:

> ... »daß auch Eberhard Diepgen sein Land Berlin vom drohenden »Zentralstaat« überrumpelt sieht, macht stutzig. Hat er doch ganz aus der Nähe erfahren, daß der Impetus, den ermordeten Juden im Land der Täter ein Denkmal zu setzen, nicht vom Staat, sondern von einer energischen Bürgerinitiative kam; Berlin war neben jenem Förderkreis und dem Bund von Anbeginn gleichberechtigter Auslober der Wettbewerbe; Berlin war federführend bei drei großen Expertenkolloquien zu diesem Projekt. Als das Land Berlin und namentlich sein Regierender Bürgermeister das Verfahren um Eisenmans Stelenfeld zu blockieren begannen, geschah dies nicht auf Druck des »Zentralstaats«. Im Gegenteil mußte sich Diepgen den Vorwurf gefallen lassen, hinter landespolitischem Schmollen nur zu verdecken, daß er das Denkmal – auch aus Rücksichten auf eine bestimmte Wählerklientel – eigentlich gar nicht will.
> Auffällig ist, daß Biedenkopfs »Denkpausen«-Initiative zeitlich zusammenfällt mit dem Antrag von 59 Unions-Abgeordneten im Bundestag, die in der Tat kein Mahnmal wollen. Gegen die bislang fünf Gruppenanträge, die zu diesem nationalen Denk-Ort prinzipiell Ja sagen, aber uneins über seine Gestalt sind, formulierten sie jetzt ihr ungeschminktes Nein.« ...[20]

Die zehnjährige Debatte wiederholt seit Jahren die Argumente. Die Phalanx der Gegner hingengen wird größer. Die Gefahr, daß Berlin seiner historischen Aufgabe nicht gerecht und die ganze Sache zerredet wird, ist überdeutlich. Claus Peymann, designierter Intendant des Berliner Ensembles, sagte im Herbst 1998 in der Berliner Morgenpost:

> ... »mir war West-Berlin auch ein bißchen zu langweilig. Ich lebe gerne in Städten, in denen klare soziale Verhältnisse bestehen, auch wenn sie hart sind. Man hatte immer das Gefühl, in Berlin ist alles abgepolstert. Man bekam für jeden Dreck irgendwie Gold, weil es irgendjemand bezahlte.
> Jetzt ist Berlin wirklich interessant, das war es vor zehn Jahren nicht. ... Diese Stadt wird ganz andere Regeln für sich ausdenken müssen, sonst wird sie nicht zu sich finden. Ich bedaure darum, daß

man nicht die Chance ergriffen hat, das Serra-Denkmal ohne Kompromisse und Zugeständnisse zu bauen. Ich empfinde das als große Niederlage. Ich verstehe das Gegenargument, der Holocaust sei nicht darstellbar, aber das hat Serra ja auch gar nicht gewollt. Er hat einen Platz des Erschauerns schaffen wollen. Neben dem Häuserprunk des neuen Potsdamer Platzes einen Säulenwald zu errichten, eine fremde Ödnis, das wäre ungeheuerlich gewesen. Das steingewordene Herzklopfen. Die Einsamkeit. Die Kälte. Der Wind. Die Argumentation über das Monument ist kleinkariert und städtebaulich phantasielos. Kurioserweise bin ich dabei einer Meinung mit Alt-Bundeskanzler Kohl. Während das neue Schloß bestimmt irgendwann gebaut wird, da können Sie sicher sein. Schloß ja, Serra nein. Da haben wir die Metapher für diese Gesellschaft, für diese Hauptstadt. Preußens Gloria!« ...

1   James E. Young »Stellungnahme der Sachverständigen zur öffentlichen Anhörung am 3.3.1999/Deutscher Bundestag, Ausschuß für Kultur und Medien«, S. 23.
2   James E. Young 18.12.1998 in »Berliner Zeitung«.
3   »Stellungnahme der Sachverständigen zur öffentlichen Anhörung am 3.3.1999/Deutscher Bundestag, Ausschuß für Kultur und Medien«, S. 23.
4   Ausschreibung: Senatsverwaltung für Bau- und Wohnungswesen, Abteilung Städtebau und Architektur, Ref. Kunst im Stadtraum, III D, April 1994.
5   Kurzdokumentation 1995, Senatsverwaltung für Bau- und Wohnungswesen, Abteilung Städtebau und Architektur, Ref. Kunst im Stadtraum, III D.
6   Kurzdokumentation 1995, Senatsverwaltung für Bau- und Wohnungswesen, Abteilung Städtebau und Architektur, Ref. Kunst im Stadtraum, III D.
7   Engeres Auswahlverfahren/ »Aufgabenbeschreibung und Rahmenbedingungen«, Senatsverwaltung für Wissenschaft, Forschung und Kultur, Ref. V A, Berlin, Juni 1997
8   Engeres Auswahlverfahren/ »Aufgabenbeschreibung und Rahmenbedingungen«, Senatsverwaltung für Wissenschaft, Forschung und Kultur, Ref. V A, Berlin, Juni 1997
9   Engeres Auswahlverfahren/ »Aufgabenbeschreibung und Rahmenbedingungen«, Senatsverwaltung für Wissenschaft, Forschung und Kultur, Ref. V A, Berlin, Juni 1997
10 Engeres Auswahlverfahren/ »Aufgabenbeschreibung und Rahmenbedingungen«, Senatsverwaltung für Wissenschaft, Forschung und Kultur, Ref. V A, Berlin, Juni 1997
11 WELTKUNST, Gruner + Jahr AG, Nov. 98, S. 38/39
12 James E. Young »Stellungnahme der Sachverständigen zur öffentlichen Anhörung am 3.3.1999/Deutscher Bundestag, Ausschuß für Kultur und Medien«
13 Frankf. Allg. Ztg. 3.2.1998
14 »Das Gesellschaftsbild bei Stadtplanern«, Karl Krämer Verlag 1968, S.77 ff

»Die Juden, das sind doch die anderen«

15 Jochen Gerz, Tischvorlage zum 13. Nov. 1997
16 Jochen Gerz, Tischvorlage zum 13. Nov. 1997
17 Engeres Auswahlverfahren/ »Aufgabenbeschreibung und Rahmenbedingungen«, Senatsverwaltung für Wissenschaft, Forschung und Kultur, Ref. V A, Berlin, Juni 1997
18 James E. Young »Stellungnahme der Sachverständigen zur öffentlichen Anhörung am 3.3.1999/Deutscher Bundestag, Ausschuß für Kultur und Medien«
19 DER ARCHITEKT, Heft 4/1999
20 Berliner Zeitung, 17.5.99

Wolfgang Ullmann
Wahrzeichen und Mahnmal
Ein Denkmal für die ermordeten Juden Europas
in Berlin

Was ist das Wahrzeichen der neuen Bundeshauptstadt Berlin? Man ist versucht zu antworten: Sie hat noch gar keines. Oder soll man sagen, was Wahrzeichen sein könnte, ist in ihr mindestens doppelt vorhanden? Es gibt einen Fernsehturm und einen Funkturm; es gibt den Dom und die Kaiser-Wilhelm-Gedächtniskirche; es gibt zwei Luxusstraßen, den Kurfürstendamm und die neue Friedrichstraße; es gibt zwei oder gar drei Opern und (mindestens) zwei Universitäten. Und da es nur einen Palast der Republik gibt, wurde ihm zeitweise wenigstens eine Schloßattrappe beigesellt, als sollte die alte Berliner Tradition fortgeführt werden, daß in Berlin die Republik zweimal ausgerufen werden muß, sowohl von Scheidemann wie von Liebknecht.

Oder haben »Unter den Linden« mit dem Brandenburger Tor und der »Straße des 17. Juni« das erste Anrecht darauf, als Achse und Wahrzeichen Berlins anerkannt zu werden? Denn schließlich war es das Brandenburger Tor, hinter dem nach dem 9. November 1989 die Fernsehanstalten der Welt ihre Übertragungswagen versammelten, um über die Öffnung der Mauer und den Fall des Eisernen Vorhanges zu berichten.

Aber die Öffnung der Mauer hat an der Bornholmer Straße stattgefunden. Die Öffnung des Brandenburger Tores kurz vor Weihnachten 1989 war nur ein Epilog zu den aufregenden Ereignissen zwischen der Großdemonstration vom 4.11. des gleichen Jahres und der Maueröffnung fünf Tage später.

Oder ist das Wahrzeichen Berlins jene größte Baustelle Europas zwischen Lehrter Stadtbahnhof, Reichstag und Potsdamer Platz? In den Tagen der Verhüllung des Reichstagsgebäudes im Sommer 1995 war sie es ganz gewiß. Aber auch das gehört als eine fröhliche Episode schon wieder der Vergangenheit an, und wer ehrlich ist, muß einräumen, daß Christos Absicht, den alten Reichstag durch die Verhüllung zu einem Symbol des neuen Verhältnisses von Ost- und Westeuropa zu erheben, untergegangen ist im Jahrmarktstrubel des Verhüllungshappenings und längst wieder dem Alltag der nicht mehr übersehbaren Baustellen weichen mußte.

Schließlich und unmißverständlich offenbart es die Sprache, in welchem Maße Berlin noch immer in einem, höchst paradoxer Weise verkehrsdurchfluteten politisch-historischen Niemandsland liegt. Der Plan einer Eingliederung Berlins nach Brandenburg ist gescheitert, aber von Berlin als Bundeshauptstadt sprechen höchstens Ausländer. In der Sprache der deutschen Öffentlichkeit gibt es zwar eine Bundesstadt Bonn, aber nur eine Hauptstadt Berlin, als ob der auftrumpfende Sprachgebrauch aus SED-Zeiten »Berlin Hauptstadt der DDR« noch immer nachwirkte.

Bundeshauptstadt zu werden, das hat Berlin also gewiß noch vor sich. Offenkundig müssen zwei politische Schritte getan werden, wenn dieses Ziel erreicht werden soll. Nachdem der Berlinbeschluß des Deutschen Bundestages vom 20.06.1991 darüber entschieden hatte, daß die deutsche Vereinigung nicht eine bloße Erweiterung der Bonner Republik nach Osten sein würde, mußte sich auch die Stellung Berlins in der Deutschen Nachkriegsverfassungsgeschichte ändern.

Allein die DDR-Verfassung von 1949 enthielt eine Festlegung, nach der sie die Hauptstadt der Republik Berlin ist. Sowohl das Grundgesetz wie die DDR-Verfassung von 1968/1974 mußten dieser Frage angesichts von Teilung und bestehenden Rechten der Anti-Hitler-Koalition offenlassen.

Nach 1991 aber war es klar: In der neuen Berliner Republik mußte über die Stellung der Hauptstadt zur föderalen Tradition und über ihr Verhältnis zur Hinterlassenschaft des von Berlin aus agierenden Nazireiches entschieden werden. Zur ersten Frage ist bisher nur in dem 1991 in der Frankfurter Paulskirche veröffentlichten Verfassungsentwurf des »Kuratoriums für einen demokratisch verfaßten Bund deutscher Länder« eine klare Stellung im Sinne der Verstärkung des Föderalismus eingenommen worden.

Aber auch der andere Schritt ist noch nicht getan: die öffentliche Dokumentation einer Grundentscheidung der geeinten Bundesrepublik gegenüber den politischen Verbrechen, die das Deutsche Reich bzw. seine Verantwortungsträger vor das Nürnberger Tribunal über Verbrechen gegen den Frieden, die Menschlichkeit und die Verletzungen von Menschenrechten gebracht hat.

Der Verfassungsentwurf des Runden Tisches spricht in diesem Zusammenhang von einer gesamteuropäischen Friedensordnung auf »der Grundlage der Aussöhnung mit allen Völkern, die von Deutschen unterdrückt und verfolgt wurden.«

Die Präambel des Kuratoriumsentwurfes stellt in den Vordergrund die »besondere Verpflichtung gegenüber den Opfern deutscher Gewaltherrschaft«. Wie man weiß, hat die Verfassungsdiskussion von 1991 – 1993 dazu geführt, daß das Grundgesetz lediglich an die neuen Verhältnisse angepaßt und jede weitergehende Revision verhindert wurde. Aber auch auf der Grundlage der Entscheidungen des Parlamentarischen Rates von 1949 besteht Anlaß, sich dem zu stellen, was die beiden zitierten Verfassungsentwürfe mit der Verantwortung vor der eigenen deutschen Geschichte ansprechen.

Wenn das Grundgesetz die Unantastbarkeit der Menschenwürde konstatiert und erklärt, das deutsche Volk bekenne sich zu unverletzlichen und unveräußerlichen Menschenrechten; Was folgt daraus für die Völkermord- und Unterdrückungspolitik des von den Nazis regierten Deutschen Reiches?

Nichts ist leichter, als sich nach dem vollständigen Zusammenbruch dieser Politik verbal so von ihr zu distanzieren wie es allgemein üblich geworden ist. Aber was folgt aus dieser Distanzierung für das Verhältnis zu den Opfern und Tätern dieser Politik, zu den nicht mehr Lebenden und zu den Überlebenden? Welche praktischen Konsequenzen für das gegenwärtige politische Handeln müssen gezogen werden?

Ich bin überzeugt, daß die nicht abreißenden Meinungsverschiedenheiten über das Berliner Holocaustdenkmal ihre eigentliche Wurzel in den tiefen Unklarheiten über diese Konsequenzen haben. Die heftigen Reaktionen auf Goldhagens Buch wie die Empörungsausbrüche gegen die Dokumentation der Wehrmachtsverbrechen haben gezeigt, daß diese Unklarheiten allesamt in der Weigerung wurzeln, den vom Deutschen Reich 1939 entfesselten Krieg als das anzuerkennen, was die Völkergemeinschaft verurteilt hat: ein Verbrechen gegen den Frieden und die Menschlichkeit. Denn daraus muß allerdings gefolgert werden, daß die Ermordung der Juden der Kern dieses Krieges und nicht etwa eine vermeidbare Begleiterscheinung war. Allein aus dieser Tatsache erklärt sich auch, wie diese Ausrottungspolitik auf andere Völker, auf Sinti und Roma, auf die slawischen Völker, besonders auf deren Intelligenz, ausgedehnt werden konnte.

Vor dieser Unumgänglichkeit also steht die Bundesrepublik mit ihrer Bundeshauptstadt Berlin: Erkennt sie dieses Urteil an oder nicht? Ober bleibt sie bei dem jetzigen Usus der verbalen Distanzierung auf der einen und dem Bestreben auf der anderen Seite, den erforderlichen Bruch in engsten Grenzen zu halten? Aber spätestens angesichts der Aufgabe des Holocaustdenkmals muß diese Zweideutigkeit zerbrechen.

Wie tief wir noch immer in den Zweideutigkeiten stecken, hat der Ausfall Martin Walsers gegen das geplante Denkmal und die auf ihn folgende Debatte gezeigt. Nicht, daß Walser sich zweideutig ausgedrückt hätte. Seine Absicht, den Denkmalsplan öffentlich zu diskreditieren, war in jeder Hinsicht unmißverständlich. Was aber bedeutet das nicht geringe Ausmaß von Zustimmung, auf das er sich gewiß zu Recht berufen konnte?

Die deutsche und nichtdeutsche Öffentlichkeit braucht es ganz gewiß nicht zu interessieren, was Walser in Sachen Auschwitz glaubt ertragen oder nicht ertragen zu können, wo er hin- oder wo er wegschaut. Aber die öffentliche Resonanz seiner Selbstdarstellungen ist nichts weniger als bedeutungslos. Denn in ihr kommt eine Stimmung zutage, die in zweierlei Hinsicht sehr ernst genommen werden muß. Es ist die in Deutschland noch immer weit verbreitete Weigerung, die Ermordung der Juden als ein Definitivum, als einen nicht revidierbaren Teil deutscher Geschichte anzuerkennen. Statt dessen reißen die Versuche nicht ab, sie als eine Art Fremdkörper zu betrachten, den man nach einem halben Jahrhundert nun endlich als abgestoßen betrachten konne. Lebt doch längst in unserem Land eine Generation, die besten Gewissens von sich behaupten kann, mit alledem nichts zu tun gehabt zu haben, selbst wenn man mittlerweile ins siebente Lebensjahrzehnt getreten ist.

Dazu kommt der ununterdrückbare Wunsch, nichts besonderes, sondern so wie alle anderen Völker sein zu können, Nationalstolz haben und sich seiner Geschichte freuen zu dürfen, in der 1933-1945 ja schließlich nur eine sehr kurze Epoche darstelle. In diesem zweiten Fall will man nicht wahrhaben, daß auch eine kurze Geschichte unwiderrufliche Folgen haben kann. Solche Folgen aber hat die NS-Herrschaft nun allerdings gerade im Bereich nationaler Traditionen nach sich gezogen. Der Mißbrauch dieser Tradition zur Selbstdarstellung einer primitiven Herrenrassenideologie und wahnwitziger Großmachtphantasien konnte an diesen Traditionen nicht spurlos vorübergehen, genau so, wie man ein architektonisches Kunstwerk auf eine Weise verschandeln kann, daß irreparable Schäden bleiben. Nicht ohne Grund singen wir nur noch Teile des Deutschlandliedes, weil seine Kombination mit dem unsäglichen Terroristen-Choral des Horst-Wessel-Liedes aus den Worten »Deutschland, Deutschland über alles«, als Ausdruck überschwenglicher Liebe, eine Formel rassistischer Wahnideen gemacht hat.

Niemand in unserem Lande ist deswegen gehindert, dieses Land auch jetzt überschwenglich zu lieben. Aber wird diese Liebe ehrlich sein können, ohne den Schmerz über das, was eine Prätorianerdiktatur aus diesem Land gemacht hat? Oder sollte es im Sinn solchen ehrlichen Patriotismus sein, sich jenen plumpen und lächerlichen Schnurrbart- und Pickelhaubennationalstolz zurückzuwünschen, der im Namen des »Volkes der Dichter und Denker« auftrumpfte, als ob in Deutschland lauter kleine Fichtes und Hegels herumliefen, weil es eine Zeit gab, in der jeder Gymnasiast oder Student des ersten Semesters, dem es gelang, ein armes Gretchen unglücklich zu machen, sich einbilden durfte, eine faustische Heldentat vollbracht zu haben?

Sollte unser Nationalstolz nicht vielmehr gerade darauf bestehen, gegen alle wohl – oder übelwollenden Anmutungen eines nationalistischen Fundamentalismus auch heute unsere eigene Geschichte so kritisch sehen zu können, wie das Hölderlin, Jean Paul und Wilhelm Raabe schon am Anfang bzw. in der Mitte des vorigen Jahrhunderts getan haben?

Darum gehört es auch zu den Pflichten eines postnationalistischen Patriotismus, einen unmißverständlichen Bruch mit den

Zweideutigkeiten der Ideologie des Verdrängens und Wegschauens zu vollziehen und der Verurteilung des deutschen Massenmordes an den Juden die Gestalt eines Mahnmals in der neuen Bundeshauptstadt zu geben.

Sofort freilich drängt sich die Frage auf, ob es überhaupt erlaubt und glaubhaft realisierbar ist, Denkmale für Verbrechen solcher Größenordnung zu errichten wie der Judenmord es war. Genügt es nicht, die Orte des Verbrechens wie Auschwitz, Theresienstadt, Bergen-Belsen, Buchenwald und andere zur abschreckenden Erinnerung zu sichern?

So einleuchtend diese von vielen vertretene Position auch sein mag – Yad va Shem oder auch Hiroshima sprechen dagegen. Die Orte des Grauens sind eine Herausforderung an die Lebenden, auf die sie antworten müssen. Nicht nur die Nachkommen der Ermordeten müssen es, sondern auch die Nachkommen der Mörder. Die letzteren müssen es schon deswegen, weil auch vor ihnen die Frage steht: Erkennen sie das Geschehene als ein Verbrechen an – oder unternehmen sie den Versuch, es als eine Art Naturkatastrophe zu betrachten, die sie glücklicher Weise nicht unmittelbar in Mitleidenschaft gezogen hat?

Blickt man aber speziell auf Berlin, so läßt sich in der politischen Unumgänglichkeit auch die moralische Verpflichtung zu einer öffentlichen Antwort erkennen, die so unmißverständlich und so öffentlich sichtbar ist, daß sie zum Wahrzeichen einer neuen Bundeshauptstadt werden kann.

In Berlin-Weißensee steht inmitten des größten jüdischen Friedhofes ein Denkmal für die im Kriege 1914 – 1918 für Deutschland gefallenen jüdischen Mitbürger. Der Denkstein trägt als Inschrift einen Vers aus dem Hohelied der Liebe: »Die Liebe ist stark wie der Tod«. Die Geschwister und Nachkommen dieser Männer, die ihr Vaterland so geliebt haben wie der Bräutigam die Braut, die die Wahrhaftigkeit dieser Liebe mit ihrem Leben besiegelt haben – sie wurden zum Dank dafür von ihrem Rabenvaterland nach Auschwitz oder woandershin in den Tod getrieben. In einem Ende Januar 1923 an Rudolf Hallo geschriebenen Brief sagt Franz Rosenzweig, der wohl bedeutendste deutsche Philosoph dieses Jahrhunderts, wenn das Leben ihn auf die Folter spannen würde, zwischen Deutschtum und Judentum entscheiden zu müssen – sein Herz würde auf der Seite des Judentums sein. Aber er werde die Teilung nicht überleben. Man kann die Frage stellen, ob und wie die deutsche Kultur diese Zerreißprobe überlebt hat. Aber wenn sie eine Zukunft haben sollte – was keineswegs sicher ist! – dann wird sie es gewiß nur unter der Bedingung, daß sie auch öffentlich durch Wahrzeichen ihrer Reue bekennt, welch unfaßbares Unrecht an den eigenen Mitbürgern begangen wurde, als sie aus der Gesellschaft ausgestoßen, ihrer bürgerlichen Würde und aller Rechte entkleidet dem maschinellen Massenmord preisgegeben wurden. Wie soll eine Gesellschaft, in der solches möglich war, anders wieder eine Zivilgesellschaft werden als dadurch, daß sie gerade in den Entwürdigten ihre Mitbürger wiedererkennt und dies auch öffentlich und unmißverständlich dokumentiert?

Wie aber soll ein Wahrzeichen aussehen, das ein Mahnmal des Bruches mit einer verbrecherischen Vergangenheit und eine Urkunde der Wiedereinsetzung von ausgestoßenen Mitbürgern in ihre Rechte ist? Daß diese Frage letzten Endes nur durch das Denkmal selbst beantwortet werden kann, wird als ein weiterer Grund angeführt, von dem ganzen Vorhaben abzuraten. Nach dem am Einspruch des Kanzlers gescheiterten ersten Entwurf hat jetzt György Konrad die Veröffentlichung von vier neuen Entwürfen zum Anlaß genommen, den Stab über dem ganzen Vorhaben zu brechen.

So ähnlich wie in Adornos bekanntem Diktum, nach Auschwitz könne man keine Gedichte mehr schreiben, wird in einer Art ästhetischem Defätismus behauptet, das Mißverhältnis zwischen dem Gegenstand »Judenmord« und jedem künstlerischen Gestaltungsversuch sei unüberwindlich und müsse darum auf jeden Fall in ein Fiasko führen.

Aber ist nicht jede Kunst, die nicht dem Lustprinzip folgt oder Zeitvertreib und Unterhaltung bezweckt, in der Lage, bisher nicht Dargestelltes oder für nicht darstellbar Gehaltenes darstellen zu müssen? Wer hätte die Greuel der Atriden- oder der Labdakidenfamilien vor Aischylos und Sophokles für darstellbar gehalten? Wer hätte vor Mozarts Don Giovanni geglaubt, den Schrei einer von

Vergewaltigung bedrohten Frau oder blasphemisches Gelächter auf dem Friedhof in eine Partitur einbeziehen zu können? Picassos »Guernica« und Schönbergs »Überlebender aus Warschau« verwandeln die Unvorstellbarkeiten unseres Jahrhunderts in Bildersprache und Musiksprache, so daß die Tatsächlichkeit des Entsetzlichen zum Hinweis wird auf das Ausmaß der Entstellung, dem Schönheit und Würde des Wirklichen ausgesetzt worden sind.

Wer der Kunst die Fähigkeit abspricht, die Wirklichkeit des Entsetzlichen auszudrücken und wahrnehmbar werden zu lassen, verschließt eine Quelle der Erkenntnis und beraubt uns genau der Freiheit, die wir brauchen, um mit den Traditionen der Entstellung und der Barbarei brechen zu können.

Freilich ergeben sich von diesen Voraussetzungen aus auch ästhetische Eckdaten, denen das Projekt eines Holocaustdenkmals genügen muß. Es muß monumental sein angesichts der Ausmaße des dargestellten Judenmordes. Es muß abstrakt sein, weil alle anschaulichen Einzelheiten der geforderten Monumentalität zuwiderliefen. Es muß aber im Gegensatz hierzu den Bezug zu den einzelnen Opfern in irgendeiner Form zu konkretisieren in der Lage sein. Ich kann nicht umhin zu bekennen, daß meines Erachtens der durch den Einspruch des Bundeskanzlers verworfene erste Entwurf weitgehend diesen Bedingungen entsprach. Unter den neu vorgelegten sollte also der Entwurf ausgeführt werden, der dem ersten am nächsten kommt.

Eine Einzelheit dieses Entwurfs scheint – gegen alle ihr widersprechenden Einwände – besonderer Unterstreichung würdig: die Tatsache, daß die ungeheure Tafel die Namen von Ermordeten tragen sollte. Allein dies genügte, um jene paradoxe Forderung nach der Einheit von Abstraktheit und konkretem Geschichtsbezug zu erfüllen.

Denn allein so könnte das Mahnmal verstanden werden als das, was es seiner ganzen Zielsetzung nach sein muß: Eine Riesendarstellung des Fünften Gebotes »Morde nicht!« Kann das Fazit des Auschwitzjahrhunderts anders als in der Form dieses Imperativs gezogen werden, der sich unaustilgbar allen Versuchen entgegenstellt, das Morden verschwinden zu lassen in Verleugnungsvokabeln wie »Endlösung«, »Maßnahme«, »Liquidation«, »Säuberung«.

Wahrzeichen und Mahnmal

Und es sollte auch kein Zweifel darüber bestehen, daß es sich bei dem Imperativ »Morde nicht!« um einen theologischen Imperativ handelt, und zwar um den theologischen Imperativ, der das Ersinnen, Aufstellen und Beweihräuchern von sogenannten »Menschenbildern« verbietet. Denn genau diese Menschenbilder mit dem ihnen gewidmeten Kult sind es, die immer diejenigen konkreten, individuellen und namentlichen Menschen, deren Habitus und Physiognomie zu den beweihräucherten Bildern nicht paßt, zur Entwürdigung und am Ende in Endlösungen preisgibt.

Auch das sogenannte »christliche Menschenbild« macht hiervon keine Ausnahme, wie die ganze Kirchengeschichte zeigt, auf die Goldhagen sich bezieht, wenn er in seinem berühmt – berüchtigten Buch vom Antisemitismus als einem Corollarium der Christenheit spricht. Es sind jene »barbarischen theologischen Spekulationen«, denen Walter Benjamin in einem seiner Aufsätze über Kafka vorwirft, sie, die sich nur allzu weit von der frommen Weisheit eines Anselm von Canterbury entfernt hätten, seien verantwortlich für die weltweite Mißhandlung der Geschöpfe.

Er schrieb diese Sätze noch vor jenen grauenhaften Mißhandlungen, die das Holocaustmahnmal zu dokumentieren haben wird. Kann es auch ein Wegweiser in eine Zukunft sein, die, frei von barbarischen theologischen Spekulationen, den Imperativ »Morde nicht!« zu verstehen und zu befolgen vermag als ein Grundgebot aller Humanität? Es wird dies nur dann können, wenn aus ihm auch herausgehört wird das Verbot jeden Bilderkultes, der die Namentlichkeit und Einzigkeit jeglichen Geschöpfes in Strukturen und Kollektivismen auszulöschen versucht.

Im Ansatz mißlungen freilich wäre ein solcher Versuch, wenn das Mahnmal dazu mißbraucht würde, eine Art Bilderkult mit dem Mordverbot des Dekalogs zu treiben, indem dieses Verbot in hebräischer, deutscher und der Sprache anderer Opferländer mehr oder weniger monumental zur Schau gestellt würde, wie dies ein vieldiskutierter Vorschlag beabsichtigt.

Es wird immer schwer verständlich bleiben, wie den Befürwortern dieses Vorschlages die Peinlichkeit entgehen konnte, daß ausgerechnet diejenigen, die dieses Gebot gleich millionenfach übertreten haben, es jetzt den Opfern gegenüber mit unangebrachtem Theaterdonner sich zu proklamieren anschicken! Und dies in den Lettern jener Sprache, die zwar gegenwärtig zu modischen Zwecken gern genutzt wird, zu Auschwitzzeiten aber gerade als Zeichen jüdischen Untermenschentums galt. Als ob wir es uns leisten könnten, mit hebräischen Lettern magische Spielchen zu treiben, so wie es in der Spätantike geschah, deren Massen diese Lettern ebensowenig verstanden wie die Mehrheit unserer Gesellschaft heute.

Nein – das Mahnmal soll nicht dokumentieren, daß man das Fünfte Gebot in Deutschland kennt, sondern daß man es verstanden hat und darum die Taten derjenigen verurteilt, die eine Generallizenz zur Nichtachtung dieses Gebotes zu haben glaubten. Will man das Denkmalsvorhaben mit biblischen Traditionen veranschaulichen, dann möchte am ehesten an die Stelen zu erinnern sein, die Josua nach dem vollzogenen Jordanübergang Israels in Gilgal, dem »Steinhaufen«, aufrichten ließ (Josua 4, 20-24). Hierzulande freilich wird die Antwort, »wenn eure Kinder hiernach fragen werden und sagen: Was sollen diese Steine?« etwas anders lauten müssen als Josuas Hinweis auf die Wunder des Durchzuges Israels durch das Schilfmeer und den Jordan. Aber andererseits: Ist die Tatsache, daß in der Bundeshauptstadt des neu geeinten Deutschland durch dieselben Deutschen, zu deren Geschichte unaustilgbar Auschwitz gehört, ein Denkmal für die ermordeten Juden Europas errichtet werden kann, nicht ebenfalls eine Erstaunlichkeit, über die sich zu wundern Kinder und Kindeskinder nicht aufhören können?

Anhang

Die Autoren

Lea Rosh, Publizistin, Studium der Geschichte, Soziologie und Publizistik in Berlin, tätig bei RIAS-Berlin, im Sender Freies Berlin, beim ZDF, Direktorin NDR-Hannover, Sonderkorrespondentin NDR-Fernsehen, Hamburg. Grimme-Preise, Galinski-Preis, Schiller-Preis der Stadt Darmstadt, Ossietzky-Medaille, Geschwister-Scholl-Preis (zusammen mit Eberhard Jäckel).

Ebehard, Jäckel, Jahrgang 1929. 1967 – 1997 Professor für Neuere Geschichte an der Universität Stuttgart. Buchveröffentlichungen (in Auswahl): Hitlers Weltanschauung (1969, Neuausgabe 1981), Hitlers Herrschaft (1986), Das deutsche Jahrhundert (1996)

Tilman Fichter, 1937 in Berlin geboren, Studium der Politischen Wissenschaft und Soziologie an der Freien Universität Berlin, Mitglied des Berliner SDS 1963 bis 1970; Dr. phil. und Diplom-Politologe, ist seit 1986 Referent für Schulung und Bildung beim Parteivorstand der SPD. Zuletzt veröffentlichte er gemeinsam mit Siegward Lönnendonker den Band »Macht und Ohnmacht der Studenten: Kleine Geschichte des SDS« Hamburg 1998.

Jakob Schulze-Rohr, Dipl. Ing. Architekt und Stadtplaner, Studium in Berlin und London, freiberufliches Planungsbüro in Berlin, mehrjährige Praxis im europäischen Ausland und Ostafrika (Entwicklungshilfeprogramm), Gründungs- und Vorstandsmitglied der Bürgerinitiative PERSPEKTIVE BERLIN e.V. und des Denkmal-Förderkreises und Vorprüfer im Denkmals-Wettbewerb 1995

Wolfgang Ullmann, geboren am 18.8.1929 in Bad Gotleuba bei Dresden. Studium der ,Theologie 1948-1950 in West-Berlin, der Theologie und Philosophie 1950-54 in Göttingen. 1954 Promotion zum Dr. theol. in Göttingen. Von 1956-1963 Pfarrer in Colmnitz bei Dresden. Von 1963-1978 Dozent des Kirchlichen Lehramtes an der Kirchlichen Hochschule Naumburg, von 1978-1990 an der Kirchlichen Hochschule Ost-Berlin. Mitglied des Zentralen Runden Tisches, Minister o.G. in der Regierung Modrow, Vizepräsident der freigewählten DDR-Volkskammer. Von 1990-1994 Mitglied des Deutschen Bundestages, von 1994-1999 Mitglied des Europäischen Parlaments.